习近平新时代中国特色社会主义思想研究工程（二期）

裘新 沈国麟◎主编

中国特色对外话语的体系构建与传播研究

上海人民出版社

目　录

目 录

导 论

话语权，是国之重器。大国复兴，话语不能缺席。

话语体系建设是当代中国理论建设、思想建设、文化建设的重要方面，是维护文化安全、捍卫文化主权的重要方略，是讲好中国故事、构建中国话语的必然要求。党的十八大以来，习近平总书记高度重视话语体系建设，反复强调要"讲好中国故事，传播好中国声音"，切实扭转我国在国际上"有理说不出、说了传不开"的境地。近年来，在以习近平同志为核心的党中央坚强领导下，中华民族伟大复兴进程与话语体系建设同向共进，中国话语在国际上的影响力、认同度稳步提升，话语体系建设取得切实进展。①

中国话语体系构建和对外传播，是马克思主义基本原理同中国具体实际相结合、同中华优秀传统文化相结合的重要体现，是习近

---

① 何毅亭：《中华民族伟大复兴与中国话语的崛起》，《学习时报》2019 年 9 月 27 日。

1

平文化思想的重要篇章，也是习近平新时代中国特色社会主义思想的重要构成。党的二十大报告明确提出增强中华文明传播力影响力。坚守中华文化立场，提炼展示中华文明的精神标识和文化精髓，加快构建中国话语和中国叙事体系，讲好中国故事、传播好中国声音，展现可信、可爱、可敬的中国形象。加强国际传播能力建设，全面提升国际传播效能，形成同我国综合国力和国际地位相匹配的国际话语权。深化文明交流互鉴，推动中华文化更好走向世界。[①] 在 2023 年 10 月召开的全国宣传思想文化工作会议上正式提出的习近平文化思想，明确将"加强国际传播能力建设、促进文明交流互鉴"列为"七个着力"之一。[②]

要准确把握中国话语的体系构建和对外传播的研究，需要从研究逻辑、研究路径、研究坐标等方面梳理出研究框架。要通过讲透中国话语体系和厘清对外传播规律作为研究的主体，进行抽丝剥茧的分析，同时要注意辩证地研究"体""用"关系。此外，中国话语体系构建和对外传播的研究，不能脱离政治、历史和学术坐标。力争呈现出一份全面深刻阐述习近平新时代中国特色社会主义思想、

---

① 习近平：《高举中国特色社会主义伟大旗帜　为全面建设社会主义现代化国家而团结奋斗——在中国共产党第二十次全国代表大会上的报告》，人民出版社 2022 年版，第 45—46 页。

② 《习近平对宣传思想文化工作作出重要指示强调——坚定文化自信秉持开放包容坚持守正创新　为全面建设社会主义现代化国家全面推进中华民族伟大复兴提供坚强思想保证强大精神力量有利文化条件——蔡奇出席全国宣传思想文化工作会议并讲话》，《人民日报》2023 年 10 月 9 日。

经得起历史检验、服务党和国家事业高质量发展的满意答卷。

第一节　中国话语的体系构建和
对外传播的研究逻辑

一、理论逻辑

（一）逻辑起点

马克思主义哲学确立了中国话语体系构建和对外传播研究的源头。马克思、恩格斯认为，话语属于思想精神文化范畴，是"思想的直接现实"[①]，而"统治阶级的思想在每一个时代都是占统治地位的思想"[②]，因而"话语体系"可以被理解为"占统治阶级地位思想的集中体现"，话语和话语体系均具有鲜明的阶级性。话语权自然是各个国家争夺的对象。相当长一段时期里，世界场域中的话语体系由西方发达国家建构为主导，"对社会主义中国总是戴着有色眼镜进行抹黑、丑化、妖魔化"[③]。

对外传播由"对外"和"传播"两词组合而成，并非汉语专有，

[①]《马克思恩格斯全集》第 3 卷，人民出版社 1960 年版，第 525 页。

[②]［德］马克思、恩格斯：《德意志意识形态》（节选本），人民出版社 2018 年版，第 44 页。

[③]《习近平著作选读》（第一卷），人民出版社 2023 年版，第 454 页。

学者们将其定义为"以我为主由内向外地传播信息的过程"①。中国对外传播则是"以让世界了解中国为目的而进行的传播"②。但是中国对外传播的道路走得并没有这么顺利平坦。习近平总书记指出："但中国在世界上的形象很大程度上仍是'他塑'而非'自塑'，我们在国际上有时还处于有理说不出、说了传不开的境地，存在着信息流进流出的'逆差'、中国真实形象和西方主观印象的'反差'、软实力和硬实力的'落差'。"③因此，中国话语体系构建和对外传播的研究，从理论逻辑上需要马克思主义思想的当然观照。

（二）研究要义

习近平总书记曾一针见血地指出国际舆论"西强我弱"④的格局。更严峻的是，"国内外各种敌对势力，总是企图让我们党改旗易帜、改名换姓，其要害就是企图让我们丢掉对马克思主义的信仰，丢掉对社会主义、共产主义的信念"⑤。但这个格局不是不可改变、不可扭转的。"党的十八大以来，我们大力推动国际传播守正创新，理顺内宣外宣体制，打造具有国际影响力的媒体集群，积极推动中华文化走出去，有效开展国际舆论引导和舆论斗争，初步构建起多主体、立体式的'大'外宣格局，我国国际话语权和影响力显著

---

① 程曼丽：《对外传播及其效果研究》，北京大学出版社 2011 年版，第 8—9 页。
② 甘险峰：《中国对外新闻传播史》，福建人民出版社 2004 年版，第 7 页。
③ 《习近平关于社会主义文化建设论述摘编》，中央文献出版社 2017 年版，第 209 页。
④ 习近平：《论党的宣传思想工作》，中央文献出版社 2020 年版，第 120 页。
⑤ 习近平：《在全国党校工作会议上的讲话》，《求是》2016 年第 9 期。

提升。"①

但我们也面临着新的形势和任务。当前，世界百年未有之大变局加速演进，新一轮科技革命和产业变革深入发展，国际力量对比深刻调整。逆全球化思潮抬头，单边主义、保护主义明显上升。恃强凌弱、巧取豪夺、零和博弈等霸权霸道霸凌行径危害深重。一方面，有些西方发达国家会通过其鲜明阶级性和意识形态的话语叙述，引导国际社会偏向性地认知已发生翻天覆地变化的当代中国。因此，"当前意识形态领域的斗争仍然尖锐复杂，需要全党以敢于斗争的精神、善于斗争的本领主动应战，牢牢掌握主动权"②。另一方面，有些国家又希望解码中国的发展道路和成功秘诀，了解中国人民的生活变迁和心灵世界。因此，"塑造更多为世界所认知的中华文化形象，努力展示一个生动立体的中国"③，显得尤为迫切，也是当下进一步加强中国话语体系构建和对外传播研究的深邃要义。

（三）发展脉络

党的十八大以来，习近平总书记就推进中国话语体系的构建和对外传播提出了一系列新理念、新思想、新战略。他早在 2013 年就高屋建瓴地提出"要精心做好对外宣传工作，创新对外宣传方式，着力打造融通中外的新概念新范畴新表述，讲好中国故事，传播好

---

① 《习近平谈治国理政》（第四卷），外文出版社 2022 年版，第 316 页。
② 习近平：《在中央党校建校 90 周年庆祝大会暨 2023 年春季学期开学典礼上的讲话》，《求是》2023 年第 7 期。
③ 《习近平谈治国理政》（第四卷），外文出版社 2022 年版，第 326 页。

中国声音"①。随着国际形势的不断变化，习近平总书记对中国话语体系构建和对外传播的发展日益关切，相关阐述也在不断丰富。

党的十八大召开后，强调优化战略布局，着重讲好中国故事。2013 年十八届中共中央政治局专门就提高国家文化软实力研究进行第十二次集体学习，习近平总书记指出："要努力提高国际话语权。要加强国际传播能力建设，精心构建对外话语体系，发挥好新兴媒体作用，增强对外话语的创造力、感召力、公信力，讲好中国故事，传播好中国声音，阐释好中国特色。"②2016 年习近平总书记在不同的场合表达了对当时对外传播情势的担忧，更深层次地看，我们在国际上有理说不清的一个重要原因，是我们的对外传播话语体系没有完全建立起来。"在解读中国实践、构建中国理论上，我们应该最有发言权，但实际上我国哲学社会科学在国际上的声音还比较小，还处于有理说不出、说了传不开的境地。"③他提出"着力打造具有较强国际影响的外宣旗舰媒体"④，"要下大气力加强国际传播能力建设，加快提升中国话语的国际影响力，让全世界都能听到并听清中国声音。"⑤并创造性地提出要用中国理论阐释中国实践，用中国实践升华中国理论，更加鲜明地展现中国思想，更加响亮地提出中

---

① 《习近平著作选读》(第一卷)，人民出版社 2023 年版，第 150 页。
② 《习近平谈治国理政》(第一卷)，外文出版社 2018 年版，第 161 页。
③ 习近平：《论党的宣传思想工作》，中央文献出版社 2020 年版，第 235 页。
④ 《习近平谈治国理政》(第二卷)，外文出版社 2017 年版，第 333 页。
⑤ 《习近平关于社会主义文化建设论述摘编》，中央文献出版社 2017 年版，第 209 页。

国主张。他深刻指出"讲故事是国际传播的最佳方式",并对讲什么样的故事,怎么讲,谁来讲等问题进行了具体而细致的阐述和部署。①

　　党的十九大召开后,强调提升传播方式,着重宣传中国方案。2018 年习近平总书记对推进国际传播能力建设进一步指示,要求"向世界展现真实、立体、全面的中国"。②2019 年他就国际传播需关注的趋势和对外传播的话语体系提出具体要求:"我们要把握国际传播领域移动化、社交化、可视化的趋势,在构建对外传播话语体系上下功夫,在乐于接受和易于理解上下功夫,让更多国外受众听得懂、听得进、听得明白,不断提升对外传播效果。"③并就对外传播的讲述内容指出了具体方向:"要面向海内外讲好中国制度的故事,不断增强我国国家制度和国家治理体系的说服力和感召力。"④2021 年十九届中央政治局就加强我国国际传播能力建设进行第三十次集体学习,习近平总书记明确指示:"要加快构建中国话语和中国叙事体系……要围绕中国精神、中国价值、中国力量,从政治、经济、文化、社会、生态文明等多个视角进行深入研究,为开展国际传播工作提供学理支撑……向世界阐释推介更多具有中国特色、体现中国精神、蕴藏中国智慧的优秀文化……要广泛宣介中国

　　① 《习近平关于社会主义文化建设论述摘编》,中央文献出版社 2017 年版,第 212—214 页。

　　② 《习近平著作选读》(第二卷),人民出版社 2023 年版,第 194 页。

　　③ 《习近平谈治国理政》(第三卷),外文出版社 2020 年版,第 319—320 页。

　　④ 《习近平著作选读》(第二卷),人民出版社 2023 年版,第 288 页。

主张、中国智慧、中国方案……"① 这是习近平总书记就中国话语体系怎么说、说什么，以及对外传播怎么建设、如何建好等方面又一次全系统全方位的阐述。

党的二十大召开后，强调匹配大国地位，着重展现中国形象。"加快构建中国话语和中国叙事体系，讲好中国故事、传播好中国声音，展现可信、可爱、可敬的中国形象。加强国际传播能力建设，全面提升国际传播效能，形成同我国综合国力和国际地位相匹配的国际话语权。"② 中国话语体系构建和对外传播能力建设被写进了党的二十大报告。2023 年 10 月全国宣传思想文化工作会议上传达了习近平总书记的重要指示。他提出的"七个着力"中就有"着力加强国际传播能力建设、促进文明交流互鉴"重要一条。③

综上所述，马克思主义对话语体系具有鲜明阶级性的论断，是中国话语体系不应奉西方话语体系为圭臬、必须保持自己底色的理论根源。马克思主义是中国话语体系构建和对外传播研究的逻辑遵循。习近平总书记关于中国话语体系的构建和对外传播的重要讲话精神，是把马克思主义基本原理同中国具体实际相结合、同中华优

---

① 《习近平谈治国理政》(第四卷)，外文出版社 2022 年版，第 317 页。

② 习近平:《高举中国特色社会主义伟大旗帜　为全面建设社会主义现代化国家而团结奋斗——在中国共产党第二十次全国代表大会上的报告》，载于中国政府网，2022 年 10 月 25 日。

③ 《习近平对宣传思想文化工作作出重要指示强调——坚定文化自信秉持开放包容坚持守正创新　为全面建设社会主义现代化国家全面推进中华民族伟大复兴提供坚强思想保证强大精神力量有利文化条件——蔡奇出席全国宣传思想文化工作会议并讲话》，《人民日报》2023 年 10 月 9 日。

秀传统文化相结合的要求，是我们在这个命题上研究学习、贯彻落实的理论支撑。

二、现实逻辑

（一）大国需要

中华民族伟大复兴、国家的综合实力、中华文明的发展建设跃升上了新的历史性大台阶，话语体系要匹配大国的地位。习近平总书记曾经生动地提出："我们国家发展成就那么大、发展势头那么好，我们国家在世界上做了那么多好事，这是做好国际舆论引导工作的最大本钱。我们有本事做好中国的事情，还没有本事讲好中国的故事？我们应该有这个信心！"①

党的十八大以来，以习近平同志为核心的党中央统筹推进"五位一体"总体布局、协调推进"四个全面"战略布局，攻克了许多长期没有解决的难题，办成了许多事关长远的大事要事，党和国家事业取得历史性成就、发生历史性变革。我们全面建成小康社会、实现第一个百年奋斗目标，国家经济实力、科技实力、综合国力、国际影响力持续增强。②2022 年我国经济总量突破 120 万亿元，同比增长 3%，继 2020 年、2021 年连续突破 100 万亿元、110 万亿元

---

① 《习近平关于社会主义文化建设论述摘编》，中央文献出版社 2017 年版，第 209 页。

② 韩正：《以中国式现代化全面推进中华民族伟大复兴》，《人民日报》2022 年 11 月 1 日。

之后，又跃上新的台阶，并稳居世界第二，人均国内生产总值达到8.5万元。^①与此同时，中国日益走近世界舞台中央。一是国际影响全面提升。习近平总书记提出一系列新理念新倡议，回答"世界怎么了、我们怎么办"的时代之问，推动全球治理变革完善，展现负责任大国担当，提出构建人类命运共同体重大理念，为人类向何处去贡献了中国方案。^②二是国际地位显著提升。

世界百年未有之大变局加速演进。国际社会更加关注中国、聚焦中国，各国人民更愿意了解中国、倾听中国。"国际社会希望解码中国的发展道路和成功秘诀，了解中国人民的生活变迁和心灵世界。"我们必须增强底气、鼓起士气，坚持不懈讲好中国故事，形成同我国综合国力和国际地位相匹配的国际话语权。

（二）斗争需要

习近平总书记深刻地指出，我国发展优势和综合实力还没有转化为话语优势。国际社会对我国发展道路和发展模式的理性认识逐步加深的同时，对我们的误解也不少，"中国威胁论""中国崩溃论"等论调不绝于耳，一些西方媒体仍然在"唱衰"中国。各种敌对势力就是要把我们党、我们国家说得一塌糊涂、一无是处，绝不会让我们顺顺利利实现中华民族伟大复兴，这就是为什么我们要郑重提醒全党必须准备进行具有许多新的历史特点的伟大斗争的一个原因。

---

① 中共国家统计局党组：《我国经济砥砺前行再上新台阶》，《求是》2023年第4期。

② 王毅：《全面推进中国特色大国外交》，《人民日报》2022年11月8日。

这场斗争既包括硬实力的斗争，也包括软实力的较量。①

　　美国前助理国防部长、哈佛大学肯尼迪政府学院创始院长格雷厄姆·艾利森在书中写道，西方所谓精英媒体在 2013 年至 2016 年之间对中国经济的报道最常见的词汇就是"经济放缓"。在同一时期，美国媒体对美国经济表现的报道最喜欢形容的词是"复苏"。他说：中国经济放缓也是从前十年的平均 10% 的经济增长率降至每年 6% 至 7%。而"复苏"的美国经济平均每年仅增长 2.1%，欧盟则是 1.3% 停滞不前，日本只有 1.2%。② 近些年一些国际论坛，几乎在每个议题的讨论中都会提到中国，正面评价很多，负面看法也不少。在国际舆论中不乏歪曲中国形象的声音。③

　　习近平总书记高瞻远瞩地提出我们面临的各种斗争是长期的，至少要伴随实现第二个百年奋斗目标全过程。他强调当前意识形态领域的斗争仍然尖锐复杂，需要全党以敢于斗争的精神、善于斗争的本领主动应战，牢牢掌握主动权。④

　　当前，单边主义、保护主义、霸权主义给世界和平与发展带来严重威胁，敌对势力对我国进行打压围堵。⑤ 对此，我们要有清醒

　　① 《习近平著作选读》(第一卷)，人民出版社 2023 年版，第 141 页。
　　② ［美］格雷厄姆·艾利森：《注定一战：中美能避免修昔底德陷阱吗？》，陈定定、傅强译，上海人民出版社 2019 年版，第 25 页。
　　③ 傅莹：《加强国际传播，更好地塑造中国形象》，《人民论坛》2021 年第 31 期。
　　④ 习近平：《在中央党校建校 90 周年庆祝大会暨 2023 年春季学期开学典礼上的讲话》，《求是》2023 年第 7 期。
　　⑤ 任理轩：《务必敢于斗争、善于斗争》，《人民日报》2023 年 1 月 5 日。

认识，更要高度重视，坚决贯彻落实党的二十大报告中号召全党同志"务必敢于斗争、善于斗争"的精神，研究如何精心构建中国对外话语体系，着力加强国际传播能力建设，彻底改变"有理说不出，说了传不开"的局面，更主动把我们的想法说清楚，让正确的声音先入为主，让世界对中国多一份理解和支持，让国际社会真正地了解和接受中国。

（三）发展需要

党的十八大以来，文化建设被提升到一个新的历史高度。"中国特色社会主义是全面发展、全面进步的伟大事业，没有社会主义文化繁荣发展，就没有社会主义现代化。"① 习近平总书记在一开始提出"加强国际传播能力建设，增强国际话语权，集中讲好中国故事"的谋篇布局时，就认识到了对外传播渠道建设和抢占舆论斗争阵地的重要性，并开创性提出了"着力打造具有较强国际影响的外宣旗舰媒体"的战略布局。全球话语体系"西强东弱"的局面，有部分原因是一些西方老牌媒体在国际传播渠道上"卡嗓子"，代表中国话语的声音发不出、发得小甚至被断章取义地发偏发歪。打造具有较强国际影响的外宣旗舰媒体，正是借助新一轮科技革命和互联网的发展，促进党和国家新闻事业的高质量发展，彻底打破"卡嗓子"的局面，抢占舆论斗争的阵地。

习近平总书记以时代全局战略眼光提出"着力打造一批形态多

---

① 《习近平谈治国理政》（第四卷），外文出版社 2022 年版，第 309 页。

样、手段先进、具有竞争力的新型主流媒体，建成几家拥有强大实力和传播力、公信力、影响力的新型媒体集团，形成立体多样、融合发展的现代传播体系"①。这是对当今世界媒体以融合发展为新趋势的深刻洞察后作出的判断，是对党的新闻事业发展作出的战略性部署。新型主流媒体和新型媒体集团是对外传播的主力军、生力军，是讲好中国话语的定音鼓、压舱石。

习近平总书记多次对中央主要媒体作出重要指示，对加快建设国际一流媒体等推进国际传播能力建设的基础工作提出了明确要求。目前，人民日报社已形成包括 74 个海外社交媒体账号、15 个外文频道、10 个语种网站等的外宣媒体平台方阵，并提出"要进一步整合国际传播平台和资源，实现在海外传得开、能落地、影响大，在国际舆论场上赢得共鸣、赢得人心"②。新华社也正加快建设国际一流的新型世界性通讯社、努力建成国际一流新型全媒体机构。新华社有 182 个驻外分社，将努力构建分布均衡、结构合理、彼此呼应、重点突出的全球力量布局，实现"在场、发声、落地、滚雪球式发展"③。中央广播电视总台则加快向国际一流原创视音频制作发布的全媒体机构转变，加快提升海外投送能力，持续拓展海外新媒体传

---

① 《习近平关于全面建成小康社会论述摘编》，中央文献出版社 2016 年版，第118 页。

② 庹震：《深入学习贯彻习近平文化思想　切实做好信息化条件下党的新闻舆论工作》，《旗帜》2024 年第 1 期。

③ 傅华：《更好担负起新的文化使命》，《思想政治工作研究》2024 年第 1 期。

播渠道。[①]除了中央主要媒体之外，中国的各地方主流媒体也正努力通过研究中国话语体系和对外传播这一命题，制定明确的战略规划，加强与海外受众的互动，提高受众的参与度等方式实现国际传播能力建设。

中央媒体和地方媒体、传统媒体和新兴媒体正在逐步打造协同并进、同频共振的国际传播媒体集群。信息化为新时代国际传播事业带来了千载难逢的机遇，把握国际传播趋势，接轨先进传播技术，运用现代传播手段，坚持国家站位、立足全球视野，提高声量，扩大音量，有效扩大中国新闻传播的世界影响力。

三、实践逻辑

（一）外交实践

中国国家主席习近平 2017 年 1 月 18 日在联合国日内瓦总部发表了题为《共同构建人类命运共同体》的主旨演讲。在阐明中国维护世界和平的决心不会改变的观点时，他引用《周礼》和《论语》从中华文明历来崇尚"以和邦国""和而不同"与"以和为贵"说起，并借用《孙子兵法》第一句话"兵者，国之大事，死生之地，存亡之道，不可不察也"引经据典地指出，这部中国历史上著名的兵书开宗明义就表达其要义是慎战，几千年来，和平融入了中华民

---

① 慎海雄：《坚信笃行 好学能文 以实际行动做到"两个维护"》,《求是》2023 年第 20 期。

族的血脉中，刻进了中国人民的基因里。①

这是习近平总书记身体力行地在外交舞台上用中国话语体系开展对外传播，同时也是既和中华优秀传统文化相结合又和中国具体实际相结合的经典诠释。从"一带一路"国际合作高峰论坛到亚洲文明对话大会，再到中国共产党与世界政党高层对话会，新时代中国共产党人用实际行动为推动人类文明进步注入了强劲动力。②

中国的外交官们正在各种世界舞台开展具有自身特色的大国外交，讲好中国的故事、中国人民的故事、中国共产党的故事，并在各种全球平台上开设账号，解读中国的外交政策和对外行动，用"接地气"的方式与外国公众进行互动，③不断增进国际社会对中国的理解和认同，形成同我国综合国力和国际地位相匹配的国际话语权。

（二）全党实践

习近平总书记早在 2014 年就指出："讲好中国故事，不仅中央的同志要讲，而且各级领导干部都要讲；不仅宣传部门要讲、媒体要讲，而且实际工作部门都要讲、各条战线都要讲。"④

一直以来，我国的国际传播实践主要由政府及专业的对外媒体

① 习近平：《共同构建人类命运共同体》，《求是》2021 年第 1 期。
② 中共中央党校（国家行政学院）校（院）务委员会：《深刻领会习近平文化思想的丰富内涵》，《人民日报》2024 年 1 月 11 日。
③ 陈力丹：《掌握国际传播规律构建对外话语体系》，《新闻爱好者》2022 年第 11 期。
④ 《习近平关于社会主义文化建设论述摘编》，中央文献出版社 2017 年版，第 211 页。

机构承担。但是，一方面随着中国综合国力和国际影响力的提升，中国国内的事务也越来越被国际社会关注。面对突发事件，信息发布得越早、越快、越多、越准确，越能抢占国际舆论的制高点，越能赢得国际公众的信任。① 另一方面，数字化、信息化浪潮使得互联网一跃成为人类社会最重要的基础设施，传播主体多元、话语视角丰富、时空界限消弭等数字时代的特征也在技术的赋能下被不断强化，国际传播的内涵和外延都发生着巨变，过去由单一官方主体进行的分散、被动的国际传播实践已经难以适应全新的传播环境和舆论生态。②

习近平总书记要求的"奏响交响乐、大合唱"是全方位的。他系统地提出，各级党委（党组）要把加强国际传播能力建设纳入党委（党组）意识形态工作责任制，加强组织领导，加大财政投入，帮助推动实际工作、解决具体困难。各级领导干部要主动做国际传播工作，主要负责同志既要亲自抓，也要亲自做。要加强对领导干部的国际传播知识培训，发挥各级党组织作用，形成自觉维护党和国家尊严形象的良好氛围。各级党校（行政学院）要把国际传播能力培养作为重要内容。要加强高校学科建设和后备人才培养，提升国际传播理论研究水平。③

---

① 傅莹：《加强国际传播，更好地塑造中国形象》，《人民论坛》2021 年第 31 期。
② 胡正荣：《新时代中国国际话语权建构的现状与进路》，《人民论坛》2022 年第 3 期。
③《习近平谈治国理政》（第四卷），外文出版社 2022 年版，第 318 页。

第二节　中国话语的体系构建和
对外传播的研究路径

一、讲透中国话语体系

（一）讲清所处方位

"找到中国话语体系在全球话语体系中的地位"是习近平总书记提出的明确要求。万物有所生，而独知守其根。他强调要守住两个根。一要守底色之根。守正，守的是马克思主义在意识形态领域指导地位的根本制度，守的是"两个结合"的根本要求，守的是中国共产党的文化领导权和中华民族的文化主体性。二要守本色之根。比如"天下为公、天下大同的社会理想，民为邦本、为政以德的治理思想"等中华优秀传统文化的重要元素，与人民至上的政治观念相融，革故鼎新、自强不息的担当与共产党人的革命精神相合。[①]守住这两个根，融通中外、贯通古今，自然也能找到增强中华文明传播力影响力的破解之道。

这是习近平总书记为我们指明的研究方向，研究中国话语体系首先要在全球坐标系里找到所处的方位。

---

① 习近平：《在文化传承发展座谈会上的讲话》，《求是》2023 年第 17 期。

本书第一章就国际话语体系中的中国话语进行了分析研究。不同国家和地区的话语框架和影响因素迥异，因而各自在当今国际关系中的演进过程以及所呈现出来的话语特点纷呈。如美国等西方国家近年来表现为贸易保护主义抬头和身份政治对抗加剧。中国话语体系则更强调人民概念，具有集体主义的价值导向；更强调尊重自然，践行"绿水青山就是金山银山"理念；更强调全球视野，尊重世界文明多样性。马克思主义与中华优秀传统文化结合，形成了具有中国特色内涵的中国话语体系。

（二）讲透核心概念

话语的背后是思想、是"道"。不要为了讲故事而讲故事，要把"道"贯通于故事之中，更加鲜明地展现中国思想，更加响亮地提出中国主张。① 习近平总书记这些重要提法为研究中国话语的核心概念提供了路径。

本书第二章具体研究了中国特色话语体系中所包含的中国主张、中国道路和中国方案，它们各有侧重、相互联系、相辅相成，集中体现了中国特色和时代精神，反映了新时代中国的全球治理观。古今贯通、中西结合、与时俱进同中国具体实际相结合是中国特色话语体系的核心特征，也是打破西方国家的话语垄断，引领时代变革发展的"道"之所在。

---

① 《习近平关于社会主义文化建设论述摘编》，中央文献出版社 2017 年版，第 212—214 页。

（三）讲透叙事框架

"要加快构建中国话语和中国叙事体系，用中国理论阐释中国实践，用中国实践升华中国理论，打造融通中外的新概念、新范畴、新表述，更加充分、更加鲜明地展现中国故事及其背后的思想力量和精神力量。"① 习近平总书记为中国话语体系勾勒了总体框架。

本书第三章在此总体框架下从叙事体系、叙事方式、符号体系、表述特征等方面进一步梳理。中国话语的叙事体系需要对中国本土现实的研究和探索，话语表征所需要的叙事修辞与思想知识体系也需要专业化、学理化的把关与凝缩；叙事方式上则需要处理好历史叙事和当代叙事，民族叙事与全球叙事，主导叙事与多元叙事的平衡；符号体系的构筑当立足本土实践并汲取西方经验，切合全球化特性；表述特征是如何讲好故事的具体实践，注重点面结合、虚实相生、主次兼顾是关键，另外需顾及情感特征和审美趋势，以提高跨文化交流的效率和深度。

话语是形式，实践是内容。中国实践是构建中国话语体系的重要内容来源，不仅充分展现了中国的治理经验、发展成就和国际贡献，也集中体现了中国化时代化的马克思主义理论逻辑和中国社会发展实践逻辑的辩证统一。只有生动讲好中国特色社会主义建设的实践，中国话语体系就不会成为无源之水、无本之木。

---

① 《习近平谈治国理政》（第四卷），外文出版社 2022 年版，第 317 页。

（四）讲透价值依归

习近平总书记明确要求加快构建中国话语体系："要围绕中国精神、中国价值、中国力量，从政治、经济、文化、社会、生态文明等多个视角进行深入研究，为开展国际传播工作提供学理支撑。"[1]当代中国价值观念，就是中国特色社会主义价值观念，代表中国先进文化的前进方向。我国成功走出了一条中国特色社会主义道路，实践证明我们的道路、理论体系、制度是成功的。要加强提炼和阐释，拓展对外传播平台和载体，把当代中国价值观念贯穿于国际交流和传播方方面面。[2]

本书第四章探讨了中西方话语背后的价值观，并在全球化和多元文化的背景下，话语与价值观的关系更为复杂。美国等西方国家通过强大的经济实力和发达的传媒，不断制造一系列具有时代色彩和标识性的概念和话语，如"普世价值论""文明冲突论"等，旨在解释世界和主导世界。中国则将马克思主义基本原理同中国具体实际和中华优秀传统文化相结合，形成了具有中国特色的价值观。中国话语背后呈现的和平与发展的国际秩序价值观，公平与正义的社会治理价值观，以及民主与自由的个人发展价值观成为中国对外传播话语的核心价值依附，正逐渐对全球价值观产生影响，并在国际

---

[1] 《习近平对宣传思想文化工作作出重要指示强调——坚定文化自信秉持开放包容坚持守正创新　为全面建设社会主义现代化国家全面推进中华民族伟大复兴提供坚强思想保证强大精神力量有利文化条件——蔡奇出席全国宣传思想文化工作会议并讲话》，《人民日报》2023 年 10 月 9 日。

[2] 《习近平谈治国理政》（第一卷），外文出版社 2018 年版，第 161 页。

社会显现其意义。中国需要更主动发声，坚持自己的核心价值观，逐步完善构建出一套既面向世界又有中国特色的、"立得住、叫得响、听得进"的话语体系。

二、厘清对外传播规律

（一）厘清中国形象

习近平总书记强调在向世界阐释推介中国时，"要注重把握好基调，既开放自信也谦逊谦和，努力塑造可信、可爱、可敬的中国形象"①。"可信、可爱、可敬的中国形象"写进了党的二十大报告关于"增强中华文明传播力影响力"的篇章中。②

本书第五章主要立足新时代国际舆论，就中国形象的基本面貌、影响因素和塑造有效路径进行了研究。党的十八大以来中国取得的成就引发了国际舆论对中国经济、政治、文化、社会、生态等各方面的广泛关注，也深刻塑造了中国在国际社会的多维形象。中国国际形象的国际舆论映射，既根源于中国日益崛起的综合国力，又受制于意识形态观念碰撞、国际格局的深刻变化等外在条件的影响。

---

① 《习近平对宣传思想文化工作作出重要指示强调——坚定文化自信秉持开放包容坚持守正创新　为全面建设社会主义现代化国家全面推进中华民族伟大复兴提供坚强思想保证强大精神力量有利文化条件——蔡奇出席全国宣传思想文化工作会议并讲话》，《人民日报》2023 年 10 月 9 日。

② 习近平：《高举中国特色社会主义伟大旗帜　为全面建设社会主义现代化国家而团结奋斗——在中国共产党第二十次全国代表大会上的报告》，载于中国政府网，2022 年 10 月 25 日。

国际传播不能仅靠政治维度和权力维度，其不足以完全支撑中国形象"全面""立体"的追求。[①]国际舆论场域的国家形象塑造是一个复杂且漫长的系统工程，受到多重因素的影响和制约，需要从本、道、术等多个维度发力以促进中国国际形象的塑造。

（二）厘清传播格局

党的十八大以来，我们大力推动国际传播守正创新，理顺内宣外宣体制，打造具有国际影响力的媒体集群，积极推动中华文化走出去，有效开展国际舆论引导和舆论斗争，初步构建起多主体、立体式的大外宣格局，我国国际话语权和影响力显著提升，同时也面临着新的形势和任务。[②]

本书第六章试图从国际传播体系、中国对外传播发展历程、中国传播体系在国际传播体系所处位置来厘清中国对外传播面临的格局。习近平总书记对当前国际形势作出了"世界正处于百年未有之大变局"的判断，国际传播作为世界格局的延伸，在技术要素、产业形态、政治规制和价值观念上均发生着深刻变革，与世界格局的变化共振。近年来，网络技术的快速发展迅速改变了传统国际传播格局，为打破信息霸权，传播中国声音提供了新的途径。从目前的国际传播体系来看，初级基础设施中有些西方国家占有优势，但这

---

① 陈力丹：《掌握国际传播规律构建对外话语体系》，《新闻爱好者》2022年第11期。

② 《习近平谈治国理政》（第四卷），外文出版社2022年版，第316页。

种优势地位正受到中国的挑战。中国在光通信、通信卫星、基站、手机、PC 机、平板电脑等互联网时代的基础设施上取得了显著的成绩，能够与有些西方国家一争高下；而在传播节点方面，有些西方国家在互联网基础设施、操作系统、浏览器、搜索引擎、社交媒体平台和传统媒体和媒体集团方面占据一定优势，但中国正在逐步缩小这种差距。

（三）厘清传播体系

习近平总书记指出："必须加强顶层设计和研究布局，构建具有鲜明中国特色的战略传播体系。""要采用贴近不同区域、不同国家、不同群体受众的精准传播方式，推进中国故事和中国声音的全球化表达、区域化表达、分众化表达，增强国际传播的亲和力和实效性。"① 当前，5G、大数据、云计算、VR、AR、AI 人工智能等新兴技术不断涌现，推动国际传播领域发生深刻变革。加强我国国际传播能力建设、需要充分运用各类传播方式，通过新形式、新手段、新途径讲好中国故事、传播好中国声音。

本书第七章探讨了中国对外传播的多元主体，中国对外传播的平台与网络，打造具有国际影响力的媒体集群。在全球化波浪式前进和媒介技术持续深入变革的当下，理想的对外传播状态应当是由政府、传媒、企业、非政府组织以及公民个体等共同组成国际传播的多元主体，内容拓展到各个方面，整合外交、对外贸易、对外宣

---

① 《习近平谈治国理政》（第四卷），外文出版社 2022 年版，第 318 页。

传等多方力量合力塑造国家形象，实现国家利益。只有发挥多元主体在不同场景中对外传播的优势，才能真正做到"民心相通"，展示真实、立体、全面的中国。随着网络技术的发展和对外传播理念的革新，中国国际话语体系的构建离不开网络平台的构建。为了提高对外传播力和国际影响力，中国各类媒体纷纷"借船出海"，在国际舞台上传播中国声音。目前中国已经形成了包括官方媒体、社交媒体、视频平台、各类新闻客户端和其他各类网络平台等多层次多元性的对外传播网络。这些传播平台具有不同的特点和影响力，在对外传播中发挥着不同的作用。围绕提升媒体国际影响力、打造具有较强国际影响力的媒体集群这一命题，我国的主流媒体正在不断实践与创新。结合近年来取得的巨大成绩，以及国外受众、国际传播呈现的新特点，提升媒体国际影响力，仍需对提升媒体国际影响力的方式和路径进行归纳和研究。

（四）厘清传播效果

习近平总书记在《论党的宣传思想工作》中提道："我们要把握国际传播领域移动化、社交化、可视化的趋势，在构建对外传播话语体系上下功夫，在乐于接受和易于理解上下功夫，让更多国外受众听得懂、听得进、听得明白，不断提升对外传播效果。现在，国际上理性客观看待中国的人越来越多，为中国点赞的人也越来越多。我们走的是正路、行的是大道，这是主流媒体的历史机遇，必须增强底气、鼓起士气，坚持不懈讲好中国故事，形成同我国综合国力相适应的国际话语权。"①

本书第八章在研究中国话语对外传播的效果时发现，在传播主体、渠道、技术多元发展的复杂背景下，不同的媒体平台各自开发出差异化评价指标，如阅读量、播放量、收视率等，使得传播效果评估标准失去可比性，如何评价整个传播最终的效果成为学界、业界分析的难点。本章试图提出一套同时具备灵活性与泛化能力的传播效果综合评估系统，多从国际受众的角度思考，以更有效地评估传播策略的优化路径。

三、阐明两者辩证关系

习近平总书记在作相关重要论述时经常将中国话语体系和对外传播互相结合，说明两者之间存在紧密联系和相辅相成的辩证关系。本书共八章，前四章主要就中国话语体系的构建进行研究，后四章则围绕对外传播展开论述。尽管前后各有侧重，但并不是孤立的。

（一）"内""外"联通之术

习近平总书记在对中国梦进行阐释时提出了具体而实在的要求，从中国话语体系上要求"与当代中国价值观念紧密结合起来，从哲理、历史、文化、社会、生活等方面深入阐释中国梦，不要空喊口号，不能庸俗化"。从对外传播上则"要注重从历史层面、国家层面、个人层面、全球层面等方面说清楚、讲明白，使中国梦成为传

---

① 习近平：《论党的宣传思想工作》，中央文献出版社 2020 年版，第 357 页。

播当代中国价值观念的生动载体"①。讲好中国梦的故事是"国际传播的最佳方式"讲故事的重要内容之一，习近平总书记对讲好中国梦的具体要求生动地诠释了如何说清话语本质、如何把握传播形式的"内""外"联通之术。

如果没有对中国话语体系构建进行完整准确地勾勒，对外传播就无法达到有影响力、感召力、亲和力、说服力和引导力的效果。如果没有对影响对外传播的要素、方式进行全面深入地分析，再好的话语体系可能也无法触达和贴近需要到达的区域、国家、群体受众。

（二）"体""用"贯通之道

中国话语体系之构建是对外传播的核心内容，而对外传播的建设主要为了更有效地输出中国话语，提升国际话语权。两者的辩证关系发展至今，习近平文化思想又将其提升到了新的高度。

构建中国话语和中国叙事体系，体现了我们党提高国家文化软实力、占据国际道义制高点的战略谋划，是习近平文化思想的重要论述之一，是为"体"。加强国际传播能力建设，构建具有鲜明中国特色的战略传播体系，全面提升国际传播效能，则明确了新时代文化建设的路线图和任务书，为推进文化强国建设提供了全面指引，是习近平文化思想谋划和部署的重要篇章，是为"用"。②明体达用、

---

① 《习近平总书记系列重要讲话读本（2016年版）》，学习出版社、人民出版社2016年版，第208页。

② 曲青山：《深入学习贯彻习近平文化思想为担负起新的文化使命贡献党史和文献力量》，《旗帜》2023年第11期。

体用贯通。由此中国话语体系和对外传播的理论发展和内容充实到了新的高度，成为不断展开的、开放式的、科学系统的思想体系中重要篇章，并将随着实践深入不断丰富发展。

作为一本研究中国话语体系和对外传播的学术作品，本书强调研究的规范性和论述的学理性。讲透中国话语体系、厘清对外传播规律、阐明中国话语体系和对外传播的关系都是建立在社会科学规范的研究方法之上。本书采用文献分析、历史研究、比较研究、案例研究、话语分析等诸多方法从历史和当代文献中提取事实和规律，从纷繁表象中获取逻辑联系。本书通过比较古今中外不同的话语逻辑和体系，把握中国话语体系的所处方位、核心概念、叙事体系和价值依归；通过话语分析、案例研究等方法探索对外传播的国家形象、传播格局、体系和效果。中国话语体系的对外传播研究既有对现实情况的描述和分析，也有对理想图景的构思与想象。

第三节　中国话语的体系构建和对外传播的研究坐标

一、政治坐标

（一）对接党和国家重大战略的主动作为

高校要心怀"国之大者"，想国家之所想、急国家之所急、应国家之所需，在主动对接党和国家事业发展需要、服务国家重大战略需求过程中体现价值、赢得优势、争创一流。① 复旦大学对中国话语体系和对外传播进行全面系统的解读研究，本书是对这一要求具体而生动地落实和实践。

研究阐释并编辑出版好阐述习近平新时代中国特色社会主义思想的著作，是凝心铸魂的基础工作。要结合最新、最及时的研究成果和实践经验，坚持最高标准、最严要求，用心用情用力做好编撰工作，为学习习近平新时代中国特色社会主义思想和习近平文化思想提供教材。把重大意义、丰富内涵、实践要求以及蕴含其中的道理学理哲理阐释透，把这一重要思想为丰富发展马克思主义文化理论作出的原创性贡献、为传承发展中华优秀传统文化作出的历史性贡献、为推动人类文明进步事业作出的世界性贡献阐释透。同时，精编细编及后续的宣传宣介工作，也是一种推动党的创新理论更加深入人心、展示好中国话语、传播好中国声音的生动实践。

（二）建设"第一个复旦"的重要抓手

2014 年习近平总书记高屋建瓴地提出"办好中国的世界一流大学，必须有中国特色。越是民族的越是世界的。世界上不会有第二个哈佛、牛津、斯坦福、麻省理工、剑桥，但会有第一个北大、清华、浙大、复旦、南大等中国著名学府"②。中国话语体系构建和对外传播的能力提升，本身也是建设"第一个复旦"的重要指标和必

---

① 中共复旦大学委员会：《服务高质量发展　建设中国特色世界一流大学》，《求是》2023 年第 18 期。

② 《习近平谈治国理政》（第一卷），外文出版社 2018 年版，第 174 页。

要抓手。

如何成为世界一流，同样需要用中国话语体系和对外传播能力，交出"既扎根中国大地，又让世界认可"的满意答卷。同时，要更好发挥高校的专家学者智库作用，鼓励各种资源利用国内外重要媒体平台和渠道讲好中国故事，不断扩大知华友华的国际舆论朋友圈，协力讲好新时代中国高等教育的发展成就。

（三）学习贯彻习近平文化思想的生动实践

中国话语的体系构建和对外传播，是习近平文化思想的重要篇章，也是习近平新时代中国特色社会主义思想的重要构成。习近平总书记在对加强和改进国际传播工作所作的重要指示中提出，"要加强高校学科建设和后备人才培养，提升国际传播理论研究水平"。此次全面系统的解读，是学习贯彻习近平文化思想的具体而生动的落实、实践。

上海正在建设习近平文化思想最佳实践地。复旦大学要继续推动国际传播研究实践，下大力气加强智库建设，源源不断培养文化人才，形成城市和大学文化软实力的双重叠加效应，提供理论与实践创新探索和丰富素材，共同建设习近平文化思想最佳实践地。

二、历史坐标

（一）命题研究的时代方位

进入新时代，习近平总书记敏锐把握世界之变、时代之变、历史之变，对提升国际传播效能作出全方位的顶层设计，推动打造具有鲜明中国特色的国际传播体系，我国的国际话语权显著提升，为改革发展稳定营造了有利外部环境。今天中国国际形象"自塑"能力显著增强，国际社会理性客观看待中国的人越来越多。[①] 但这并不代表全球话语"西强东弱"的格局已经完全改变，也不代表我国的国际话语权已经和我国国力和国际地位完全匹配。

习近平总书记强调："不断谱写马克思主义中国化时代化新篇章，是当代中国共产党人的庄严历史责任。"[②] 中国话语体系构建和对外传播的命题需要更进一步地总结归纳的经验性研究，从历史中总结教训，从经验中发现规律。实践没有止境，理论创新没有止境，命题的研究也没有止境。

（二）思想伟力的生命进程

"我们党和国家事业取得了举世瞩目的成就，归根结底是马克思主义行，是中国化的马克思主义行。"[③] 马克思主义需要不断坚持和发展，靠的是运用其科学的世界观和方法论解决中国的问题，不断回答中国之问、世界之问、人民之问、时代之问，形成与时俱进的理论成果。马克思主义在中国发展到现阶段，以马克思主义为指导的中国话语体系也在不断地丰富和发展。因此，中国话语体系构建和对外传播研究的不断丰富和升华，正是马克思主义思想和中国实

[①] 中共中央党校（国家行政学院）校（院）务委员会：《深刻领会习近平文化思想的丰富内涵》，《人民日报》2024年1月11日。

[②] 习近平：《为实现党的二十大确定的目标任务而团结奋斗》，《求是》2023年第1期。

[③] 《习近平著作选读》（第一卷），人民出版社2023年版，第14页。

际相结合发展的需要。

马克思主义在中国之所以展现出强大的生命力，靠的是植根中华民族历史文化沃土。天下为公、天下大同的社会理想，民为邦本、为政以德的治理思想等，充实了马克思主义的文化生命，"中国化马克思主义成为中华文化和中国精神的时代精华"①。因此，中国话语体系构建和对外传播的研究不断丰富和升华，是马克思主义思想发扬光大的需要，是马克思主义同中华优秀传统文化相结合续写的必然要求，是马克思主义中国化时代化篇章续写的必然要求。

习近平新时代中国特色社会主义思想"必须长期坚持并不断发展"。②习近平文化思想"是一个不断展开的、开放式的、科学系统的思想体系，必将随着实践深入不断丰富发展"③。作为重要篇章之一，中国话语体系构建和对外传播的研究不断丰富和升华，也是习近平文化思想和习近平新时代中国特色社会主义思想不断丰富发展的当然命题。要把理论研究与实证研究、理论阐释与案例教学紧密结合起来，坚持价值性与知识性、理论性与实践性相统一，与时俱进地回答中国之问、世界之问、人民之问、时代之问。

---

① 习近平：《在文化传承发展座谈会上的讲话》，《求是》2023 年第 17 期。

② 《中国共产党章程》，人民出版社 2022 年版，第 3 页。

③ 《习近平对宣传思想文化工作作出重要指示强调——坚定文化自信秉持开放包容坚持守正创新　为全面建设社会主义现代化国家全面推进中华民族伟大复兴提供坚强思想保证强大精神力量有利文化条件——蔡奇出席全国宣传思想文化工作会议并讲话》，《人民日报》2023 年 10 月 9 日。

三、学术坐标

（一）学术责任

师者，所以传业授道解惑也。复旦大学在政治学、中国史、新闻学等学科建设上有厚重的学术积累和很高的学术声望，尤其是在红色文化传承和学科基础创新、国际传播等各个方面，都有引领性的贡献。阐述好中国话语体系构建和对外传播的课题命题是义不容辞的学术责任。

要以马克思主义中国化时代化的最新成果作为最大理论增量，构建中国话语体系和对外传播理论分析范式，"讲清"现实基础，"讲好"特色优势，"讲透"发展逻辑，以科学的理论提炼、规范的理论框架、清晰的学理分析夯实建构基础。共同夯实讲好中国故事的理论根基，开展课题研究、加强智库合作，深化对中国精神、中国价值、中国力量的理论阐释，着力构建"理论的中国""思想的中国"，为开展国际传播工作提供坚实的学理支撑，成为可靠的教材库、思想库、智囊团。

（二）学术担当

不仅在学科建设上，在立德树人上，高校也要体现担当作为。坚持不懈用习近平新时代中国特色社会主义思想铸魂育人，进一步上好国际传播"大思政课"，出好用好"习近平新时代中国特色社会主义思想研究工程"丛书，是学校立德树人、铸魂育人工作的一件大事。要以此为契机，继续深入推进习近平新时代中国特色社会主义思想"三进"工作，充分发挥丛书的纲要和指南功能，引领学生全面、深入、准确地理解中国特色社会主义理论和实践发展的新境界。

作为学术研究"国家队"，积极探索与具有影响力的国际传播"国家队"和"主力军"的新型主流媒体和新型媒体集团合作。一要共同打造展示中国形象的传播平台和对外话语创新平台，加强媒体话语、学术话语相互支持和转化。二要进一步厚植国际传播人才的培养沃土，携手培养深谙国情世情、又有全球叙事能力的高层次复合型国际传播人才。

（三）学术贡献

发挥高校在学研上的优势，积极投身布局提升国际传播效能的学科研究和技术研发，建设人工智能等前沿科技产教融合平台。在坚持守正为要、坚持总体国家安全观的前提下，大力挺进国际传播新技术科研领域。密切关注新技术、新手段的迭代发展，紧盯技术前沿，瞄准发展趋势，加快技术创新。通过积极利用新兴技术手段，推进中国故事和中国声音的精准传播，助力全面提升国际传播效能。

全链条构建理论培养、硬件支持、多元师资、产业实践一休的产教融合培养新模式，打造校企合作新范式，把发展科技第一生产力、培养人才第一资源、增强创新第一动力更好结合起来。在平台、人才、学科方面优势互补交融，进一步共同拓展国际传播能力建设的实践维度。

　　总之，复旦大学要大力推动理论研究、人才培养、实践发展齐头并进，以习近平文化思想为引领，共同谱写中国主张、中国道路、中国方案的话语体系和对外传播事业新篇章，为推动国际传播高质量发展、服务党和国家工作大局作出新贡献。

第一章　国际话语体系中的中国话语

　　话语问题发端于福柯提出的语言学命题。广义来讲，话语指的是"文化生活的所有形式和范畴"，而狭义来看，话语接近于"语言的形式"。[①] 总而言之，话语涵盖了"各种形式的正式或非正式的言语互动以及书面文本"。[②] 在国际交流中，国际话语权是一个国家的文化实力、政治吸引力、价值观等软实力在国际舞台上的体现，其基础为国家的综合国力，体现了该国在世界政治经济权力结构中所处的位置及其所产生的影响。[③] 而国际话语会最终在协调群体行动、凝聚社会共识、塑造身份认同、传递信息知识等方面发挥着重要作用。[④] 在

---

　　① 杨昕：《中国共产党意识形态话语权研究》，天津师范大学博士学位论文2014年。

　　② ［英］乔纳斯·波特、玛格丽特·韦斯雷尔：《话语和社会心理学》，肖文明、吴新利、张擘译，中国人民大学出版社2006年版，第10页。

　　③ 胡正荣：《新时代中国国际话语权建构的现状与进路》，载于人民论坛网，2022年2月9日。

　　④ 郭晓科、刘俊、王瑾：《全球话语竞争下的中国对外话语体系建构新思维》，《对外传播》2023年第5期。

当今多极化的全球秩序中，话语体系已超越传统的政治、经济范畴，扩展至文化和价值观层面的交锋，成为国家间权力竞争与合作的关键领域。

在此背景下，如何塑造具有中国特色的话语体系，提升中国在国际舞台上的话语权，已成为关系国家软实力和全球影响力的关键课题。基于此，本章首先从经济、政治、文化、区域等多重维度，分析当前全球话语场域中的话语特点，为理解国际话语权竞争的本质奠定基础。随后，本章深入比较中国话语体系与西方主流话语体系的异同，特别是在价值理念、叙事手段等方面的异同，以探讨中国话语体系如何在多极化国际秩序中找到独特的定位。最后，本章总结出中国话语的特色，为在国际社会上构建具有特色的中国话语体系提供方法论依据。

第一节　当前全球话语场域中的话语特点

当前全球话语场域呈现出多维变化，涵盖政治、经济、文化和地区间的复杂互动。本节将基于这一分析框架简要概述当前全球话语场域中的基本特征及其影响。在经济层面，逆全球化趋势的出现与贸易保护主义的抬头促使各国调整经济政策，以确保本国经济安全与国际话语权的稳固。在政治领域，民粹主义兴起和身份政治的对抗加剧，深刻影响了国家内部的社会关系，且对国际合作的稳定性构成挑战。在文化层面，国家间话语权的竞争逐渐延伸至文化软实力，各国通过强化民族认同、文化传播，积极提升自身在全球舆论场中的影响力。此外，区域稳定与共同繁荣日益也成为全球目标，尤其是发展中国家通过互利共赢的合作方式，争取在全球话语体系中获得更大的话语权和更显著的国际影响力。

一、逆全球化崛起，贸易保护主义抬头

"自由"主义的规则和制度主导着国际市场和世界经济，加上技术创新的推动和民族国家的合作等因素，人类在 21 世纪初进入了一个前所未有的高度一体化的阶段——全球化。国际社会普遍将这视为促进经济繁荣和稳定的手段，尤其是通过国际贸易的方式，使得国家能够更专业地配置资源，实现经济的优化组合，从而提升生产率和促进经济增长。[①] 然而，全球化进程并不是一帆风顺的，国际社会也总是处于动态变化过程之中。这一框架在当下发生了实质性的变化，出现了与自由贸易相悖的声音，甚至掀起去全球化浪潮。

2008 年国际金融危机作为一个典型的系统性风险事件，是全球化进程中的一个关键转折点。该危机起源于美国的次贷市场崩溃，其影响迅速传导至全球金融体系，引发了信贷紧缩、金融机构破产和股市暴跌，从而触发了一场国际性的经济衰退。而且这场危机从

---

① Caetano, R. M., Calegario, C. L. L., & Floris, L. M., *Deglobalization: An integrative literature review post-2009*, in Soylu Ö. B., Orhan, eds., International symposium on economic thought, 2021, p. 9.

金融领域蔓延至实体经济，导致企业融资困难，进而影响了投资和消费，引发生产下降和失业率上升。国际社会普遍认为，金融危机的恶性影响持续存在，全球化的步伐已随之放缓。

在这一背景下，美西方等国家出现了明显的逆全球化趋势。这一趋势主要体现为实施贸易保护主义政策，例如提高关税和限制进口，以保护本国产业和就业。譬如，2018 年，特朗普政府曾对中国、加拿大、欧洲联盟、墨西哥和韩国等发起一系列贸易限制。这些贸易限制的特点在于，它们依据特定的美国法律，对上述国家和地区的进口产品征收额外关税或实施配额制。美国商务部在多份调查报告和政治演说中多次声称，来自这些国家的进口产品可能构成国家安全威胁。[1] 只是有不少研究质疑这一理由站不住脚，认为贸易限制的实质并非保护国家安全而是出于保护主义。[2]

然而，新冠疫情的暴发进一步增加了世界市场的不确定性，从而加速了逆全球化进程。疫情初期，欧盟成员国由于担心国内医疗设备、个人防护设备、药品的短缺问题，纷纷实施出口禁令，但这破坏了市场的流动性并一度对欧盟内部的团结构成了威胁。[3] 随着疫情的蔓延，美西方等国家采取了更为严格的边境封锁措施，进一

---

① Bown, C. P., Kolb, M., "Trump's trade war timeline: An up-to-date guide." May 10, 2022.

② Chinn, Menzie, "What Is the National Security Rationale for Steel, Aluminum and Automobile Protection?" June 6, 2018.

③ Irwin, D. A., "The pandemic adds momentum to the deglobalization trend," April 23, 2020.

步限制了人员和物资的流动，导致经济增长率转为负值，金融市场也因此在短期内经历了严重的损失和恐慌。① 这些措施虽然是对抗疫情的必要反应，却也暴露了国家之间在危机时刻可能出现的分歧。英国脱欧负责人莎莉·琼斯表示，相比于自由主义时期，每个国家都对全球贸易采取了更多的限制干预措施，整个模式越来越趋于保护主义。② 在此背景下，供应链的韧性与安全性逐渐成为各国经济政策的核心考量。美、日、欧等经济体正在通过调整供应链布局降低对特定国家的依赖。例如，美国启动了供应链复原计划，鼓励企业将关键制造环节转移至国内或盟友国家，以增强供应链的安全性和灵活性。

二、民粹主义兴起，身份政治对抗加剧

正如有的学者所提出的，话语不仅是相互关联的文本或语言的集合，而是一种涵盖了意识形态、制度和行动的复杂构造。③ 因此，分析当前全球话语场域中的话语特点，还需要从身份政治的视角来理解。在这种背景下，民粹主义、民族主义及其他与身份相关的政

---

① Abdal, A., & Ferreira, D. M, "Deglobalization, globalization, and the pandemic: Current impasses of the capitalist world-economy," *Journal of World-Systems Research*, Vol. 27, No. 1, 2021. pp. 202—230.

② EY Global, "Why pandemic-induced trade protectionism will affect tax for years," Sep 23, 2021.

③ Erdogan, B., and B. Erdogan., "What Is Discourse？" November 8, 2016, 参见施普林格出版社网站。

治力量正在崛起，对传统的精英政治构成了挑战。这种转变不仅改变了政治话语的内容，也影响了政策制定和社会共识的形成，导致了更为激烈的社会对抗和身份分裂现象的出现。

已有不少研究通过实证数据表明金融危机是欧美右翼民粹主义兴起的温床。这一现象的成因包括但不限于以下几个方面：首先，金融危机引发的经济衰退削弱了公众对主流或精英政治的信任[①]；其次，金融危机加重了社会内部的收入不平等现象，导致社会经济层面的分裂和矛盾加深；再者，金融危机之后通常采取紧缩政策，但也削弱了社会安全网，加剧了社会不满情绪。[②]在这种充满不信任、不确定和不满的氛围中，右翼民粹主义者通常提出看似简单的方案来解决复杂问题，即越来越强调种族或国家等身份概念，并且将责任归咎于精英政治、全球化、少数民族或移民，一定程度上利用或迎合了选民的经济创伤与焦虑情绪，因此往往在选举中赢得许多选票。[③]这种政治氛围导致整个社会滋长了排他性，表现为反精英主义、反多元主义、反全球化，全球话语也由此呈现出身份政治对抗加剧等特点。

以移民问题为例，自 2015 年来欧美移民激增，包括许多从叙利

---

① Fukuyama, Francis. "Against Identity Politics: The New Tribalism and the Crisis of Democracy." *Foreign Affairs*, Vol. 97, No. 5, 2018, pp. 90—114.

② Guriev, S., & Papaioannou, E., "The political economy of populism," *Journal of Economic Literature*, Vol. 60, No. 2, 2022, pp. 753—832.

③ Funke, M., & Trebesch, C., "Financial crises and the populist right," *ifo DICE Report*, Vol. 15, No. 4, 2017, pp. 6—9.

亚和阿富汗逃离的战争难民，以及相当数量来自欧洲东南部、非洲北部和西部的经济移民。[①] 但欧美本土居民担心移民可能抢占本地就业机会、影响当地文化构成，因此多半采取排斥或防御性进攻态度，有时明确表示反对移民的涌入。[②] 德国总理默克尔曾经因允许移民入境而饱受国内外争议，特朗普也在社交平台上对此点评道，"允许数以百万计的人如此强烈和暴力地改变他们的文化，这是整个欧洲犯下的一个大错误"，"我们不希望欧洲移民问题发生在我们身上"[③]。

　　如果说之前的右翼民粹主义只是推动排他性民族主义浮出水面，那么新冠疫情则直接强化了民族主义，进一步激化了身份政治对抗现象，具体表现为仇外、反亚洲、反华、反移民。主要原因在于，相较于金融危机，新冠疫情由于具有流行性和突发性，更易引发公众的恐惧和怨恨，从而扭曲了风险认知，影响其对外部群体的思考、感受和反应。[④] 这种身份对抗问题表现形式多样，除了涉及口头指

① James，H.，"Deglobalization：The rise of disembedded unilateralism，" *Annual Review of Financial Economics*，Vol. 10，No. 1，2018，pp. 219—237.

② Gorodzeisky，A.，& Semyonov，M.，"Unwelcome immigrants：sources of opposition to different immigrant groups among Europeans，" *Frontiers in Sociology*，Vol 4，No. 24，2019，pp. 1—10.

③ Alan Posener，When it comes to Germany，there's method in Trump's madness，in the The Guardian，2018.

④ Elias，A.，Ben，J.，Mansouri，F.，& Paradies，Y.，"Racism and nationalism during and beyond the COVID-19 pandemic，" *Ethnic and Racial Studies*，Vol. 44，No. 5，2021，pp. 783—793.

责与言语攻击以外，还包括拒绝提供服务、工作场所骚扰、拒绝庇护申请等。[①]值得注意的是，某些右翼民粹政府甚至利用这种情绪来转移公众对疫情管理不善的注意力，具体来说是寻找替罪羊以规避责任，并将疫情防控政策上的失败归咎于他人，以使自己免于受到指责。

三、民族认同深化，文化软实力增强

当前国际话语权的竞争已逐步超越传统的经济和政治领域，延伸至文化层面。奈伊的软实力理论指出，国家通过文化吸引力和价值观的传播，能够在国际社会中塑造良好的形象和影响力。在此背景下，各国纷纷强化民族认同和推广文化软实力，不仅加深与他国的交流与合作，也在全球话语体系中构建出积极的国际形象，逐步提升其地位和影响力。

在构建和维护民族身份的过程中，集体记忆被广泛视为一种有效的文化工具，能够构建一种在本质上超越时空的集体认同。这一理论源于安德森的"想象的共同体"概念，即民族身份不仅是一种物理或生物的概念，而且是通过历史、记忆和文化的共同体验得以构建和维系的。例如，俄罗斯通过对关键历史事件的集体记忆来塑造民族认同，即让年轻一代了解父辈的创伤性经历，并将这些经历

---

① Roberto, K. J., Johnson, A. F., & Rauhaus, B. M., "Stigmatization and prejudice during the COVID-19 pandemic," *Administrative Theory & Praxis*, Vol. 42, No. 3, 2020, pp. 364—378.

融入自己的生活故事中。特别是关于第二次世界大战（俄罗斯称之为"卫国战争"）的集体记忆在俄罗斯民族国家认同的建构中具有核心地位。通过纪念活动、教育课程和公共讨论，这一段历史被理解为俄罗斯人民团结、克服困难的象征。俄罗斯人向在战争中牺牲的士兵表示敬意。这种基于文化创伤的叙事帮助构建了在代际间传承的情感遗产，将个体记忆转化为持久的民族认同感。①

与此同时，在全球层面，各国也越来越注重通过文化软实力来构建良好的国际形象。文化软实力是指一个国家通过其文化、价值观、政策和国际形象来吸引和影响其他国家和社会的能力。这种影响力不是通过武力手段来实现的，而是通过吸引和说服来实现，使其他国家和文化愿意追随或支持其政策和价值观。② 尤其是步入 21 世纪以来，文化软实力备受国际社会重视，国际关系也逐渐演变为"谁的故事获胜"的问题。③ 在此背景下，"讲好中国故事"也成为未来中国对外传播实践的指南和目标。新华社、中国日报社、中国国际广播电台等为代表的专业新闻媒体通过文图报道或纪录片等形式，并借助智能化和自动化技术，建立起一套讲述"中国好故

① Weedon, C., & Jordan, G., "Collective memory: theory and politics," *Social Semiotics*, Vol. 22, No. 2, 2012, pp. 143—153.

② Simons, G., "Attempting to re-brand the branded: Russia's international image in the 21st century," *Russian Journal of Communication*, Vol. 4, No. 3—4, 2011, pp. 322—350.

③ Arquilla, J., Ronfeldt, D., Barnes-Proby, D., Williams, E., & Christian, J., *The emergence of noopolitik: Toward an American information strategy*, Rand Corporation, 1999, p. 53.

事"的话语体系。若干学者认为，"讲述中国好故事"取得明显成效，中国在塑造全球话语权方面的影响力不断上升，联合国、外国媒体与智库专家在官方文件或新闻报道中采用"命运共同体""多边主义""共赢发展"等话语概念便佐证了这一点。[①]此外，日本、韩国等国家则以流行文化为载体来扩展国际形象。以流行文化、动漫、音乐和时尚等形式在国际上推广其文化，从而打造出富有吸引力的国家形象。在当下，日本流行文化中的"软"元素，不同于政治经济层面的硬实力，已经成为日本影响年轻人和全球文化市场的重要力量，进一步巩固了其国际文化影响力。[②]

四、坚持和平发展，谋求国际合作共赢

尽管地缘政治冲突时有发生，但世界多极化趋势显著，各国越发重视通过巩固自身的战略优势，谋求在国际舞台上的合作共赢。在亚非拉国家，这种意识尤为强烈。过去，殖民时期的经济剥削和单一经济结构的建立导致这些国家在经济发展上长期依赖于殖民宗主国。独立后，这些国家面临现代化与重塑民族文化身份的双重挑战，亟须在国际舞台上获得更多平等的经济合作机会和话语权，因此坚持和平发展，谋求国际合作共赢。

---

① Szczudlik，J.（2018）. Tell China's Stories Well：Implications for the Western Narrative. Pol. Inst. Int. Aff. PISM，9（169），11.

② McGray，D.，"Japan's Gross National Cool,"*Foreign Policy*，No. 130，2002，pp. 44—54.

对于亚非拉国家来说，坚持和平发展不仅是实现国内稳定与经济增长的首要策略，更是提升国际地位和扩大影响力、推动区域与全球稳定繁荣的关键路径。例如，巴西坚持走和平发展的道路。以一位巴西学者兼外交官的表述为例，他试图使用"巴西的世界观""巴西的态度""巴西如何看待世界"等术语来解释巴西的外交和国际认同，并且将巴西描述为追求和平、宽容分歧、建设外交桥梁、积极参与多边事务的国家。①

在当前多极化趋势和"全球南方"自我意识增强的背景下，基于平等和互利原则的南南合作逐步发展，成为全球治理和区域协同的重要力量。全球南方在政治、经济、社会、文化、环境和技术等领域加强合作，通过共享知识、技能、专长和资源，共同推进发展目标。南南合作形式多样，既可在双边和区域内展开，也可跨区域或多边进行，通常涉及两个或两个以上的发展中国家。中国自2013年以来倡导和推进共建"一带一路"倡议，努力实现政策沟通、设施联通、贸易畅通、资金融通、民心相通，构建以合作共赢为核心的新型国家关系，打造人类命运共同体。② 该倡议的重点项目涉及铁路、公路、港口和能源基础设施，特别是在亚洲、非洲和欧洲等地区，通过促进沿线国家间的互联互通，推动本地经济的现代化进

---

① Fonseca, Gelson, "Notes on the Evolution of Brazilian Multilateral Diplomacy," *Global Governance*, Vol. 17, No. 3, 2011, pp. 375—397.

② 《习近平新时代中国特色社会主义思想专题摘编》，党建读物出版社、中央文献出版社2023年版，第522页。

程。除物理设施外，共建"一带一路"倡议还推动金融支持和技术合作，为发展中国家提供融资和技能培训，助力其实现长期发展需求。埃博拉危机则是卫生领域内南南合作的一个典型案例。2014 年至 2016 年期间，西非几内亚、利比里亚和塞拉利昂等国爆发埃博拉疫情，导致严重的卫生危机，并引发全球卫生紧急状态。在全球合作的框架下，南南合作发挥了关键作用。诸多发展中国家积极伸出援手，通过医疗团队和设备援助、技术支持等方式援助西非，支持当地医疗系统应对不堪重负的疫情。[①] 总的来说，这些区域性的联合举措不仅深化了区域内国家间的合作与协调，同时有效维护和巩固了多边主义原则，为构建更加包容和均衡的国际新秩序作出了重要贡献。

第二节　中国的话语体系结构与全球话语体系的异同点

在当代中国，中国式话语体系是中国特色社会主义事业的重要组成，是文化软实力的体现，承载着民族国家的先进理念、思想文化与价值取向。而在当前世界中，话语体系斗争日趋激烈。深入探讨中外话语体系差异，剖析两者之间的竞合关系，实现规范合理

---

① 参见联合国可持续发展集团官网。

的对外传播与社会管理，才能更好服务于中国特色社会主义建设事业。

一、以人为本：以人的发展作为话语体系建构的重要价值观念

马克思、恩格斯认为，在阶级社会里，统治阶级的意识形态总是在思想文化领域中占据统治地位，马克思、恩格斯分析指出，"统治阶级的思想在每一时代都是占统治地位的思想"，"一个阶级是社会上占统治地位的物质力量，同时也是社会上占统治地位的精神力量。支配着物质生产资料的阶级，同时也支配着精神生产资料，因此，那些没有精神生产资料的人的思想一般是隶属于这个阶级的"。[①] 以上的观点揭示了生产资料的分配与使用对精神文化的支配与制约作用，论述了物质资料生产的客观规律与精神文化发展之间的共生关系。当前，在国内外大变局的新形势下，党的二十届三中全会认为当前和今后一个时期是以中国式现代化全面推进强国建设、民族复兴伟业的关键时期，面对纷繁复杂的国际国内形势，面对新一轮科技革命和产业变革，面对人民群众新期待，必须自觉把改革摆在更加突出位置，紧紧围绕推进中国式现代化进一步全面深化改革。将其置于话语体系建构的角度来看，不言而喻，话语体系是占统治阶级地位思想的集中体现，是本国基本国情的客观反映，符合

[①] 《马克思恩格斯文集》第 1 卷，人民出版社 2009 年版，第 550 页。

整个国家和社会按照统治阶级利益方向发展的需要。正如马克思所说："理论一旦掌握群众，就会变成物质力量。"① 话语体系本质上属于精神文化的范畴，他的构成基础是物质生产资料，更进一步来讲，精神文化是不同国家内部人民关系的在上层建筑层面的直接反映。因此，人的需求、人的利益、人的发展是话语体系建设的根本导向。从这一点来讲，中国与其他国家和地区的话语体系既有相同点又有根本性差异。

中国共产党是马克思主义政党，自成立以来，始终坚持马克思列宁主义为指导，在中国革命、建设与改革的浪潮下，形成了毛泽东思想、邓小平理论、"三个代表"重要思想、科学发展观以及习近平新时代中国特色社会主义思想等系列理论成果，这也构成中国话语体系的重要理论与思想依据。从以上理论成果中，我们可以清晰地凝练出"以人为本"的核心概念，这主要体现在以下几方面：第一，马克思主义的最终目的是实现人的全面解放与自由发展，我国以马克思主义思想为指导，必然将对人的关怀作为追求的根本价值目标；第二，我国在长期的革命、建设与改革进程中，形成了以"人民为中心"的理论体系，在革命时期，中国共产党领导的中国工农红军在土地革命战争中施行的"打土豪、分田地"的举措就是典型代表，将政党的意志与主张与当地农民利益密切联系在一起，用人民的"同一性"联结了差异化的人民，统一了集体和个体的意志；

---

① 《马克思恩格斯文集》第 1 卷，人民出版社 2009 年版，第 11 页。

第三，以人为本贯穿于我国社会主义建设的各个时期，我党的宗旨是全心全意为人民服务，以人为本的本质上就是以最广大的人民群众和他们的根本利益为本①。党的二十届三中全会强调坚持以人民为中心的原则是全面深化改革要总结和运用改革开放以来特别是新时代全面深化改革的宝贵经验之一，聚焦提高人民生活品质，全会提出发展全过程人民民主是中国式现代化的本质要求，在发展中保障和改善民生是中国式现代化的重大任务，中国式现代化是人与自然和谐共生的现代化等重大发展指向，进一步将"以人为本"的理念融入国家发展、建设、改革的各个层面。

在这种认知框架之下，党性与人民性是相统一的，没有脱离人民性的党性，也没有跳出党性之外的人民性，党性与人民性的辩证统一，从根本上确立了我党与人民之间的密切的血肉联系，也形成了不同领域的中国特色社会话语体系的根本遵循与实践场域。在实践中，中国话语体系中的人民是具体的、历史的、具有现实主义色彩，这与人民有关的认知是在长期实践与总结中形成的，根据人民的需要动态地调整中国话语体系。

二、舆论斗争：国际传播格局塑造中的政治话语体系

在当前世界，全球话语体系的核心集中于政治话语体系建构，而舆论斗争是实现这一目标的重要手段。舆论是社会的皮肤，可

---

① 李慎明：《以人为本的科学内涵和精神实质》,《中国社会科学》2007 年第 6 期。

以真实地反映民族国家中人民的认知、态度与行为，话语体系是人民认知、态度与行为的集合，因而在一定程度上，话语体系建构与话语权的争夺，直接表现为不同国家通过舆论斗争阐释各自的政治主张，通过获得人民群众的认可，将其应用于实践之中，才能转化为巨大改变社会的物质力量，塑造有利于本国的国际传播格局。

西方国家凭借强大的资本与技术优势，掌握了巨大传播权力，通过成立科技与平台公司推出脸书、X（原推特）等数字媒介平台，从而实现垄断渠道、掌握受众、控制资本、反制内容等公共资源的"圈地运动"，在国际传播格局中获得了巨大的传播权力，引导了全球话语体系中的政治议题设置、政治内容传播与政治传播的效果触达。与此相对应的是，中国也积极发展自己的数字媒介平台，主要在两方面获得显著成绩，一方面，积极扶持腾讯、阿里巴巴、字节跳动等互联网平台公司，塑造国内的舆论格局，凝聚社会共识、形塑公共议题上的价值认同；另一方面，在法律规制层面积极立法，制定《中华人民共和国网络安全法》《中华人民共和国反不正当竞争法》《中华人民共和国反垄断法》《中华人民共和国数据安全法》，以及《关于加强互联网信息服务算法综合治理的指导意见》《关于进一步加强"饭圈"乱象治理的通知》等，通过保障和规范个体的传播权利，将其转化为国际传播中舆论斗争的持久效能；此外注重官方民间之间的主体联动，在传播叙事方式、内容、风格等方面下功夫，在海外数字平台中实现"借船出海"，通过将中国话语与话语体系融入传播内容中，在国际舞台上积极表达自己的声音，实现多元传播格局的塑造。党的二十届三中全会指出，中国式现代化是物质文明和精神文明相协调的现代化，要完善意识形态工作责任制，优化文化服务和文化产品供给机制，健全网络综合治理体系，构建更有效力的国际传播体系。同时要有效应对外部风险挑战，引领全球治理，主动塑造有利外部环境。这为我们在新时代开展国际传播工作、打造国际传播新格局提供了重要战略指向。

在现代化进程中，西方政治形成了权力与权利两个基本维度，权利体现以个人权利为框架，而权力则指向以国家为中心，通过内置了国家、社会、个人等基本主体，这一模式从本质上规定了政治话语的基本内涵，并在这一体系中内置了私人领域与公共领域、个人与国家、人权与人民主权、民主与法治等诸多二分法。① 在此基础上，西方国家通常通过国家行使权力，动员个体加入舆论斗争，以"人权"作为"有色眼镜"，利用他国的各种事件进行意识形态干预与形象抹黑，并形成了政治话语的西方霸权，即西方国家依靠话语优势地位，垄断了政治议题的设置权和政治议程的主导权，垄断了自由、民主、人权等政治范畴的定义权，垄断了不同社会制度、政党模式和政治体制是非优劣的评判权等等，其根本原因就在于资本与权力的合谋。② 也正如马克思所说："政治权力只不过是经济权

---

① 佟德志：《现代西方政治话语体系的形成及其内在逻辑》，《国家行政学院学报》2016 年第 4 期。

② 陈曙光：《政治话语的西方霸权：生成与解构》，《政治学研究》2020 年第 6 期。

力的产物。"①

　　长期以来，全球话语体系是由美西方等国家主导支配，权力格局的塑造从第一次世界大战后以西欧国家为中心，转向第二次世界大战后美国与苏联的政治对垒，随着东欧剧变与苏联解体，美国获得了在全球话语体系中压倒性的话语优势。这一优势在发达国家中扩张与扩散，并以挤压弱势话语的生存空间为手段，逐步诉求全球的民族国家的政治体制与政治道路同质化过程。在国际社会中，广大发展中国家时常面临"普世价值论"的政治话语体系的冲击，而这种话语体系的实质就是将西方的概念、逻辑、主张包装进中性的话语之中，成为"普世价值论"的直接体现。与此同时，中国作为社会主义国家，时常陷入"普世价值论"的舆论斗争漩涡中，"中国威胁论""中国崩溃论""新帝国主义论""修正主义国家论"等西方政治话语不绝如缕，其本质目的就是企图以西方的"普世价值"消解中国特色社会主义制度的优越性，以西方国家的多党执政、轮流坐庄的制度作为现代民主制度的样板，从而破坏包括人民民主专政制度、多党合作制度、基层民主自治制度和合理性与合法性。总而言之，西方国家推行的政治话语体系，其本质目的就是要塑造一种一元化的世界，实现西方话语对全球性政治议题的主导权、对全球重大问题的解释权等。②

　　相对于西方政治话语霸权主义，中国在自身政治体制建设中

---

　　① 《马克思恩格斯全集》第 12 卷，人民出版社 1998 年版，第 80 页。

　　② 陈曙光：《政治话语的西方霸权：生成与解构》，《政治学研究》2020 年第 6 期。

开辟了一条有别于西方政治话语霸权主义的多元化的政治话语体系。新中国成立后，我国的政治主张从来都是以人民为中心的政治观念。

进一步来讲，政治话语体系建设是话语体系建设的核心，实现这一目标必须依靠长期且持续的国际话语权建设、国际舆论斗争。具体来看，中国的政治话语体系建设与舆论斗争取得了阶段性的成效。一是马克思列宁主义、毛泽东思想、邓小平理论、"三个代表"重要思想、科学发展观和习近平新时代中国特色社会主义思想等重要理论构成了系统化、全面化的中国特色社会主义话语体系，破解了对西方政治话语体系的阐释路径依赖，不再是"解构西方霸权话语"，而是塑造"中国特色话语体系"，从"问题—回应"模式转变为"特色—建构"模式，推进了多元化的政治发展路径。二是将国际关系与协商对话作为我国政治话语体系的一大特色，新中国成立初期，周恩来总理提出和平共处五项原则作为指导我国外交工作的基本方针，此后将这一方针带到万隆会议并赢得亚非国家的支持与认同；香港澳门的"一国两制"制度的成功实施，为解决国家之间的历史遗留问题提供了协商对话的现实路径。三是中国走和平发展道路获得更多国家认可，和平发展道路是中国政治话语体系中的重要概念，尽管西方国家大肆鼓吹"中国威胁论""修昔底德陷阱""崛起国挑战霸权国""中美必有一战"等话语论调，但中国的政治思想史中，思想家墨子倡导"兼爱、非攻"、儒家的仁义礼智信等都是和平发展的重要的思想基础；而从实践层面来看，不同于西方国家发动战争、和平演变、牺牲环境、制造贫富差距等方式，中国主张共同富裕、和平发展，提出"人类命运共同体"的全球价值观，并在2022年11月，人类命运共同体理念写入联合国大会裁军与国际安全委员会三项决议。

和平发展是构建人类命运共同体的基础，而人类命运共同体为和平发展提供了思想指南，人类命运共同体是中国历史、文化、价值观的综合体现，是中国走和平发展道路的最新理念指引，通过在国际上系统性阐述人类命运共同体理念，能快速让其他国家了解中国的文化内涵与政治主张，同时也能增强我国的软实力。以人类命运共同体理念为依托，能最大程度上与其他国家求同存异，积极推进经济与贸易领域的合作，并且通过话语体系的传播，一个国家或地区也能够向世界展示其产业优势和技术创新，吸引外来投资和扩大出口。①

三、发展模式：现代化与全球化进程中的表达逻辑

话语作为一种交往方式本身就是一种社会实践，这种实践与现代化进程密切相关，现代化水平高的国家和地区，话语种类更加丰富，而对于话语体系构建目标清晰，对于话语权的争夺也更为迫切。因此，话语体系的建构必须根植民族国家的现代化实践，注重人民

---

① 刘慧文、武雯宇：《中国式现代化话语体系的构建方略》，《昆明理工大学学报》（社会科学版）2023年第6期。

生活水平的提升，满足人民对现代化的想象与需要，从而实现人民的情感认同，有助于增强民族国家的现代化道路的影响力、公信力与话语权等。经济基础决定上层建筑，上层建筑反映经济基础。从话语体系建构的现实目标与表达逻辑来看，不同国家和地区的发展模式与经济水平是民族国家构建话语体系、争夺话语权的直接表达逻辑。

在话语体系的表达方式上，现代化是一个共识性目标。话语体系的建构首先必须以物质资料的生产为前提，而现代化是衡量经济发展水平的重要形式。具体来讲，现代化主要集中表现在以下几方面：一是现代化是指在近代资本主义兴起后的特定国际关系格局下，经济上落后的国家通过大搞技术革命，赶上世界先进水平的历史过程；二是现代化即工业化，是经济落后国家实现工业化的进程；三是现代化是自科学革命以来人类急剧变动过程的统称，它不仅在工业、经济领域，同时也发生在知识增长、政治发展、社会动员、心理适应等各方面；四是现代化是一种心理态度、价值观和生活方式的改变过程，它可以看作是代表我们这个历史时代的一种"文明的形式"。[①]概括来讲，现代化是生产力发展程度化的界定，体现了生产力与生产关系之间的变革，高度浓缩概括了自工业革命以来世界范围内不同国家和地区的经济水平提升以及从农业社会迈向工业社会再到信息社会的进程，在当前复杂的国际形势下，着眼于新一

[①]　罗荣渠：《现代化新论：世界与中国的现代化进程（增进版）》，商务印书馆2004年版，第9页。

轮科技革命和产业变革、大国竞争加剧以及中国经济发展方式转型形成的历史性交汇对生产力发展水平提出的新要求，习近平总书记创造性地提出了"新质生产力"这一全新概念。新质生产力是马克思主义生产理论的发展和创新，是以科技创新为主导、实现关键性颠覆性技术突破而产生的生产力，是对传统生产力的超越，需要新的生产关系与之适应。[1] 新质生产力概念是立体化、多方面的，表现在结果、要素、要素组合、产业形态、保障等方面，是我国对生产力发展规律认识的进一步深化。[2] 这一创新性、颠覆性对生产力与生产关系的认知，为实现中国式现代化提供了坚实的理论基础，同时也为中国特色社会主义发展道路指明了前进的方向。

在现代化进程中，中国与全球的发展模式都有着普遍的共性。第一，经济建设是基础，中国改革开放以来，以经济建设为中心成为我国现代化建设的重要方针，而美西方等国家的经济扩张与资本积累，同样是经济建设的重要体现；第二，重视科学技术的发展，改革开放总设计师邓小平提出"科技是第一生产力"，充分论述了科学技术为生产力与生产关系之间带来的变革，从科技发展历史来看，从电话发明到互联网兴起，从智能手机到工业4.0，相当程度上展现了美西方等国家在科技层面的领头地位；第三，注重全球化语境下

---

① 周文、许凌云：《论新质生产力：内涵特征与重要着力点》，《改革》2023年第10期。

② 高帆：《"新质生产力"的提出逻辑、多维内涵及时代意义》，《政治经济学评论》2023年第6期。

的文化传播，葛兰西认为"文化霸权"是指某一社会集团在文化、思想、道德、意识形态等方面取得的领导权，这种领导权指向现代化进程的价值目标实现，并且，在一定程度上，国际话语权的争夺正是集中表现在文化传播过程中的文化领导权争夺。美西方等国家奉行"媒介帝国主义"，即"任何国家媒介的所有权，结构，发行或传播，内容，单独或总体地受制于他国媒介利益的强大压力，而未有相当比例的相对影响力"，[①] 主要表现为报刊出版自由掩饰帝国主义，广播电视成为文化渗透的武器，而互联网则成为文化霸权争夺的关键场域；与此相对应的是，中国将文化传播融入国际传播的实践中，从改革开放巨大成就的对外宣传、展示，到加入WTO、北京奥运会、世博会的文化传播实践，再到媒介融合、四全媒体的发展指向，再到当前的"讲好中国故事、传播好中国声音"实践，意味着多元主体、多方互动、复调传播的大外宣格局初步形成。

随着经济全球化的深度发展，在全球化的发展模式上，中国与美西方等国家有着截然不同的选择。很大程度上，"现代化"等同于"西方化"，原因在于有些西方国家在全球化的发展过程中扮演着重要的角色，有些西方国家把持着现代化发展与现代化话语的主导权，西式现代化成为现代化发展模式的"唯一"模板。"在这个过程中，统一的世界市场将每个人网罗进'全球化'这张大网。资本主义不仅在地理空间上实现了全球化，同时也将资本主义的政治、

---

① 陈世敏：《大众传媒与文化变迁》，三民书局1992年版，第40页。

经济、文化甚至生活方式向全球播撒。"①因此，在全球化早期，西方国家是全球化的引领者，而中国是全球化的参与者、贡献者与推动者。

随着中国社会的发展，中国的现代化成就已然超过了西方现代化话语的解释范畴，建立起中国式现代化发展道路，并且在现代化的不同层面建立了自己特色的话语体系，解构了美西方等国家对于全球化、现代化的话语霸权，更多国家看到了全球化、现代化的其他道路选择，由此也引起了西方国家的集体恐慌，"中国威胁论"就是其中典型的表现之一。正如英国教授约翰·罗斯（John Ross）在讲演时说：现代国家的崛起必须西方化的魔法公式在中国身上得不到灵验。随着中国的愈发强大，美国人的焦虑就愈发明显。②美国为首的西方国家开始在全球化、现代化进程中转换自身角色，由全球化的引导者、领导者转变为"逆全球化""去全球化"的先行者和鼓动者。"逆全球化"主要表现为全球贸易投资壁垒的加强和移民流动的减弱，国家之间经济相互依存和融合度不断降低。③在2017年全国两会政府工作报告中就指出，"世界经济增长低迷态势仍在延续，'逆全球化'思潮和保护主义倾向抬头"。④尽管"逆全球化"

① 张艳艳：《齐泽克的列宁主义革命观》，兰州大学博士学位论文2019年。

② 罗思义：《比〈纸牌屋〉更黑暗的西方政治》，载于共青团中央微信公众号，2017年5月7日。

③ 佟家栋、谢丹阳、包群、黄群慧、李向阳、刘志彪、金碚、余淼杰、王孝松：《"逆全球化"与实体经济　转型升级笔谈》，《中国工业经济》2017年第6期。

④ 李克强：《政府工作报告》，载于中国政府网，2019年8月10日。

并非因为特朗普上台才开始显现，其基本的逻辑是，美西方等国家在全球化的浪潮中通过将劳动密集型、资源消耗型的产业向发展中国家转移，以此获得超额利润，但与此同时，这种转移也造成了本国产业的空心化趋势以及传统农业和传统制造业部门的利润下滑和失业率的增加，[①] 由此造成贸易保护主义抬头。在政治层面，特朗普提出"让美国再次伟大"（make America great again）的竞选口号，核心诉求就是制造业回流；英国方面则公投"脱欧"，全球背景下的贫富差距扩大。在经济层面，2017 年美国宣布退出《跨太平洋伙伴关系协定》（TPP），2018 年 3 月美国开始对中国商品加征关税，中美之间的贸易摩擦开始兴起；而在社会层面，中东问题长期影响世界和平进程，自 2010 年的"阿拉伯之春"活动开始以来，欧洲难民潮爆发，助长了排外主义、民族主义情绪，"俄乌冲突""巴以冲突"等现代化地区冲突，加剧了民族国家之间的对立与"脱钩"，全球化遭遇重大挫折，美西方等国家转变为反对全球化的重要主体。

与此相对应的是，在与有些西方国家"逆全球化"思潮的对抗与话语权争夺中，中国通过中国式现代化道路建设，成为全球化的积极参与者与推动者，更是在一些领域成为领导者。党的二十届三中全会从政治、经济、文化、社会、科学技术、教育、法治、军事等各方面更加清晰地明确了现代化体系的内涵与要求，提出开放是中国式现代化的鲜明标识，"必须坚持对外开放基本国策，坚持以开

---

① 张茉楠：《当前"逆全球化"趋势与新一轮全球化走向》，《宏观经济管理》2017 年第 5 期。

放促改革","要稳步扩大制度型开放，深化外贸体制改革，深化外商投资和对外投资管理体制改革，优化区域开放布局，完善推进高质量共建'一带一路'机制"。事实上，中国积极推行共建"一带一路"倡议，已经成为多边合作与全球化进程中的亮丽名片。2013年9月，习近平主席提出了共建"一带一路"倡议（BRI），核心目标是围绕建设将中国与非洲、亚洲和欧洲国家连接起来的海上和陆地基础设施项目，通过共建"一带一路"，将促进一种新型的开放和包容的全球化进程，从而使参加的国家和地区从中受益。具体来讲，共建"一带一路"倡议在全方位、多领域实现了全球化引领，并创造出现代化、全球化发展模式中的中国方案。通过共建"一带一路"倡议，中兴通讯等中国企业以网络基础设施建设为依托，深度参与埃及、泰国等国家的数字化转型进程；在非洲，kilimall 成为长于非洲本土的中国电商平台，服务超过 8000 家非洲企业；中国与东盟国家全力推动中国—东盟信息港建设，数字经济成为区域合作的重要亮点。而阿里巴巴等搭建的世界电子贸易平台（ewtp）成为"一带一路"的民间探索，截至 2023 年 6 月，中国已同 29 个国家签署了电子商务合作文件，建立了双边电子商务合作机制。随着高质量共建数字丝绸之路的持续推进，全球化的发展模式也将在"一带一路"共建国家乃至全球发生深刻变化。

四、全球治理：话语体系呈现形式的路径创新

话语、话语体系、话语权三者之间逐次递进，指向逐步明确，

势能也逐渐增强。在当前世界中，中国以中国式现代化道路为基础，不断创新话语呈现形式，积极全方位、宽领域地构建中国话语体系，将话语权的建设融入全球治理的经验实践中，并积极推进国际传播，实现经验共享、话语共建与模式共创。全球治理是话语体系建设的重要议题，借助数字媒介技术的发展与中国现代化治理体系的创新，已经成为实现话语体系创新的重要路径。

全球治理经验与模式是民族国家和地区共同关注的议题，中国与全球在对这一议题的认知上，有着基本的社会共识与价值认知。第一，充分认知全球治理与国家治理关系同构，国家治理是实现全球治理的实践基础，而全球治理是国家治理体系化、系统化的表现，任何的治理都要具体到时空关系中，也就是要将国家作为治理实现的基本场域，国家治理得越好，全球治理也就推进得越顺利。[①] 第二，重视以互联网等技术的连接作用，全球治理是一个较为宽泛的议题领域，包括全球内容治理、全球市场治理、全球秩序治理等多层含义，而互联网为代表的数字媒介技术打破了时空限制，将不同国家和民族的人民统一到共同的议题之下，治理的理念、模式、话语可以通过议程设置快速触达个体。第三，注重制度化的经验总结，有什么样的制度和组织，就会有与之相适应的国家治理和全球治理。[②] 国际

---

① 王建朗：《大变局中的国家治理与全球治理——兼及"二战"的历史启示》，《上海师范大学学报》（哲学社会科学版）2023 年第 5 期。

② 汪朝光：《"国家治理与全球治理"的维度与思考》，《上海师范大学学报》（哲学社会科学版）2023 年第 5 期。

环境日趋复杂，不稳定性、不确定性日益突出；国家之间的摩擦频繁，意识形态对立和国际舆论斗争激烈，这意味着全球治理是一个复杂、变动和多元化的话题，因此制度化的经验与总结在变动的全球治理中，能让治理主体以相应稳定的静态结构，自主性的姿态积极参与到全球性的价值与话语体系建构中。

全球治理是当前中外话语体系建构的关键场域与创新路径，但中国与美西方等国家形成了完全不同的两条路径。首先，从全球治理的结构来看，中国明确指出继续完善和发展中国特色社会主义制度，推进国家治理体系和治理能力现代化是进一步全面深化改革的总目标，在此基础上积极将全球治理经验纳入现代化国家治理体系建设中，一方面，在全球重大问题上，积极推出"中国方案"，另一方面，注重全球治理与国家治理之间的双向互动，明确提出要健全国家安全体系，完善公共安全治理机制，健全社会治理体系，完善涉外国家安全机制；而美西方等国家奉行将国家治理向全球治理扩散，尤其是美国实行"长臂管辖权"，将自己本国的经贸规则强加于全球其他国家和地区。其次，从治理的价值取向来看，中国推行包容性的治理实践，始终坚持以共商共建共享为原则，积极倡导合作共赢理念与正确义利观；而美西方等国家在治理实践上，主张"普世价值观"，美国更推行霸权主义，例如2010年，白宫发布《美国国家安全战略》，明确提出"在国内和全世界尊重'普世价值'"，其目的在于在世界范围推广其"普世价值"。同年12月，美国发布《四年外交与发展评估报告》，详细阐述了奥巴马政府对国家利益的界定，并将尊重所谓"普世价值"及国际秩序作为美国的主要利益，强调美国将从这一点入手重构世界格局。[①] 再次，从治理的模式来看，中国致力于完善全球治理、构建人类命运共同体的理念体系和实践路径，习近平总书记相继提出全球发展倡议、全球安全倡议、全球文明倡议等三大全球性倡议，分别展现了以命运与共理念倡导全球发展治理观、以共同安全理念倡导全球安全治理观、以交流互鉴理念倡导人类社会新型文明观。[②] 而美西方等国家，奉行地缘政治策略，强调"国强必霸"的西方传统话语逻辑，在全球发展中不断挤压他国正当发展权利，加速"亚太北约化"与"北约亚太化"的安全风险。总体来看，美西方等国家主导的全球治理观是以同盟体系为依托，从实力地位出发，在西方规则基础上搭建小圈子集团，在它们中间分享全球治理的制度性权力。美西方等国家在经济全球化背景下对华进行"脱钩断链"，把推进"北约亚太化"作为地缘政治的武器，构建阵营化集团及排他性的"小院高墙"。[③] 最后，从治理的手段来看，中国式现代化是走和平发展道路的现代化，推动构建人类命运共同体，践行全人类共同价值，落实全球发展倡议、全球安全倡议、全球文明倡议，倡导平等有序的世界多极化、普惠包容的经济全球化，深化外事工作机制改

---

① 张艳艳：《齐泽克的列宁主义革命观》，兰州大学博士学位论文 2019 年。

② 杨鲁慧：《三大全球倡议：中国式现代化视域下的全球治理观》，《亚太安全与海洋研究》2023 年第 5 期。

③ 岳圣淞：《"印太北约化"：内涵、表征及影响》，《亚太安全与海洋研究》2023 年第 1 期。

革，参与引领全球治理体系改革和建设。具体表现为中国通过积极发展数字经济，鼓励平台型企业的发展，打造功能完善、自主可控的互联网平台，将互联网平台视作经济全球化与开展外事工作的重要媒介，从而实现国家治理向全球治理的实践转变。而有些西方国家将互联网平台视作推行霸权主义的工具，有些新媒体平台常常通过"政治献金"以方便从执政党的政府中获取更大利益，这就导致这些平台的发展过程出现明显的商业性压制公共性的趋势，尤其是在"俄乌冲突""巴以冲突"方面具有明显的偏见，这些代表性互联网平台通过限制发言、封号、标记等手段限制其他国家地区治理经验与模式的输出，也就是说，美西方等国家互联网平台不过是霸权主义的附属品，它并不具备实现全球治理的潜能。

第三节 中国话语的特色

话语是制造和再造意义的社会化过程①。话语体系则是一整套包含语言符号、运用规则以及评价标准等在内的言说系统②。我国在对外交流中使用的话语体系就是我国在以国外受众为指向的沟通中使

① ［美］约翰·费斯克等：《关键概念：传播与文化研究辞典》(第二版)，李彬译，新华出版社 2003 年版，第 85 页。

② 朱戈：《新形势下提升中国国际传播能力路径》，《中国出版》2016 年第 8 期。

用的话语模式或话语风格^①。从福柯的理论出发，语言不再仅是一套功能符号和语言表征，也是一套权力关系。人类的一切社会实践活动，都通过话语来体现。话语同时也体现着社会的意识形态价值，作为一种权力，语言是渗透于社会实践主体之中的、难以感知又无所不在的一种支配社会实践主体的力量。在国际交往中，国际话语权是一个国家的文化实力、政治吸引力、价值观等软实力在国际舞台上的体现，其基础为国家的综合国力，体现了该国在世界政治经济权力结构中所处的位置及其所产生的影响^②。长久以来，美西方等国家媒体控制着世界范围内的话语权，主导整个话语体系，一方面控制了传播渠道，另一方面也控制着传播内容。正如萨义德在其著作《东方学》中引述马克思的表述："他们无法表述自己，他们必须被他人表述。"^③ 自改革开放以来，经过数十年的经济建设积累，中国的综合国力大幅提升，作为世界上最大的发展中国家和世界第二大经济体，中国在国际交往中承担起越来越重要的角色。但中国的话语实力并未同经济实力的增长相匹配，仍面临"有话说不出"的局面，中国的国际形象仍存在被西方刻写的问题。面对这样"失语危机"和"话语围堵"，构建具有中国特色的话语体系就显得极具时

---

① 刘立华：《加强中国对外话语体系建构研究》，《中国社会科学报》2022 年 3 月 8 日。

② 胡正荣：《新时代中国国际话语权建构的现状与进路》，载于人民论坛网，2022 年 2 月 9 日。

③ ［美］爱德华·W. 萨义德：《东方学》，王宇根译，生活·读书·新知三联书店 1999 年版，第 1 页。

代紧迫性。话语体系建设可以说是当代中国理论建设、思想建设、文化建设的重要组成部分，是维护文化安全、捍卫文化主权的重要方略，是讲好中国故事、构建中国话语的必然要求①。我们需要将马克思主义同中国的文化血脉相结合，构建具有中国特色、中国风格和中国气派的话语体系②。党的十八大以来，我国一直将"构建中国话语体系，创新对外宣传方式，讲好中国故事，传播好中国声音"作为我国对外宣传工作的重点。党的十八届三中全会上提出要加强国际传播能力建设和对外话语体系建设。中国共产党第二十次全国代表大会上习近平总书记再次指出要"加强国际传播能力建设，全面提升国际传播效能，形成同我国综合国力和国际地位相匹配的国际话语权"③。2024 年 7 月在京召开的党的二十届三中全会提出要加快构建中国话语和中国叙事体系，全面提升国际传播效能。推进国际传播格局重构，深化主流媒体国际传播机制改革创新，加快构建多渠道、立体式对外传播格局。④

构建中国对外话语体系，其意涵就是"打造融通中外的新概念、

① 何毅亭：《中华民族伟大复兴与中国话语的崛起》，《学习时报》2019 年 9 月 27 日。

② 韩美群：《解构与重建：西方话语的理论逻辑与马克思主义的话语创新》，《马克思主义研究》2018 年第 2 期。

③ 习近平：《高举中国特色社会主义伟大旗帜　为全面建设社会主义现代化国家而团结奋斗——在中国共产党第二十次全国代表大会上的报告》，载于中国政府网，2022 年 10 月 25 日。

④ 《中共中央关于进一步全面深化改革　推进中国式现代化的决定》，载于共产党员网，2024 年 7 月 18 日。

新范畴、新表述"①。党的十八大以来，在以习近平同志为核心的党中央坚强领导下，党和国家事业发生历史性变革、取得历史性成就，中国特色社会主义进入新时代。伴随经济的发展和基础设施的逐渐完善，中国国际媒体和数字平台逐渐发展壮大，我国的国际传播能力建设取得了明显的发展与成就，形成了以"一带一路"倡议、"人类命运共同体""中国特色大国外交"等为代表的一批新时代中国话语。面对突如其来的新冠疫情、复杂多变的世界局势和百年未有之大变局，中国积极参与全球治理体系改革和建设，推进国际合作，共同应对全球性问题和挑战，交出中国答卷。但从目前状况来看，中国话语体系的建构依旧任重道远，如何更好地完成体系的建构？明确中国话语的特色则是必经之路。

一、以马克思主义哲学为根，结合中华优秀传统文化

任何的话语体系，都是在现有的基础思想上的凝练与发展。中国话语，本质上是中国道路的理论表达，中国经验的理论提升，中国理论的话语呈现②。中国话语来源于中国特色社会主义实践，集中反映了新时代中国特色社会主义建设规律和马克思主义意识形态话语体系建设规律，是中国式现代化的表现形式。中国话语最鲜明最根本的特色就是马克思主义同中华优秀传统文化相结合。中华民族

---

① 《习近平在全国宣传思想工作会议上强调 胸怀大局把握大势着眼大事 努力把宣传思想工作做得更好》，载于共产党员网，2013 年 8 月 21 日。

② 陈曙光：《中国话语与话语中国》，《教学与研究》2015 年第 10 期。

在历史中形成了独特的精神内核，这不仅成为我们的文化基因，更是形成我们民族价值观的重要依托，是体现中国话语体系民族性的重要方面。而马克思主义作为中国共产党的执政之本和力量之源，提供了我们观察世界和认识世界的哲学。马克思主义同中华优秀传统文化互建互构，两者既引领着中国话语体系的建设，其本身又是中国话语体系时代性建设的重要内容①。

（一）马克思主义哲学是中国话语体系的理论之源

在中华民族近代以来的奋斗史上，曾有过数次不同的理论转换和探索，从1911年辛亥革命推翻封建清王朝开始，历经几代中国人的权衡选择，其中不乏有志之士为理想的道路付出生命的代价。直到中国共产党将马克思主义同中国实际结合，开辟中国特色社会主义道路。"作为中国共产党执政之本与力量之源的马克思主义，是党一直以来的理论基石，是立党立国、兴党兴国的根本指导思想。"②马克思主义哲学是一套科学的世界观和方法论，为解决我国社会经济发展中的复杂问题提供了科学指引，是我们认识世界、改造世界的强大思想武器。

中国共产党在领导全国人民进行革命、建设、改革的实践中，始终将马克思主义哲学作为认识世界、评价世界和改造世界的思

---

① 赵强：《加快构建中国话语中国叙事体系》，《学习时报》2022年6月17日。
② 习近平：《高举中国特色社会主义伟大旗帜　为全面建设社会主义现代化国家而团结奋斗——在中国共产党第二十次全国代表大会上的报告》，载于中国政府网，2022年10月25日。

想工具。实践的观点是马克思主义哲学的核心观点，不仅要求在理论上解释世界，更强调在实践中改变世界。实践作为人的活动方式，包含了物质生产实践、社会政治实践和科学文化实践三个方面。只有从实践出发，才能够构成认识的基础，并在实践中检验真理和发展真理。在科学的实践观基础上，马克思主义哲学提出了以辩证唯物主义和历史唯物主义为主的新世界观。辩证唯物主义的观点强调用辩证分析的眼光看待各种矛盾和问题，认为世界是普遍联系、永恒发展的，矛盾是事物联系的实质内容和事物发展的根本动力，我们必须坚持用全面、联系、发展的眼光看问题，把握事物之间的复杂关系和发展趋势。历史唯物主义的观点认为人民群众是社会物质财富和精神财富的创造者，是变革社会制度、推动历史前进的决定力量，社会历史是由人的活动构成的，人民立场就是历史唯物主义的根本立场[①]。马克思主义中国化正是马克思主义传入中国后，同中国具体实际和具体时代相结合，具体问题具体分析，不断发展变化的实践性产物，最新理论成果是习近平新时代中国特色社会主义思想。在此基础上，中国共产党建构和发展出一批具有世界意义和普遍价值的话语，如"独立自主、以人为本、实事求是、和平发展、'一带一路'、人类命运共同体"等，这些话语无一不深刻体现着马克思主义哲学联系与发展以及群众史观的光辉。

---

① 《以人民为中心是唯物史观的本质体现》，载于人民网，2021年1月4日。

话语的建构，必然依赖其背后的生产关系和文化基础，同时蕴含并体现着意识形态。中国共产党是马克思主义政党，也是无产阶级政党，中国话语作为中国道路的理论表达，讲的是人民的话语，为人民代言。中国共产党人理论联系实际，走出一条独具特色的中国道路，这条中国道路正是中国话语体系的题中之义。中国话语既要说明中国道路是人民和历史作出的科学选择，经得起历史的检验、人民的检验、实践的检验，这条道路对世界上其他国家的发展具有参考价值；也要说明中国道路是立足中国实际的道路，具有因时因地不同而变化的特殊性，既不是更不能照搬西方道路，同时也不是一成不变的僵化的经验。中国话语，既不是将中国话语与西方话语对立起来，也不是同质化的世界精神。马克思主义作为中国话语底色，与中华优秀传统文化、现代化理论相结合，是中国话语与西方话语的根本区别。

（二）中华优秀传统文化是中国话语体系的民族之魂

中华文明绵延五千多年发展至今，在漫长历史发展中形成独具特色的文化传统，这些文化传统凝聚成中华民族丰厚的哲学思想、人文精神，不仅影响了古代中国，也深刻影响着当代中国。"文化自信，是更基础、更广泛、更深厚的自信。"① 文化也是一个国家和民族自信心的根源，是一个国家的道路、理论、制度背后的深层内涵。

---

① 习近平：《在庆祝中国共产党成立 95 周年大会上的讲话（2016 年 7 月 1 日）》，载于求是网。

文化是厚植于某一国家或民族历史发展过程中的一套思想观念，它诞生在一个民族的社会实践活动中，又反作用于该民族群体或个体的思维和行为方式。"中华优秀传统文化是中华民族的文化根脉，其蕴含的思想观念、人文精神、道德规范，不仅是我们中国人思想和精神的内核，对解决人类问题也有重要价值。"[①]中华民族在历史的发展过程中，受到社会结构与社会思想的影响，逐渐形成了一批具有独特风格的哲学思想与伦理观念。具体表现如下：

1. 来源广泛的中国哲学思想

中国哲学自先秦萌芽，以儒学为主导，结合道教哲学与佛教哲学，形成了独具特色的中华哲学系统，对政治观念、社会思想、个人理想、民众精神和文学艺术都产生了深远的影响。虽然关于不同的哲学范畴不同的流派各有其观点，但同时又在历史的融合中逐渐形成了一些较为统一的观点。首先，中国传统哲学中，"天"即可看作最早主宰，亦可看作自然界，还可看作最高原理[②]，既认为天命以人之是否有德为转移，人的行为要以德进行约束，要行有德之事；又认为"天行有常，不为尧存，不为桀亡"，强调社会发展的客观规律；还有"制天命而用之"，"天人合一"，强调人的主观能动性，但同时以自然为本，人与自然和谐相处。其次，中国传统哲学的"中

---

① 新华社：《习近平出席全国宣传思想工作会议并发表重要讲话》，载于中国政府网，2018 年 8 月 22 日。

② 潘志锋：《近 20 年关于"天人关系"问题的研究》，《社会科学战线》2003 年第 4 期。

庸"和谐观，强调"天下同归而殊途，一致而百虑"，不是对立和对抗，而是一种求同存异的思想交互碰撞，在和谐基础上的多样统一。中国自古就是一个多民族的国家，不同民族有不同的信仰、习俗、宗教习惯等，这必然使中国文明表现出突出的包容性。另外，中国哲学中的"革故鼎新"的发展观，既有"变"又有"常"，宇宙的现存秩序之所以需要改变，在于它本来就在不断地变化中生成。变否定着旧常，又为新常的产生准备着条件 [1]；也强调"过犹不及""阴阳双生""祸兮福所倚，福兮祸所伏"，看到对立面的相互转化，蕴含着朴素的辩证思想。中国传统哲学思想融合成为中国文化中的认识论，成为中国话语体系构建中的民族特色。

2. 家国同构的伦理观念

古代中国是一个典型的农业文明，长期占据主导地位的是自给自足的小农经济，而在此基础上建立的国家则是一种以血缘宗族关系为主的社会结构——家是国的基础，国是家的扩大。与此同时，儒家哲学自汉代开始就逐渐成为居于统治地位的思想观念，由此也就形成了注重道德、教化、礼仪的中国伦理文化，这种伦理文化试图将社会关系国家化，具有明显的和谐和温情的色彩。从周代开始，重德就成为中国统治者治国理政之本。国家的建设发展如同家庭的建设发展一般，需要每一个成员担负其责，尽心竭力，君臣父子各司其职，以宗法道德约束彼此行为，集体成员要保证为集体贡献自

---

① 向世陵：《中国哲学"变"学论纲》，《中国人民大学学报》1998 年第 6 期。

身的力量，君主也同样要贤明爱民，要时刻谨记"民为邦本""水能载舟亦能覆舟"的社会发展规律。社会形成了一整套群己、公私、礼义、荣辱的观念，对今日社会也有积极的现实意义。塑造了中华传统文化中的整体观，强调大义，强调"公而忘私"，以集体利益为重，同时也形成了"天下兴亡，匹夫有责""穷则独善其身，达则兼济天下"的悲悯情怀，成为当代中国积极担负大国责任，主动通过对话协商谋求全人类共同目标的原始动力。形成了传统道德中的勤劳俭朴的特质，这种特质融会贯通成为中国人性格特征，是当代中国人民吃苦耐劳，拼搏发展的精神底色；同时也形成了诚信互助的文化观念，既要独立自主自强不息，也要互相帮助，睦邻友好，"一方有难，八方支援""德莫大于和"，这也是当代中国在国际交流中一贯秉持的良好作风。重视道德修养就必然劝人向善，要做"仁"者，要不断将外在的道德修养内化为主体自身的品德。中华传统文化中的凝结而成的伦理观，在当代中国的社会主义核心价值观中仍然闪耀着"平等、公正、爱国、敬业、诚信、友善"的光芒。

当然，除了独具特色的哲学思想和伦理观念之外，中国历史上也积淀出类型多样的文学艺术表现形式。这些古典诗词、民间谚语、音乐、绘画、舞蹈凝聚着丰富的精神内涵，寓大义于微言，因此也常常被引用进话语体系中用以说明一些重要观点，成为当代中国话语体系中具有典型的民族特色的重要内容。

二、中国话语中马克思主义同中华优秀传统文化相结合的具体表现

党的二十大报告中指出："只有把马克思主义基本原理同中国具体实际相结合、同中华优秀传统文化相结合，坚持运用辩证唯物主义和历史唯物主义，才能正确回答时代和实践提出的重大问题，才能始终保持马克思主义的蓬勃生机和旺盛活力。"[①]党的二十届三中全会指出要坚持马克思主义在意识形态领域指导地位的根本制度。[②]就中国话语而言，马克思主义和中华优秀传统文化一方面为话语的制定提供世界观和方法论，形成了具有中国特色内涵的话语内涵，同时，二者共同塑造的思维和观念也作为国家行事的背景知识内化为中国处理国际事务的风格。

（一）以人民为中心，积极构建人类命运共同体

人民性，是中国话语的特色之一，是马克思主义唯物史观的本质体现，也是中华优秀传统文化中的"民本"思想的重要体现。以"人民为中心"的话语建构，就是让人民掌握话语权，以人民的语言为人民发声，反映人民的权利需要和利益。

---

① 习近平：《高举中国特色社会主义伟大旗帜　为全面建设社会主义现代化国家而团结奋斗——在中国共产党第二十次全国代表大会上的报告》，载于中国政府网，2022 年 10 月 25 日。

② 《中共中央关于进一步全面深化改革　推进中国式现代化的决定》，载于共产党员网，2024 年 7 月 18 日。

中国话语的人民性，一方面就体现在充分保障人权。人人充分享有人权，是人类社会的伟大梦想。尊重和保障人权是中国共产党和中国政府的不懈追求。党的十八大以来，我们党把马克思主义同中国具体实际相结合、同中华优秀传统文化相结合，成功走出一条顺应时代潮流、适合本国国情的人权发展道路。但由于中西方对于"人权"的定义各有侧重，因此这种不同也成为东西方人权交往之间的重要障碍，中国话语的人民性，必须突破西方关于"人权"话语意涵的把控。与西方的超验的、普遍的人权观不同，中国认为人权不是一个普遍性的概念，其中的差异不仅是由各国经济、政治、社会发展水平的差别所决定的，而且与中西方历史文化传统的不同有紧密关系①，主要体现在个人人权与集体人权的统一、基本人权与首要人权的统筹、权利与义务的对等、公权与私权的平衡、法律与道德的兼顾以及人权国内保护与国际保护并行六大关系范畴②。中国的人权话语，不是西方人权话语的翻版。国际人权话语应该是各种人权话语在自身基础上的交流与对话而不应该是西方"自由主义"人权观的强势普及。中华文明自古就十分重视对人的尊重和关怀，在人权保障上有着鲜明的中国特色。中国从人民的生存权、发展权、社会保障权等方面着手，实现全面脱贫，维护人民基本生存权；推动全过程人民民主，保障民主权利；建立健全社会保障体系，关注

---

① 刘志强：《新时代中国人权话语体系的表达》，《法律科学（西北政法大学学报）》2018 年第 5 期。

② 熊万鹏：《人权的哲学基础》，商务印书馆 2013 年版，第 23 页。

妇女、儿童、少数民族、弱势群体权利，从实际行动中推动中国话语的建构。

我国于 1991 年发布的《中国的人权状况》白皮书中提出："对于一个国家和民族来说，人权首先是人民的生存权。没有生存权，其他一切人权均无从谈起。"① 这也成为中国话语中关于人权内容建构的一贯遵循。2020 年新冠疫情在全球暴发，中国政府和人民付出巨大努力，坚持"人民至上""生命至上"，正是为了在最大范围内保证基本人权。同时，中国政府也积极同世界各国携手合作、共克时艰，本着公开、透明、负责任的态度履行国际义务，毫无保留同世界各方分享防控和救治经验、提供援助物资，以实际行动彰显了中国推动构建人类命运共同体的真诚愿望，以实际行动践行"以人民为中心"的中国话语。

中国话语的人民性，另一方面就是追求全人类共同目标。以"人类命运共同体"为代表的新时代中国话语，就是从全球化的眼光、全球战略高度出发，站在人类历史发展的十字路口，以开放的姿态借鉴一切优秀的人类文明成果，为回答"人类向何处去"的世界之问、历史之问、时代之问提供中国思路。

以"人类命运共同体"为代表的中国话语，其基本内涵就是建设持久和平、普遍安全、共同繁荣、开放包容、清洁美丽的世界。这既是对中国传统思想中"和衷共济""天下大同"的回应，又是对

① 《中国人权状况》白皮书，载于中华人民共和国国务院新闻办公室网，1991 年 11 月 1 日。

马克思主义中社会共同体思想的继承与发展，同时也符合世界人民的共同期望和共同理想。自 2013 年习近平主席在莫斯科国际关系学院首次提出构建"人类命运共同体"的理念开始至今，其理念及内涵不断完善发展，以"人类命运共同体"为话语引领，推动构建"一带一路"倡议、全球发展倡议、全球安全倡议、全球文明倡议的体系布局。以"人类命运共同体"为主旨的实践行动和话语体系，超越西方中心主义"霸权思维"及"对抗思维"，是以"合作共赢、利益共享、责任共担"为导向和理想的新全球治理模式，反映了当今世界和平、发展、合作、共赢的时代潮流和全球各国的共同价值，也获得了越来越多的国家和人民的认可。国际社会普遍认为，人类命运共同体理念超越利己主义和保护主义，打破了个别国家唯我独尊的霸权思维，反映出中国对人类发展方向的独到见解，对于推动各国团结合作、共创人类美好未来具有重要意义。[1]

（二）以对话求共赢，推动世界和平发展

中华民族一直以来就是爱好和平的民族。古语中"国虽大，好战必亡""以和为贵""和而不同"等理念融合为中华文明"和合文化观"并成为当代中国道路及中国话语体系的价值指引。近代中国的屈辱历史也令中国人民无比珍惜和平生活的来之不易，因此也更能共情处在战争冲突中的人民，更不会以冲突的方式来获取发展资源。马克思主义哲学联系、矛盾和发展的观点与现实中的实际情况也说

---

[1] 《携手构建人类命运共同体：中国的倡议与行动》白皮书，载于中华人民共和国国务院新闻办公室网，2023 年 9 月 26 日。

明，世界上各个国家无论是经济方面还是安全方面都是相互联系的，一荣俱荣，一损俱损。追求和平幸福的生活是人类社会的共同追求，中国话语正是从和平的立场出发，超越"对抗思维"，主张通过对话解决国际冲突，推动世界和平发展。

中国话语体系中的"和合观"，一方面体现了传统文化中"和""合""仁"等核心理念，另一方面也表现出马克思主义哲学的色彩。"和"就是和谐、和平；"合"指融会贯通；"仁"更多是指"仁者爱人""推己及人"，"己欲立而立人，己欲达而达人，己所不欲勿施于人"。周恩来总理在万隆会议上提出的"和平共处五项原则"作为当代中国在处理国际关系时的根本遵循，与中国文化中"协和万邦"的理念一脉相承，与人类追求世界和平的终极目标不谋而合，具有超越社会制度和意识形态的特点，已为世界上绝大多数国家所接受，并成为国际关系基本准则和国际法基本原则。2022 年，结合时代新背景和发展新趋势，习近平主席在博鳌亚洲论坛年会开幕式上提出的"全球安全倡议"①，给世界治理提出新的中国方案。

以"和平"和"发展"两大主题为基点，中国话语打破西方话语体系中的"对立思维"，反对的是霸权主义和强权政治。中国式的现代化之路，与传统西方话语体系中的"现代化"之路不同，是在中国国情的基础上独立自主总结自身和其他国家发展经验，结合时

---

① 《习近平在博鳌亚洲论坛 2022 年年会开幕式上的主旨演讲（全文）》，载于中国政府网，2022 年 4 月 21 日。

代特点的一种人类文明新形态①。这种新的体系不再是"你输我赢"的丛林法则，而是一种合作共赢的全球治理理念，它的价值意蕴体现为对当前资本主义全球治理在经济、政治、文化上的超越②。"'鞋子合不合脚，自己穿了才知道'。一个国家的发展道路合不合适，只有这个国家的人民才最有发言权。"③世界的发展道路没有一条是完全相同的，也没有放之四海而皆准的标准。中国话语，就是为世界各国提供一个对话共商的环境，一个平等共建的平台，一个发展共享的方向。

　　中国话语中的"和合"意涵，不仅需要语言的表达，更重要的是要从实际行动中去进行建构。进入新时代以来，中国积极参加国际事务，担负起大国责任，践行中国特色大国外交，用实际行动维护世界和地区稳定。截至目前，中国是联合国五个常任理事国中派出维和部队最多的国家。被国际社会誉为"维和行动的关键因素和关键力量"④。积极推动世界更好更快发展，中国邀请世界各国搭上中国发展的"列车"，同世界各国分享中国发展红利。推动共建"一带一路"倡议，构建"人类命运共同体"。主动扩大对外开放，与世界各国进行经贸合作、人文交流，向欠发达国家提供经济、技术、

① 许向东、丁兆钰：《中国式现代化元话语的建构及其国际传播》，《对外传播》2023 年第 9 期。

② 刘同舫：《人类命运共同体的价值超越》，《光明日报》2017 年 9 月 23 日。

③ 《国家主席习近平在莫斯科国际关系学院的演讲（全文）》，载于中国政府网，2013 年 3 月 24 日。

④ 参见联合国网站。

人才支持，不断推进政策沟通、设施联通、贸易畅通、资金融通和民心相通，持续为构建开放型世界经济注入动力。用实际行动构建互利共赢的新型世界秩序。

（三）立足中国国情，促进人与自然和谐共生

中华优秀传统文化"天人合一""万物和谐共生""道法自然"的哲学观，可以说是中国话语体系中"自然观"的基础，同时也反映了马克思主义普遍联系的观点。党的十八大以来，中国共产党从新的历史起点出发，对中国的发展道路进行新的规划，做出"大力推进生态文明建设"的战略决策；2017年，习近平总书记在党的十九大报告中提出"人与自然是生命共同体"的重要理念，他指出："人与自然是生命共同体，人类必须尊重自然、顺应自然、保护自然。人类只有遵循自然规律才能有效防止在开发利用自然上走弯路。"①2021年，习近平主席在进行第七十六届联合国大会一般性辩论时提出了"全球发展倡议"②，其中既对中国的绿色发展之路作山了保证，同时也呼吁全世界各个国家要坚持人与自然和谐共生，共同完善全球环境治理，积极应对气候变化，加快绿色低碳转型，构建人与自然生命共同体。

人类的发展，与自然无法剥离。从马克思主义的观点看待人与

---

① 习近平：《决胜全面建成小康社会　夺取新时代中国特色社会主义伟大胜利——在中国共产党第十九次全国代表大会上的报告》，载于中国政府网，2017年10月27日。

② 习近平：《坚定信心　共克时艰　共建更加美好的世界——在第七十六届联合国大会一般性辩论上的讲话》，载于中国政府网，2021年9月21日。

自然关系，历史的演化之路实际上是自然被人类利用和改造的过程。人与自然的关系，从原始社会的敬畏依附，到农业社会的依赖开发，再到工业社会的过度破坏。资本主义话语体系将自然资源转化为具有交换价值的符号，将"自然"等同于落后，成为"现代""文明"的对立面。由于西方对现代化标准的话语把控，非西方社会对西方文化和制度的接受程度成为一个社会"文明"与否的衡量标准[①]。在这种条件下，西方发达国家因发展时间早、发展程度高，其生态标准和对自然的考量标准并不完全适用于其他国家的发展现状，而发展中国家却因话语权不足在国际上屡被指责。中国话语一方面认为环境问题在全球化时代应成为全人类必须一起面对；另一方面中国话语也为世界提供一个发展与自然协调并行的参考，搭建一个公正平等对话平台。

中国的发展之路也曾出现对自然的过度开发。"雾霾""沙尘暴""污染"等环境治理议题也一直是引发国家与世界关注的热点。2013 年 9 月习近平主席在哈萨克斯坦纳扎尔巴耶夫大学发表演讲时，对"绿水青山就是金山银山"理论进行了一次全面、经典的论述，对经济与生态环境二者的辩证统一关系进行了深刻剖析，体现了我国对经济发展与生态保护工作的重视。党的十八大以来，生态意识的树立成为中国经济发展工作的先决条件，确定生态保护红线，在各项工作中践行绿色低碳发展理念。从实际出发，中国政府深思

---

① 彭佳：《人与自然生命共同体理念的符号话语建构》，《新闻界》2022 年第10 期。

熟虑作出重大战略决策，加快推动产业结构、能源结构、交通运输结构等调整优化，将应对气候变化纳入生态文明建设和经济建设之中进行整体考量，制定切实可行的目标稳步推进碳达峰碳中和，落实绿色高质量发展之路。

中国也积极推动国际合作坚定践行多边主义，积极开展应对气候变化和保护生物多样性等的国际合作，认真履行《联合国气候变化框架公约》和《巴黎协定》，广泛协商、凝聚共识，为推进全球生态保护贡献中国智慧，为全世界提供一个可供参考的可持续发展的新方案。

（四）兼具全球视野，尊重世界文明多样性

一枝独秀不是春，百花齐放春满园。中华文明自古就是一个多民族共生所形成的多元文明，不同民族的理念、宗教、文化逐渐交流融合成为中华民族的文化血脉。"天下同归而殊途"，尊重包容就是中国自古以来与不同文化之间进行交流时所秉持的交流观。当今世界文明之间的交流随全球化的趋势表现得越来越频繁，不同民族文化的价值观和世界观碰撞融合。但目前世界依旧以西方话语体系为主，这种衍生自二元论古典哲学的"西方中心主义"话语，表现出的是"中心—边缘""进步—落后"的文明冲突论框架，在这样的框架下，不同文明之间的差异性被扩大且不可调和，文明的发展和演化只有一条道路。由此而派生出一种去语境、非历史性的"普世价值"①。与之

---

① 常江、狄丰琳：《"和合"文化观与中国国际传播元话语的构建》，《对外传播》2023 年第 9 期。

不同的是，新时代中国话语，一方面从平等对话的角度出发，既要对自身文化充分自信，也要尊重不同文化，在此基础上加强人文交流合作；另一方面则是从兼容并蓄的角度出发，推动不同文化的交流融合与创新传承，弘扬全人类共同价值。

平等对话，就是既要摒弃"唯我独尊"的文化自大，也要摒弃"全盘接受"的文化自卑，在自尊自信的基础上进行文化交流。文化是人类在社会历史实践过程中所创造的物质财富和精神财富的总和。一方面，文化作为人类社会的产物，为人类所独有，因此不同文化之间必然具有某些共通性。与此同时，文化因其产生的土壤和时代的不同又表现出不同的面貌，凝聚成不同民族、国家的文化传统。因此不同的文化又具有其独特性和价值。中国历史上既有中华文明对周边文明深刻影响的时期，也有"西学东渐"的时期。历史告诉我们"文化自信是最基本、最深层、最持久的自信"，只有做到文化自信，才能发出自己的声音。己所不欲勿施于人，坚持"平等、尊重、包容"的文化观可以说是中国在讲述中国故事时的基本立足点。不同于"西方中心主义"叙事框架的"全球化"，中国话语主张世界不同文明"各美其美"，文明没有高下之分，"每个国家、每个民族不分强弱、不分大小，其思想文化都应该得到承认和尊重"[①]。不同文明要看到彼此之间差异，理性对待差异并尊重各个文明的独特性，坚持求同存异、取长补短，不攻击、不贬损其他文明。只有从观念上摒

---

① 《习近平在纪念孔子诞辰 2565 周年国际学术研讨会暨国际儒学联合会第五届会员大会开幕会上的讲话》，载于人民网，2014 年 9 月 24 日。

弃"文化同一化",才能真正做到保护全球文化的多样性。

中国话语在"维护文化多样性"的基础上,不仅看到文化之间的差异,更重要的是看到了人类文明之间的传承和借鉴,依托全体文明的共性,以此为基础追求全人类共同理想。中国话语,不仅要讲中国故事,更重要的是要让来自异文化的受众听得进、听得懂。世界上各个文化在历史发展的过程中,形成了多种多样的文化传统,这些文化具有其自身的独特价值。同时,这些文化也在不断地交流与对话中形成了追求"和平、发展、公平、正义、民主、自由"的普遍目标,尽管不同文明对其中的价值内涵有不同的认识,但在个性中融通着共性。中国话语,就是提供另一重认识不同文化的角度,不将自己的价值观和模式强加于人,不搞意识形态对抗,是一个真正平等的文化交流平台。一边将中华优秀传统文化传递出去,又同时吸收不同文化的优秀传统,努力实现文化的创造性转化和创新性发展,使之与现实文化相融相通,共同服务于时代任务。通过丰富的人文交流活动,让来自不同文化背景的人发出自己的声音,以文明交流超越文明隔阂、文明互鉴超越文明冲突、文明共存超越文明优越。

三、小结

国际场域中的中国话语,不仅要在世界舞台完成自我的身份构建,同时又不可自说自话,要争取国际回应,获得国际认同。把马克思主义同中国具体实际相结合、同中华优秀传统文化相结合,一方面为中国话语的构建提供逻辑遵循，另一方面也为中国话语提供内容支撑。我们今天所强调的以人为本、与时俱进、公正平等、生态和谐等，既体现了时代发展的进步要求，又有着中华文明的深厚根基。中国将马克思主义同中国具体实际相结合、同中华优秀传统文化相结合，立足大视野，从全人类的角度出发，追求全人类共同理想，积极担当大国责任，追求和平与平等，尊重人类文明多样性，以行动带动话语建构。中国话语与中国行动知行合一，谋求在世界不同受众中形成"共识"，与不同文化形成"和声"，让中国故事更好地走向世界。

第二章　中国话语的核心概念

　　伟大时代呼唤伟大理论，伟大理论昭示伟大未来。党的二十大报告明确概括了中国话语体系的科学内涵，即"把马克思主义思想精髓同中华优秀传统文化精华贯通起来、同人民群众日用而不觉的共同价值观念融通起来"①。

　　中华传统文化的核心和精华，是中华文明智慧的结晶，其所蕴含的天下为公、民为邦本、为政以德、革故鼎新、任人唯贤、天人合一、自强不息、厚德载物、讲信修睦、亲仁善邻等理念，是中国人民在长期生产生活中所积累的宇宙观、天下观、社会观、道德观的重要体现，与科学社会主义价值观高度契合，为中国话语体系的成长壮大提供了植根的文化沃土。

　　当代中国话语核心是中国式现代化，"是中国共产党领导的社会

---

　　① 习近平：《高举中国特色社会主义伟大旗帜为全面建设社会主义现代化国家而团结奋斗——在中国共产党第二十次全国代表大会上的报告》，人民出版社 2022 年版，第 18 页。

主义现代化，既有各国现代化的共同特征，更有基于自己国情的中国特色"①。中国共产党团结带领中国人民历经百年奋斗历程和七十多年执政过程，自信自强、守正创新，形成了新时代中国特色社会主义话语体系，其中包含了以全过程人民民主、协商政治、统一战线、人权理念、共同富裕的社会观、依法治国和以德治国相结合等为代表的内政话语，以及"人类命运共同体"概念统领下的外交话语。就其具体内涵而言，中国话语主要包括：（1）互利共赢的和平发展观；（2）以人民安全为宗旨的安全观；（3）独立自主的主权观；（4）维护世界和平、促进共同发展的外交观；（5）发展全过程人民民主的民主观；（6）坚持人民至上的人权观；（7）人与自然和谐共生的生态观；（8）开放包容的文明观；（9）平等合作、公平正义的国际秩序观；（10）以多边主义为抓手、共商共建共享的全球治理观。总之，古今贯通、中西结合、与时俱进同中国具体实际相结合是中国特色话语体系的三大核心特征。

第一节　中国主张

党的十八大以来，中国特色社会主义进入了新时代，以习近平

---

① 习近平：《高举中国特色社会主义伟大旗帜为全面建设社会主义现代化国家而团结奋斗——在中国共产党第二十次全国代表大会上的报告》，人民出版社2022年版，第22页。

同志为核心的党中央深刻洞察时代发展大势，统筹中华民族伟大复兴战略全局和世界百年未有之大变局，提出了一系列新思想、新观点和新论断。面对纷繁复杂的国际国内形势，党的二十届中央委员会第三次全体会议明确指出：必须要"统筹推进'五位一体'总体布局、协调推进'四个全面'战略布局，统筹国内国际两个大局，统筹发展和安全，着力推动高质量发展……全面建设社会主义现代化国家迈出坚实步伐"。与此同时，"必须坚定奉行独立自主的和平外交政策，推动构建人类命运共同体，践行全人类共同价值，落实全球发展倡议、全球安全倡议、全球文明倡议，倡导平等有序的世界多极化、普惠包容的经济全球化，深化外事工作机制改革，参与引领全球治理体系改革和建设，坚定维护国家主权、安全、发展利益"。[①] 通过上述政策宣示和一系列卓有成效的行为举措，以习近平同志为核心的党中央向全世界提出了中国主张，宣介了中国方案，展现了中国智慧，以奋发有为的精神把新时代中国特色社会主义事业不断推向前进。

一、中国的和平发展观

发展观是关于一个国家对什么是发展、发展目的、发展路径的总的看法和根本观点。发展观是动态的，会随着一国经济社会发展

[①] 《中国共产党第二十届中央委员会第三次全体会议公报》，载于中国政府网，2024 年 7 月 18 日。

的实践而不断演化。习近平总书记强调："中国将坚定不移走和平发展道路，致力于促进开放的发展、合作的发展、共赢的发展，同时呼吁各国共同走和平发展道路。"① 党的二十大报告指出："中国坚持对外开放的基本国策，坚定奉行互利共赢的开放战略，不断以中国新发展为世界提供新机遇，推动建设开放型世界经济，更好惠及各国人民。"与此同时，"坚持亲诚惠容和与邻为善、以邻为伴周边外交方针，深化同周边国家友好互信和利益融合"。②

（一）和平发展是必须长期坚持的战略抉择

走和平发展道路是中国政府和中国人民根据时代发展潮流和自身根本利益所做出的战略抉择，是建设中国特色社会主义事业的必然要求。党的二十届三中全会公报也再次强调，中国式现代化是走和平发展道路的现代化。③ 具体来说，主要是基于以下三个原因：

首先，这是由中华民族的根本利益决定的。实现中华民族的伟大复兴是中国各族人民的伟大理想和共同追求。今天的中国虽然已取得了巨大的发展成就，但仍然是世界上最大的发展中国家，仍然将高质量发展列为全面建设社会主义现代化国家的首要任务。因为没有坚实的物质技术基础，就不可能全面建成社会主义现代化强国。

---

① 《习近平著作选读》第 1 卷，人民出版社 2023 年版，第 107 页。

② 习近平：《高举中国特色社会主义伟大旗帜为全面建设社会主义现代化国家而团结奋斗——在中国共产党第二十次全国代表大会上的报告》，人民出版社 2022 年版，第 61 页。

③ 《中国共产党第二十届中央委员会第三次全体会议公报》，载于中国政府网，2024 年 7 月 18 日。

坚持走和平发展道路，营造有利于发展的国际和平环境，聚精会神搞建设、一心一意谋发展是中国实现国家富强、人民幸福的必由之路。

其次，这是由中国的社会主义国家性质决定的。中国是社会主义国家，追求和平是社会主义国家的本质属性之一。中国的发展是世界和平力量的增长，无论发展到什么程度，中国永远不称霸、永远不搞扩张。事实证明，中国的快速发展，正在成为维护世界和平、促进共同发展的重要力量，正在给世界带来更多的发展机遇和更加广阔的市场。积极争取和平的国际环境发展自己，又以自身的发展更好地维护世界和平、促进共同发展，已成为中国坚定不移的国家意志。

最后，这是由当今世界的发展潮流决定的。求和平、谋发展、促合作是当今世界各国人民的共同心愿，世界多极化和经济全球化已成为不可阻挡的历史潮流，任何一个国家的发展均与世界的发展和其他国家的发展相互依存、紧密相联，只有在互利共赢的基础上，积极参与国际经济合作与竞争，才能实现自身的发展。

（二）互利共赢是实现和平发展的根本保证

坚持和平发展道路是实现互利共赢的重要条件，奉行互利共赢的开放战略是实现和平发展的根本保证。要开拓思路，迎难而上，进一步扩大互利共赢的战略内涵：一是要坚持以高标准、可持续、惠民生为目标，巩固互联互通合作基础，拓展国际合作新空间，推动共建"一带一路"高质量发展。二是要坚持经济全球化正确方向，推动贸易和投资自由化便利化，推进双边、区域和多边合作，促进国际宏观经济政策协调，共同营造有利于发展的国际环境，共同培育全球发展新动能，反对保护主义，反对"筑墙设垒""脱钩断链"，反对单边制裁、极限施压。三是要坚定支持和帮助广大发展中国家加快发展，致力于缩小南北差距，加大对全球发展合作的资源投入。

（三）与邻为善是实现和平发展的重要基础

作为世界上邻国最多的国家之一，中国一直十分重视发展与周边国家的关系。做好周边外交工作，对实现"两个一百年"奋斗目标、实现中华民族伟大复兴的中国梦都具有十分重要的战略意义。党的十八大以来，以习近平同志为核心的党中央在坚持"与邻为善、以邻为伴"外交方针的基础上，对周边外交工作的重视达到了新的高度，首次提出了亲诚惠容的周边外交新理念，主要可以归纳为和合观、共赢观和义利观三个方面：

第一，和合观。中国周边外交的和合观弘扬了中华传统文化"和为贵"的思想，追求和传承和平、和睦、和谐的理念，倡导相互尊重、和谐共处的亚洲方式，强调中华民族的文化和对外交往的传统，强调文明需要平等交流对话，强调要用东方智慧去解决分歧、促进和谐，强调尊重各国发展道路的选择。

第二，共赢观。中国在平等互利基础上，突出亲、诚、惠、容理念，愿意并一直在大力推动对周边国家的开放，使自身的发展更好地惠及周边国家。本着互惠互利的原则同周边国家开展合作，编织更加紧密的共同利益网络，把双方利益融合提升到更高水平，让周边国家得益于我国的发展，也使我国从周边国家共同发展中获得裨益和助力。

第三，义利观。"义"指道义，"利"指互利。这种义利观主要强调要正确处理义利之间的关系，重视责任，互利共赢，实际上是一种"计利当计天下之利"的大义观，是求区域乃至世界之义的大义。中国与周边国家要平等相待、守望相助、共同发展，中国也愿意向周边和发展中国家提供力所能及的帮助。

二、中国的安全观

当代中国的安全观，是"以人民安全为宗旨"的总体安全观。习近平总书记在 2014 年和 2017 年两次阐述了"国家安全一切为了人民"的重要论断，不仅强调坚持总体国家安全观必须"以人民安全为宗旨"，而且要求"既重视国土安全，又重视国民安全，坚持以民为本、以人为本，坚持国家安全一切为了人民、一切依靠人民，真正夯实国家安全的群众基础"。[①]

维护国家安全要坚持以人民安全为宗旨，这是由中国共产党的性质和宗旨决定的。中国共产党根基在人民，血脉在人民，党的一切牺牲奋斗都是在为人民谋幸福、为民族谋复兴。国家安全与人民安全是一对辩证关系，人民安全是国家安全的基石，国家安全的最终目标是为了人民安全。因此，要坚持以人民为中心的安全思想，

---

① 《习近平著作选读》第 1 卷，人民出版社 2023 年版，第 235—236 页。

紧紧依靠人民、牢牢植根人民、不断造福人民，努力把人民至上的理念落实到国家安全的全过程和各方面。

当前，世界百年未有之大变局加速演进，国内经济社会发生深刻变革，各种安全风险挑战前所未有。面对新的安全形势和风险挑战，必须坚持总体安全观，以人民安全为宗旨，以政治安全为根本，以经济安全为基础，以军事科技文化社会安全为保障，以促进国际安全为依托，不断加强国家安全体系和能力建设，坚决维护国家安全和人民安全。党的二十届中央委员会第三次全体会议明确指出："国家安全是中国式现代化行稳致远的重要基础。必须全面贯彻总体国家安全观，完善维护国家安全体制机制，实现高质量发展和高水平安全良性互动，切实保障国家长治久安。"①

（一）增强维护国家安全能力

要突出协同高效、法治思维、科技赋能和基层基础四大理念，统筹推进各领域国家安全能力建设：一是要坚决维护政治安全。严密防范严厉打击敌对势力的渗透、破坏、颠覆和分裂活动，深入开展反恐怖斗争，坚决打赢网络意识形态斗争，坚定维护国家政权、制度和意识形态安全。二是要加强重点领域安全能力建设。确保粮食、能源资源、重要产业链和供应链安全，维护我国公民、法人海外合法权益，维护海洋权益，坚定捍卫国家主权、安全和发展利益。三是要提高干部群众保护国家安全意识和能力。坚持以党的政治建

①《中国共产党第二十届中央委员会第三次全体会议公报》，载于中国政府网，2024年7月18日。

设为统领，落实国家安全领导责任和工作责任，全面加强国家安全教育，锻造忠诚纯洁可靠的国安干部队伍，增强全民国家安全意识和素养，筑牢国家安全人民防线。

（二）提高公共安全治理水平

公共安全一头连着经济社会发展，一头连着千家万户，必须既着眼当前，又立足长远，不断完善制度机制，强化事前预防、推进专项整治、提高防灾救灾能力，不断增强公共安全保障能力，切实维护人民群众生命财产安全。

（三）完善社会综合治理体系

要健全共建共治共享的社会治理制度，不断提升社会治理效能。坚持和发展新时代以"发动和依靠群众，坚持矛盾不上交，就地解决"为基本精神的"枫桥经验"，坚持贯彻党的群众路线，正确处理人民内部矛盾，紧紧依靠人民群众，加强矛盾风险源头化解，把问题解决在基层、化解在萌芽状态；[①]充分发挥党的领导政治优势，加快推进市域社会治理现代化；深入实施扫黑除恶常态化，强化社会治安整体防控；创新互联网时代群众工作机制，发展壮大群防群治力量。

三、中国的主权观

国家主权是一国固有的在国内的最高权力和在国际上的独立自

---

① 万建武：《"枫桥经验"："中国之治"的一张金名片》，《求是》2023 年第 23 期。

主地位，是国家区别于其他国际关系行为体的根本属性，是国家生存权和发展权的基本保障。纵观新中国的主权观，毛泽东在领导中国革命和建设过程中形成了独立自主的人民主权观，邓小平在改革开放的新时期继承和发展了这一理论，提出了"一国两制"的和平统一观。党的十八大以来，以习近平同志为核心的党中央在传统主权观的基础上，把握世界大势、紧扣时代要求，不断丰富国家主权的内涵，逐步形成了彰显中国智慧，顺应国际关系民主化、法治化潮流的新时代国家主权观。

（一）人民主权观

《中华人民共和国宪法》规定，我国的一切权力属于人民，国家权力机关向人民负责、受人民监督、为人民服务。这就直接宣示了"人民主权"原则，将国家主权赋予了人民，人民是行使国家主权的法定主体。党的二十大报告指出："必须坚持人民至上。人民性是马克思主义的本质属性，党的理论是来自人民、为了人民、造福人民的理论，人民的创造性实践是理论创新的不竭源泉。"[1] 因此，实现和维护人民利益是我国一切主权实践活动的出发点和落脚点，国家发展成果必须由人民共享。

（二）独立自主观

独立自主是中国革命和建设孜孜以求的奋斗目标，是最宝贵的

----

[1]　习近平：《高举中国特色社会主义伟大旗帜为全面建设社会主义现代化国家而团结奋斗——在中国共产党第二十次全国代表大会上的报告》，人民出版社 2022 年版，第 19 页。

经验总结，是毛泽东思想活的灵魂。党的二十大报告强调："党的百年奋斗成功道路是党领导人民独立自主探索开辟出来的，马克思主义的中国篇章是中国共产党人依靠自身力量实践出来的，贯穿其中的一个基本点就是中国的问题必须从中国基本国情出发，由中国人自己来解答。"① 在新时代，坚持独立自主，就是要坚定道路自信、理论自信、制度自信、文化自信，坚定奉行独立自主的和平外交政策，坚定维护国家的主权、安全和发展利益，坚决反对一切形式的霸权主义和强权政治。

（三）和平统一观

解决台湾问题、实现中国领土主权的完全统一，是党矢志不渝的历史任务，是全体中华儿女的共同愿望，是实现中华民族伟大复兴的必然要求。党的二十大报告提出了解决台湾问题的基本方针："'和平统一、一国两制'方针是实现两岸统一的最佳方式，对两岸同胞和中华民族最有利。"② 如何坚持和贯彻这一基本方针？一方面，要为和平统一创造广阔空间，着力探索"两制"台湾方案，进一步明确高质量统一的内涵和形式；另一方面，要坚定制度自信，把握好"一国"与"两制"之间的关系，在实践中不断开创"一国两制"新境界，为推进祖国统一大业提供更为完善的制度保障。尤其需要

---

① 习近平：《高举中国特色社会主义伟大旗帜为全面建设社会主义现代化国家而团结奋斗——在中国共产党第二十次全国代表大会上的报告》，人民出版社 2022 年版，第 19 页。

② 同上书，第 59 页。

强调指出的是，台湾是中国的台湾。解决台湾问题是中国人自己的事，要由两岸中国同胞共同来决定。台湾问题是中国的内政，事关中国核心利益和中国人民民族感情，不容任何外来干涉。为此，中国始终坚持反对"台独"分裂图谋，坚决反对外部势力干涉，坚持绝不承诺放弃使用武力。

四、中国的外交观

回顾新中国外交事业的发展历程，从新中国成立之初提出"另起炉灶""打扫干净屋子再请客""一边倒"三大外交政策和"和平共处五项原则"，积极谋求建立独立自主的和平外交关系，到改革开放初期确定"和平与发展是当今世界的主题"、要"韬光养晦、有所作为"、与世界各国一道推动建立更加公正合理的国际政治经济新秩序，到冷战结束后初期提出"和平发展"与"合作共赢"外交战略与理念，到新世纪之初倡导"和谐世界"与"外交为民"理念，再到党的十八大以来坚持"维护世界和平、促进共同发展"、推动构建人类命运共同体，[①] 中国外交不断适应国际形势变化和国家发展需求，不断从传统文化和外交实践中汲取营养，不断开创中国特色社会主义大国外交的新境界，走过了一段从守正创新到发扬光大、从筚路蓝缕到奋发有为的极不平凡的奋斗历程。

进入新时代，随着快速崛起的中国日益走近世界舞台的中央，

---

① 谢益显：《中国当代外交史（1949—2009）》，中国青年出版社 2009 年版。

如何塑造和提升与中国的实力地位相匹配的国际话语权？如何为人类的文明进步贡献中国方案、中国智慧？这是新时代中国特色大国外交观的待解之题和应有之义。先进思想辉映非凡事业，科学理论引领伟大实践。习近平新时代中国特色社会主义外交思想科学回答了新形势下应推动建设什么样的世界、构建什么样的国际关系，中国需要什么样的外交、发挥什么样的国际作用等一系列重大理论和实践问题，为新时代中国特色大国外交提供了根本遵循和行动指南。

（一）坚持党的领导和中国特色社会主义道路是中国外交的根本属性

党的集中统一领导是中国外交最大的政治优势，中国特色社会主义是中国外交的源泉和根基。党的二十大报告指出："坚持党的全面领导是坚持和发展中国特色社会主义的必由之路，中国特色社会主义是实现中华民族伟大复兴的必由之路。"① 只有毫不动摇地坚持党对外交工作的全面领导，坚定不移地走中国特色社会主义道路，才能始终保持中国外交的政治本色，使之聚焦于党和国家中心工作，在错综复杂的国际形势变化中保持定力、把握主动。

（二）坚持走和平发展道路是中国外交发展的正确路径

党的二十大报告强调："中国式现代化是走和平发展道路的现代化。我国不走一些国家通过战争、殖民、掠夺等方式实现现代化的

---

① 习近平：《高举中国特色社会主义伟大旗帜为全面建设社会主义现代化国家而团结奋斗——在中国共产党第二十次全国代表大会上的报告》，人民出版社 2022 年版，第 70 页。

老路，那种损人利己、充满血腥罪恶的老路给广大发展中国家人民带来深重苦难。"① 中国外交坚定站在历史正确的一边，站在人类文明进步的一边，高举和平、发展、合作、共赢旗帜，在坚定维护世界和平与发展中谋求自身的发展，又以自身的发展更好地维护世界和平与发展。

（三）推动构建人类命运共同体是中国外交的世界愿景

党的二十大报告宣示："中国始终坚持维护世界和平、促进共同发展的外交政策宗旨，致力于推动构建人类命运共同体。"② 人类命运共同体理念明确了中国外交的世界愿景，回应了各国人民求和平、谋发展、促合作的普遍诉求，指明了解决全球性问题的根本路径，成为引领时代潮流和人类前进方向的鲜明旗帜。

（四）推动建立相互尊重、公平正义、合作共赢的新型国际关系是中国外交的全新实践

21 世纪的国际关系，不能仍停留在冷战思维、零和博弈的老棋局内。党的二十大报告提出，"中国坚持在和平共处五项原则基础上同各国发展友好合作，推动构建新型国际关系，深化拓展平等、开放、合作的全球伙伴关系，致力于扩大同各国利益的汇合点"。③ 要以相互尊重超越恃强凌弱、以公平正义超越尔虞我诈、以合作共赢

---

① 习近平：《高举中国特色社会主义伟大旗帜 为全面建设社会主义现代化国家而团结奋斗——在中国共产党第二十次全国代表大会上的报告》，人民出版社 2022 年版，第 23 页。

② 同上书，第 60 页。

③ 同上书，第 61 页。

超越以邻为壑，对近代以来"弱肉强食"的权力政治观念予以扬弃，走出一条国与国之间交往的新路。

（五）倡导全人类共同价值是中国外交的价值追求

世界各国历史、文化、国情不同，但各国人民心灵相通，都有追求、探索和实现全人类共同价值的平等权利。党的二十大报告呼吁："世界各国弘扬和平、发展、公平、正义、民主、自由的全人类共同价值，促进各国人民相知相亲。"① 和平与发展是我们的共同事业，公平正义是我们的共同理想，民主自由是我们的共同追求，不存在高人一等的"自由民主"，不存在唯我独尊的"普世价值"，把本国价值观强加于人只能增加动荡之源，按意识形态划线极易造成冲突之祸。

（六）鲜明的中国特色、中国风格、中国气派是中国外交的独特风范

新时代中国外交将马克思主义中国化时代化的最新成果与当今中国外交实际相结合，与中华优秀传统文化相结合，与新中国外交优良传统相结合，坚持自信自立、守正创新，塑造了中国外交的独特风范，实现了历史使命与时代潮流、民族精神与国际主义、中国气派与世界情怀的高度统一。

总之，中国的外交观以中华优秀传统文化的精髓为底蕴、以

---

① 习近平：《高举中国特色社会主义伟大旗帜为全面建设社会主义现代化国家而团结奋斗——在中国共产党第二十次全国代表大会上的报告》，人民出版社 2022 年版，第 63 页。

中国的现实国情为基础、以习近平外交思想为指导，牢牢把握服务民族复兴、促进人类进步这条主线，努力寻求中国价值观与人类普遍愿望的共鸣，为世界的和平与发展贡献了中国智慧和中国力量。

五、中国的民主观

中国的民主，是全过程人民民主，这是由中国是工人阶级领导的、以工农联盟为基础的人民民主专政的社会主义国家的性质决定的。党的二十大报告指出："人民民主是社会主义的生命，是全面建设社会主义现代化国家的应有之义。全过程人民民主是社会主义民主政治的本质属性，是最广泛、最真实、最管用的民主。"① 为了保障人民当家作主，我国实行人民代表大会制度的政体，实行中国共产党领导的多党合作和政治协商制度、民族区域自治制度、基层群众自治制度等基本政治制度，巩固和发展最广泛的爱国统一战线，形成了全面、广泛、有机衔接的人民当家作主制度体系，构建了多样、畅通、有序的民主渠道。党的二十届三中全会公报也再次强调，发展全过程人民民主是中国式现代化的本质要求。必须坚定不移走中国特色社会主义政治发展道路，坚持和完善我国根本政治制度、基本政治制度、重要政治制度，丰富各层级民主形式，把人民当家

---

① 习近平：《高举中国特色社会主义伟大旗帜为全面建设社会主义现代化国家而团结奋斗——在中国共产党第二十次全国代表大会上的报告》，人民出版社 2022 年版，第 37 页。

作主具体、现实体现到国家政治生活和社会生活各方面。[①]

（一）人民代表大会制度是全过程人民民主的制度保障

人民代表大会制度是实现我国全过程人民民主的重要制度载体。[②] 全国人民代表大会和地方各级人民代表大会是我国各族人民行使管理国家权力的机关，最大限度地保障人民当家作主的地位，有效维护了民族团结和国家统一，实现了党的领导、人民当家作主和依法治国的有机统一。实践证明，人民代表大会制度是符合中国国情和实际、体现社会主义国家性质、保证人民当家作主、保障实现中华民族伟大复兴的好制度，具有强大生命力和显著优越性。

（二）协商民主是全过程人民民主的重要形式

协商民主是实践全过程人民民主的重要形式，是中国社会主义民主政治中独特的、独有的、独到的民主形式。中国特色社会主义协商民主体系，包含了政党协商、人大协商、政府协商、政协协商、人民团体协商、基层协商以及社会组织协商等重要内容。人民政协是社会主义协商民主的重要渠道和专门协商机构。完善协商民主体系，对于发展全过程人民民主，健全人民当家作主制度体系，发挥中国共产党领导的政治优势和中国特色社会主义的制度优势，把全党全国各族人民的智慧和力量凝聚到新时代新征程党的中心任务上来，全面建设社会主义现代化国家，以中国式现代化全面推进中华

---

① 《中国共产党第二十届中央委员会第三次全体会议公报》，载于中国政府网，2024年7月18日。

② 《习近平著作选读》第2卷，人民出版社2023年版，第532页。

民族伟大复兴均具有重大而深远的意义。

（三）基层民主是全过程人民民主的重要体现

基层群众自治制度是我国的一项基本政治制度，担负着保障基层群众实现自我管理、自我服务、自我教育和自我监督的重要使命。健全基层民主体系，充分发扬基层民主，重点在以下三个方面：第一，健全基层党组织领导的基层群众自治机制，完善基层直接民主制度体系和工作体系。第二，健全基层各项政务事务公开制度，保障人民依法管理基层公共事务和公益事业，拓宽基层各类群体有序参与基层治理的渠道。第三，健全以职工代表大会为基本形式的企事业单位民主管理制度，维护职工合法权益。

（四）巩固和发展最广泛的爱国统一战线

党的二十大报告强调："人心是最大的政治，统一战线是凝聚人心、汇聚力量的强大法宝。"[①] 促进中华儿女大团结，是新时代爱国统一战线的历史责任，为此，我们要坚持团结一切可以团结的力量，促进政党关系、民族关系、宗教关系、阶层关系、海内外同胞关系和谐，需要重点抓好以下七个方面的工作：第一，坚持和完善中国共产党领导的多党合作和政治协商制度。第二，坚持和完善民族区域自治制度，铸牢中华民族共同体意识。第三，坚持我国宗教中国化方向，积极引导宗教与社会主义社会相适应。第四，加强党外知

---

① 习近平：《高举中国特色社会主义伟大旗帜　为全面建设社会主义现代化国家而团结奋斗——在中国共产党第二十次全国代表大会上的报告》，人民出版社 2022 年版，第 39 页。

识分子和新的社会阶层人士统战工作。第五，促进非公有制经济健康发展和非公有制经济人士健康成长。第六，做好港澳台海外统战工作和侨务工作。第七，做好网络统战工作。

六、中国的人权观

党的二十大报告再次强调："坚持走中国人权发展道路，积极参与全球人权治理，推动人权事业全面发展。"[①] 新时代中国的人权观，是一种结合了马克思主义人权理论中国化与中国人权事业的成功经验，扎根于中华优秀传统文化，借鉴人类优秀文明成果，符合人类基本共识的、全新的人权文明形态，其产生丰富和发展了人类文明的多样性。

（一）新时代中国人权观具有完整的理论体系

新时代中国人权观立足于中国人权具体实际，形成了坚持人民至上、坚持生存权和发展权是首要的基本人权，坚持人民幸福生活是最大的人权，坚持以发展促人权，坚持以构建人类命运共同体为愿景的理论体系：第一，坚持人民至上，不断实现好、维护好、发展好最广大人民根本利益，是新时代中国人权观的总纲。第二，坚持生存权和发展权是首要的基本人权，是新时代中国人权观的第一原理。第三，坚持人民幸福生活是最大的人权，是新时代中国人权

---

① 习近平：《高举中国特色社会主义伟大旗帜为全面建设社会主义现代化国家而团结奋斗——在中国共产党第二十次全国代表大会上的报告》，人民出版社 2022 年版，第 38 页。

观的根本追求。第四，坚持以发展促人权，是新时代中国人权观的重要方法论。第五，坚持构建人类命运共同体，建设持久和平、普遍安全、共同繁荣、开放包容、清洁美丽的世界，是新时代中国人权观的美好愿景。

（二）新时代中国人权观具有独特的实践路径

坚持中国共产党的领导，把实施党的执政方略与国家制度建设密切结合，大力保障人民各项权利，促进全球人权事业发展，构成了新时代中国人权观独特的实践路径：第一，坚持党的领导，充分发挥社会主义制度优势，为中国人权事业的发展提供了坚强有力的政治保证和制度保障。第二，确立了尊重和保障人权的宪法原则和执政理念，将其列为治国理政的重要工作。第三，通过实现高质量的发展为保障人权提供坚实的物质基础，同时推进共同富裕，使发展成果更多地惠及全体人民。第四，发展全过程人民民主，充分保障人民民主权利和人民当家作主。第五，全面依法治国，把尊重和保障人权贯穿于法治的各个环节，不断提升人权法治化保障的水平。第六，积极参与全球人权治理，履行国际人权义务，促进国际人权事业发展。

（三）新时代中国人权观具有全新的价值理念

新时代中国人权观所彰显的愿景、路径和制度形成了一种全新的人权价值理念，丰富和发展了人类社会的人权观乃至文明观：首先，中国所提出的构建人类命运共同体的规划愿景，实现了人权发展与人类社会发展规律相结合，为世界人权理论贡献了中国方案和中国智慧。其次，中国所探索的以和平促发展、以发展促人权的中国式现代化路径，实现了本国的发展阶段与人权价值的普遍性相结合，为全球人权治理提供了新的路径选择。最后，中国所建立并不断发展的中国特色社会主义制度体系，实现了本国政治社会发展条件与人权义务的普遍性相结合，为世界人权发展提供了新的制度选择。

七、中国的生态观

推动绿色发展，促进人与自然和谐共生是新时代中国生态观的核心要旨。党的二十大报告强调："尊重自然、顺应自然、保护自然，是全面建设社会主义现代化国家的内在要求。必须牢固树立和践行绿水青山就是金山银山的理念，站在人与自然和谐共生的高度谋划发展。"[①] 促进人与自然和谐共生，深刻体现了新时代生态文明建设必须遵循的基本原则，是对马克思主义生态观和中华优秀传统生态文化的创造性转化和发展，同时为中国式现代化和人类文明新形态提供了新的重要内涵，对筑牢中华民族伟大复兴绿色根基、实现新时代中国可持续发展具有重大现实意义和深远历史意义。为此，党的二十届三中全会再次郑重指出，中国式现代化是人与自然和谐共生的现代化。必须完善生态文明制度体系，协同推进降碳、减污、

---

① 习近平：《高举中国特色社会主义伟大旗帜 为全面建设社会主义现代化国家而团结奋斗——在中国共产党第二十次全国代表大会上的报告》，人民出版社 2022 年版，第 49—50 页。

扩绿、增长，积极应对气候变化，加快完善落实绿水青山就是金山银山理念的体制机制。要完善生态文明基础体制，健全生态环境治理体系，健全绿色低碳发展机制。[①]

（一）中国式现代化是人与自然和谐共生的现代化

中国式现代化既遵循世界各国现代化发展的一般规律，又有基于中国实际的鲜明特色，尤其是具有独特的生态观，即强调人与自然和谐共生。一方面，中国式现代化的生态观强调人与自然是生命共同体，人类可以利用自然、改造自然，但归根结底是自然的一部分，从而超越了西方现代化理论将人类凌驾于自然之上的生态观。另一方面，中国式现代化的生态观强调从人与自然和谐共生的高度出发去谋划发展，通过统筹兼顾，同步推进物质文明与生态文明建设，在实践中证明了"绿水青山就是金山银山"，指明了实现发展与保护生态和谐共生的新路径，为世界现代化理论和实践贡献了中国智慧和中国方案。

（二）推动经济社会发展绿色化、低碳化

新时代我国不断推动绿色发展，促进人与自然和谐共生的实践证明，生态环境保护与经济社会发展是辩证统一、相辅相成的。首先，要充分发挥生态环境保护的引领、优化和倒逼作用，加快推动产业结构、能源结构以及交通运输结构的调整优化。其次，要通过对生态环境实施分区管控，聚焦长江经济带发展、黄河流域生态保

---

① 《中国共产党第二十届中央委员会第三次全体会议公报》，载于中国政府网，2024 年 7 月 18 日。

护、大湾区建设等国家级高质量发展战略的实施，打造绿色发展高地。再次，要积极稳妥地推进碳达峰、碳中和，推动由能源消耗总量和强度调控模式逐步向碳排放总量和强度调控模式转变，完善碳排放统计核算制度，健全碳排放权交易制度。最后，要加快以新能源为代表的节能降碳技术的研发和推广力度，加快形成绿色低碳生产、生活方式，推动经济社会发展模式向绿色化、低碳化转变。

（三）推动构建可持续发展的人类命运共同体

实现可持续发展、建设绿色家园是全人类的共同梦想。我们在建设人与自然和谐共生的现代化中国的同时，也要推动构建人类命运共同体，讲好生态文明的中国故事，让生态文明中国智慧、中国方案走向世界。要坚持共同但有区别的责任原则，奉行多边主义，推动南北对话，共同应对气候变化、海洋生态环境保护、生物多样性保护等全球性生态问题。与此同时，要积极推动绿色"一带一路"建设，不断深化南南合作及周边合作，共同实现联合国2030年可持续发展目标，构建绿色发展的人类命运共同体。

八、中国的文明观

中国的文明观，是开放包容的新型文明观，主张世界各文明之间没有高低优劣之分，只有姹紫嫣红之别，应当在文明平等的基础上，秉持和而不同、开放包容的心态，使各文明在交流中互鉴，在互鉴中发展，在发展中共赢。习近平总书记在党的二十大报告中真诚呼吁："世界各国弘扬和平、发展、公平、正义、民主、自由的全人类共同价值，促进各国人民相知相亲，尊重世界文明多样性，以文明交流超越文明隔阂、文明互鉴超越文明冲突、文明共存超越文明优越，共同应对各种全球性挑战。"①

（一）主张文明没有高低优劣之分是新型文明观的基础

文明的多样性是人类社会的基本特征，每一种文明都是各国人民辛勤劳动的产物、都是人类智慧的结晶，因而都有自身存在的价值。以何种态度对待不同类型的文明，事关人类文明进步，事关世界和平发展。开放包容的新型文明观主张，文明只有姹紫嫣红之别，但绝无高低优劣之分。不同国家、不同民族以及不同文明之间应当互学互鉴，共同进步，推动树立平等、互鉴、对话、包容的文明观。只有在平等的基础上建立的人类命运共同体，才是能够推动世界各国共同发展的共同体。

（二）坚持文明共生，超越文明冲突是新型文明观的核心

文明的多样性不仅是人类社会的基本特征，也是人类文明发展的基本动力和人类命运共同体的基本特征。纵观人类文明发展史，没有任何一种文明能够脱离其他文明而独立生存发展，闭关锁国、夜郎自大只会导致文明发展的停滞。更为重要的是，多样性的文明之间要实现和谐共生，就必须存在一个共同的价值观，人类命运共同体也需要共同的价值观来维系。新型文明观认为，和平发展、公

---

① 习近平：《高举中国特色社会主义伟大旗帜为全面建设社会主义现代化国家而团结奋斗——在中国共产党第二十次全国代表大会上的报告》，人民出版社 2022 年版，第 63 页。

平正义、民主自由能够成为不同文明所追求的共同价值理念。正是基于对共同价值的追求，不同的文明之间才能实现交流互鉴、和谐共生乃至共同发展，这是人类文明得以尊重多样性、超越冲突性向前发展的核心逻辑。

（三）和而不同、开放包容是新型文明观的基本要求

新型文明观尊重世界文明的多样性特征，倡导各文明之间应当和而不同，而不是相互取代。所谓的文明冲突，正是由试图以一种文明取代别的文明而引发，这种以"先进文明"取代"落后文明"的理念，只看到了经济社会发展的差异性，而忽视了文明发展的特殊性，因此是狭隘的、危险的。新型文明观坚持在和而不同的基础上，秉持开放包容的心态看待不同的文明，兼收并蓄、吸收借鉴其他文明的优秀成果，构建人类命运共同体，推动人类文明共同发展进步。

（四）文明之间交流互鉴是实现文明共同发展的有效方法

新型文明观指出了人类文明发展的基本逻辑——文明因平等而交流，因交流而互鉴，因互鉴而发展。党的二十大报告提出："坚持交流互鉴，推动建设一个开放包容的世界。"[1]文明之间的交流互鉴，是实现文明共同发展的有效方法，是构建人类命运共同体的基本途径。人类文明发展史充分证明，无论东方文明还是西方文明，都是在文明交流的过程中充分吸收借鉴其他文明的优秀成果，从而实现

---

[1] 习近平：《高举中国特色社会主义伟大旗帜为全面建设社会主义现代化国家而团结奋斗——在中国共产党第二十次全国代表大会上的报告》，人民出版社 2022 年版，第 63 页。

自身的创新发展的。那些企图以自身文明取代其他文明的做法反映的是霸权主义的文明观，必然导致文明的冲突和文明发展的停滞。

九、中国的国际秩序观

当代国际秩序的发展充满了不确定性，恃强凌弱、巧取豪夺、零和博弈等霸权、霸道、霸凌行径危害加深，和平赤字、发展赤字、治理赤字加重，人类社会面临前所未有的挑战。新时代中国的国际秩序观紧扣以上现实问题，顺应时代潮流和国际社会的普遍需求，科学回答了"建设一个什么样的世界"的时代之问，积极推动构建新型国际关系，倡导构建人类命运共同体，充分体现了中国作为世界和平建设者、全球发展贡献者和国际秩序维护者的责任担当。新时代的中国国际秩序观是一个富含中国文化底蕴、继承中国革命传统、总结中国发展经验，立足中国特色同时又有世界意义的综合体系。这一体系是中国在长期探索解决自身发展问题和全球公共问题的基础上形成的，为全球治理贡献了中国方案和中国智慧。

（一）中国是现行国际秩序的维护者

习近平总书记在庆祝中国共产党成立一百周年大会上的讲话中指出："中国共产党关注人类前途命运，同世界上一切进步力量携手前进，中国始终是世界和平的建设者、全球发展的贡献者、国际秩序的维护者！"① 从新中国成立开始，中国始终在探索和追求建立更

---

① 《习近平著作选读》第 2 卷，人民出版社 2023 年版，第 485 页。

加公正合理的国际秩序。在社会主义革命和建设时期，以毛泽东为主要代表的中国共产党人秉持追求人类社会公平正义的思想底色和精神气质，突出强调了国家独立自主、和平共处五项原则、"三个世界"划分等一系列重要原则，奠定了中国在现行国际秩序中的大国地位。进入改革开放的新时期，中国开启了全面融入世界的历史进程，实现了从革命者向建设者的国际体系身份转换。党的十八大以来，中国倡导构建人类命运共同体，积极倡导建立新型国际关系，充分体现了作为世界和平建设者、全球发展贡献者、现行国际秩序维护者的责任担当。

（二）坚定支持多边主义，维护国际公平正义

党的二十大报告指出："中国坚定奉行独立自主的和平外交政策，始终根据事情本身的是非曲直决定自己的立场和政策，维护国际关系基本准则，维护国际公平正义。"① 首先，中国在国际交往中一贯强调尊重各国主权和领土完整，坚持国家不分大小、强弱、贫富一律平等，尊重各国人民自主选择的发展道路和社会制度，坚决反对一切形式的霸权主义和强权政治，反对冷战思维，反对干涉别国内政，反对搞双重标准。其次，中国积极参与全球治理体系改革和建设，践行共商共建共享的全球治理观，坚持真正的多边主义，反对一切形式的单边主义，推进国际关系民主化，推动全球治理朝

---

① 习近平：《高举中国特色社会主义伟大旗帜 为全面建设社会主义现代化国家而团结奋斗——在中国共产党第二十次全国代表大会上的报告》，人民出版社 2022 年版，第 60 页。

着更加公正合理的方向发展。最后，中国的发展是世界和平力量的增长，无论发展到什么程度，中国永远不称霸、永远不搞扩张。

（三）坚持对外开放战略，实现国际合作共赢

中国坚持对外开放的基本国策，坚定奉行互利共赢的开放战略，不断以自身新发展为世界提供新机遇，推动建设开放型世界经济，更好地惠及各国人民。第一，坚持以高标准、可持续、惠民生为目标，巩固互联互通合作基础，拓展国际合作新空间，推动共建"一带一路"高质量发展。第二，坚持经济全球化正确方向，推动贸易和投资自由化便利化，推进双边、区域和多边合作，反对保护主义、反对脱钩断链、反对单边制裁。第三，加大对全球发展合作的资源投入，致力于缩小南北差距，坚定支持和帮助广大发展中国家加快发展。

十、中国的全球治理观

中国秉持以多边主义为抓手的共商共建共享的全球治理观。全球治理与国际秩序密切相关，其基本目的，就是通过具有约束力和有效性的国际制度和机制解决全球性问题，以维持稳定的国际政治经济秩序。党的二十大报告强调："中国积极参与全球治理体系改革和建设，践行共商共建共享的全球治理观，坚持真正的多边主义，推进国际关系民主化，推动全球治理朝着更加公正合理的方向发展。"[1]

---

[1] 习近平：《高举中国特色社会主义伟大旗帜 为全面建设社会主义现代化国家而团结奋斗——在中国共产党第二十次全国代表大会上的报告》，人民出版社 2022 年版，第 62 页。

（一）通过共商维护全球和平

中国将坚定维护以联合国为核心的国际体系、以国际法为基础的国际秩序、以联合国宪章宗旨和原则为基础的国际关系基本准则，反对一切形式的单边主义，反对搞针对特定国家的阵营化和排他性小圈子，为建设持久和平的世界而不懈奋斗。首先，多边主义是维护世界和平、促进共同发展的有效途径。其次，联合国宪章和宗旨是处理国际关系的根本准则。最后，国际关系民主化是构建新型国际关系的核心。

（二）通过共建维护全球安全

针对当前全球和平赤字、发展赤字、安全赤字、治理赤字加重所带来的诸多问题和挑战，中国坚定奉行基于多边主义的、共商共建共享的全球治理观，在新时代相继提出全球发展倡议、全球安全倡议、全球文明倡议和共建"一带一路"倡议，以实际行动推动全球特别是发展中国家经济增长，改善全球安全治理形势，落实构建人类命运共同体埋念。中国还将积极参与全球安全规则制定，积极参与国际安全合作，积极参与联合国维和行动，为维护世界和平和地区稳定发挥积极作用。

（三）通过共享推动全球发展

中国将推动世界贸易组织、亚太经合组织等多边机制更好地发挥作用，扩大金砖国家、上海合作组织等合作机制的影响力，增强新兴市场国家和发展中国家在全球事务中的代表性和发言权，为建设共同繁荣的世界贡献中国力量。中国还将积极参与应对气候变化全球治理，承担共同但有区别的责任，积极稳妥推进碳达峰和碳中和进程，促进全球人与自然和谐共生。

第二节　中国道路

中国道路，在这里特指中国特色的社会主义现代化道路，这是中国共产党在百年奋斗中探索并形成的符合中国实际的成功的现代化道路。这条道路来之不易，凝聚了深厚的历史积淀和长期的现实奋斗，是中国共产党团结带领全国各族人民，在继承中华优秀传统文化、吸收西方优秀文明成果的基础之上，历经百年奋斗，在中国革命、建设、改革和新时代的伟大斗争实践中探索出来的一条具有中国特色的人类文明新形态之路。其中，人类命运共同体是中国道路的指导理念，中国特色社会主义是中国道路的制度保障，中国式现代化是中国道路的必由之路。

一、指导理念：人类命运共同体

"人类命运共同体"理念是中国特色大国外交的重要组成部分，强调"每个民族、每个国家、每个人的前途命运都紧紧联系在一起"，致力于"建设持久和平、普遍安全、共同繁荣、开放包容、清洁美丽的世界，把各国人民对美好生活的向往变成现实"。[①] 党的

---

① 《携手构建人类命运共同体：中国的倡议与行动》白皮书（全文），载于中华人民共和国国务院新闻办公室网站，2023 年 9 月 26 日。

二十大报告指出："推动构建人类命运共同体是中国式现代化的本质要求之一，构建人类命运共同体是世界各国人民前途所在。"① 这一理念回答了"人类社会向何处去"的时代之问，是中国国家"软实力"和国家形象塑造的重要部分，为构建中国叙事体系，提升中国国际话语权，优化中华民族伟大复兴的外部舆论环境提供了重要的思想武器。② 自 2013 年被首次提出以来，人类命运共同体理念的理论内涵不断丰富，思想体系日趋完善，既具有鲜明中国特色，又蕴含全人类共同价值。党的二十届三中全会公报再次强调指出，必须坚定奉行独立自主的和平外交政策，推动构建人类命运共同体。③

（一）建立持久和平的伙伴关系

和平是人类社会最大的共同利益，也是各国人民最大的共同期盼。在百年未有之大变局的背景下，部分国家奉行零和博弈思维，强调"一方所得即另一方所失"，片面追求绝对安全和垄断优势，甚至牺牲他国利益来换取本国利益，加剧了国际社会中的霸权主义、强权主义、结盟对抗以及冷战思维逆潮，不符合世界各国人民对和

---

① 习近平：《高举中国特色社会主义伟大旗帜　为全面建设社会主义现代化国家而团结奋斗——在中国共产党第二十次全国代表大会上的报告》，载于中国政府网，2022 年 10 月 25 日。

② 王文起：《人类命运共同体与中国国际话语权的构建》，载于中国社会科学网，2023 年 10 月 4 日。

③ 《中国共产党第二十届中央委员会第三次全体会议公报》，载于中国政府网，2024 年 7 月 18 日。

平的共同愿望，也不利于实现国与国之间的利益协调与合作共赢。①
究其原因，是以西方发达国家为中心的全球治理体系难以应对当今
的国际政治变局，不能公平对待冷战后新兴崛起的发展中国家；依
附于该体系的传统国际关系理论也难以解决世界持久和平稳定问题，
无法凝聚人类社会的共同利益和普遍共识。因此，推动全球治理体
系变革是大势所趋，构建新型国际关系成为迫切要求。在新旧国际
秩序转换的关键时期，习近平总书记提出人类命运共同体理念，为
全球治理提供了新的思路，为维护世界和平与促进共同发展指明了
方向。

中华民族历来秉持天下大同理念，具有"以和为贵""协和万
邦""和衷共济"的文化特质，强调"周济天下，而无过"的政治理
念，塑造了中国国际秩序观念中"和合共生"的价值取向。② 在对
外交往实践中，中国坚持走和平发展道路，奉行独立自主的和平外
交政策，在和平共处五项原则基础上同各国发展友好合作。人类命
运共同体理念传承中华传统文化中的"和合"基因，继承与发扬联
合国宪章的宗旨和原则，倡导建立"相互尊重、公平正义、合作共
赢"的新型国际关系。秉承这一理念，中国尊重各国合理关切，维
护真正的多边主义，致力于扩大同各国利益的汇合点，建立"对话

① 刘波：《百年未有之大变局下全球治理面临的挑战及中国的参与路径》，《教学
与研究》2020 年第 12 期。
② 门洪华：《构建新型国际关系：中国的责任与担当》，《世界经济与政治》2016
年第 3 期。

而不对抗、结伴而不结盟"的伙伴关系，推动国际秩序朝着更加公正合理的方向发展，维护世界和平与稳定。人类命运共同体理念强调各个国家以谈判和对话的方式协调冲突、缓解矛盾，通过协商的方式实现世界各国的利益最大化，有利于凝聚世界各国共识，将有效改善全球治理，推进国际关系民主化发展。[①]2017 年 2 月，"构建人类命运共同体"理念首次被写入联合国决议，随后又被陆续写入联合国大会、安理会、人权理事会等多边机制重要文件，得到国际社会越来越多的支持和认同。

（二）建立普遍安全的安全共同体

随着世界进入新的动荡变革期，全球安全危机不断加剧，单边主义、集团政治和阵营对抗回归，强化了国际安全环境的不确定性和各国的不安全感，也破坏了全球共识的维持及全球多边合作的基础。[②] 如何满足世界上大多数国家的安全诉求，促进国家之间安全互动朝着维护国际体系和平与稳定的方向发展，再次成为人类面临的共同问题。作为传统国际安全理论的三大范式，现实主义、自由主义和建构主义分别就国际安全问题提出了各自的解决方案。现实主义安全范式遵循权力路径，主张通过联盟、霸权、威慑等手段保障安全，但这些方式只能在短期内构建势力相对均衡状态，无法从

[①] 朱清秀：《推动构建新型国际关系　促进世界和平与发展》，载于中国社会科学网，2023 年 2 月 22 日。

[②] 王学玉：《全球安全倡议：确立国际安全新架构》，《人民论坛·学术前沿》2023 年第 13 期。

根源上彻底打破人类面临的安全困境；自由主义安全范式提出"民主和平"、复合相互依存、集体安全以及通过国际制度维护国际安全的策略，但这些工具本质上依旧是服务于霸权国家维护自身霸权体系的目的；建构主义范式主张构建集体认同和多元安全共同体，但过于突出主体的作用，忽视了共同利益在国际安全中的作用。总体而言，传统的国际安全观虽然都在一定程度上解释了国际格局的演化和发展，但是均未超越利益冲突和权力政治的窠臼，亦难以避免地缘政治冲突的逻辑，不能解决当今世界安全问题的复杂性、联动性和挑战性。①

　　面对当前的全球安全赤字，国际安全治理迫切需要超越已有的国际安全理论与范式，并结合当前国际安全冲突的复杂现实和实践逻辑提出新思路和新框架，塑造全球安全新共识。作为联合国安理会常任理事国和最大的发展中国家，中国基于人类安全命运紧密相连的现实，摒弃了传统安全观的利益冲突视角，提出了人类命运共同体理念和全球安全倡议，是对马克思主义安全观以及马克思共同体思想的继承和创新，也是对全球安全和稳定的正向引导。② 人类命运共同体的国际安全供给方案将普遍安全作为内在要求，认为世界各国都应得到普遍的安全，同时也都有维护国际和平和国际安全

　　① 徐坡岭：《世界和平的中国价值与中国方案：构建人类命运共同体——学习领会习近平新时代中国特色社会主义思想》，《学习与实践》2017 年第 11 期。

　　② 王公龙、韩旭：《人类命运共同体思想的四重维度探析》，《上海行政学院学报》2016 年第 3 期。

的责任，重视利益共同体在国际安全中的基础性作用，强调平等协商、互信互利和公平正义等价值，旨在实现各主体共建共享的合作安全、发展安全和共同安全。只有坚守"共同、综合、合作、可持续"的安全观，坚持人类安全共同体理念，维护以联合国为核心的国际体系和以国际法为基础的国际秩序，才能破解全球安全困境，营造稳定、和谐、安全的国际环境。

（三）建立共同繁荣的发展共同体

发展是人类社会的永恒主题，谋发展、促合作是各国人民的共同期待。当今世界进入新的动荡变革期，经济全球化遭遇民粹主义、贸易保护主义和"逆全球化"思潮等逆流，南北差距、发展断层、技术鸿沟等问题更加突出，世界经济发展面临着风险和挑战，"全球南方"国家尤其深受其害。然而，目前的全球治理体系受西方式现代化的资本逻辑支配，等级性和剥削性有余而平等性和公共性不足，难以反映当前国际力量对比的变化，亦难以有效应对世界性的共同发展问题。[①]中国国家主席习近平在和平共处五项原则发表 60 周年纪念大会上指出："各国在谋求自身发展时，应该积极促进其他国家共同发展，让发展成果更多更好惠及各国人民。"[②] 作为世界经济稳定增长的重要引擎之一，"全球南方"国家正在发出共同推动国际治

---

① 刘同舫：《构建人类命运共同体对历史唯物主义的原创性贡献》，《中国社会科学》2018 年第 7 期。

② 习近平：《弘扬和平共处五项原则　建设合作共赢美好世界》，人民出版社 2014 年版，第 8—9 页。

理体系变革的有力声音，希望维护自身的正当发展权利和发展空间，提升自身在全球治理中的话语权和代表性。

中国古代哲学强调"以义统利""以天下为己任""义利并举、以义为先"，将重义轻利作为首要价值取向。作为最大的发展中国家和全球南方的当然成员，中国遵循创新、协调、绿色、开放、共享的新发展理念，坚持以高质量发展推进中国式现代化，并且充分展现大国担当，将"计利当计天下利"的价值取向拓展到中国外交理念和实践中，提出了共建"一带一路"倡议和全球发展倡议，努力帮助各国"打破发展瓶颈，缩小发展差距，共享发展成果，打造甘苦与共、命运相连的发展共同体"。① 人类命运共同体理念是中国向世界提供的公共产品，该理念倡导同舟共济、团结合作，旨在让发展成果更多更公平惠及每一个国家每一个人，为携手推进共同现代化提供了可行的路径。人类命运共同体理念尤其关注发展中国家面临的严峻挑战，强调提升全球发展的公平性、有效性和包容性，有利于顺应"和平、发展、合作、共赢"历史潮流，推动构建团结、平等、均衡、普惠的全球发展伙伴关系，让各国人民共享经济全球化的发展成果，推动全球治理朝着更加公正合理的方向发展。

（四）建立开放包容的文明共同体

文明的包容多样是人类进步的动力，在人类文明深度融合的背景下，唯有加强文明交流互鉴、推动构建文明共同体，才能推动人

---

① 仲音：《发展是实现人民幸福的关键——共同构建全球发展共同体》，《人民日报》2022 年 8 月 26 日。

类文明进步和世界和平发展。在人类文明发展的历史进程中，资本主义文明的扩张一方面打破了各民族文明孤立发展，提高了落后国家的生产力发展水平；另一方面宣扬西式民主的"普世价值观"，认为西方文明是世界的最高标准，激化了各文明之间的对抗冲突。①伴随着世界进入新的动荡变革期，"文明优越""文明冲突""文化霸权"等观念的影响不断加深，不利于多元文明之间的交流对话，也不符合各国人民对美好未来的共同追求。②面对这一问题，人类命运共同体的文化构建是对现存文化霸权的有力抵制，也是对当今不同文明冲突的有效调和，更是对未来文化发展方向的前瞻性预判，③有利于促进不同文明之间的正常交流，推动文明交流互鉴。

中华文明具有开放、包容和尊重的鲜明特征，强调"和而不同""兼收并蓄""各美其美、美美与共"等精神观念，"中华文明具有突出的包容性，从根本上决定了中华民族交往交流交融的历史取向，决定了中国各宗教信仰多元并存的和谐格局，决定了中华文化对世界文明兼收并蓄的开放胸怀"④。中国倡导构建开放包容的命运共同体、提出全球文明倡议，主张各国共同倡导尊重世界文明多样

---

① 柴琳：《走和平发展道路的中国式现代化：历史进程与世界意义》，《东北亚论坛》2023年第6期。

② 张馨：《全球文明倡议照亮各国携手构建人类命运共同体大道》，《学习时报》2023年6月27日。

③ 陈强：《"人类命运共同体"的文化构建与"精神丝绸之路"》，《西北民族大学学报（哲学社会科学版）》2016年第4期。

④ 《习近平出席文化传承发展座谈会并发表重要讲话》，载于中国政府网，2023年6月2日。

性、共同倡导弘扬全人类共同价值、共同倡导重视文明传承和创新、共同倡导加强国际人文交流合作。人类命运共同体理念有利于消解矛盾差异、增进相互认知，从而超越"文明冲突论"和"西方中心论"，破解当今世界文化交流的困境，推动人类文明在多样性中交流互鉴、合作发展。

（五）建立绿色可持续的人与自然生命共同体

建立在近现代资本主义社会基础上的工业文明发展模式推动了人类发展的巨大进步，但工业文明价值观中包含的理性主义、人类中心主义和"主客二元对立"哲学造成了人与自然关系的高度紧张。[①]在此背景下，生态文明成为人类文明发展必然的理性选择。面对当前大气污染、能源短缺、生物多样性减少等全球性问题日益严重的现状，人类命运共同体中的生态自然观摒弃了"人与自然对立"的传统理念，借鉴马克思主义辩证自然观和中国传统生态观，以整体性思维和系统性思维将人类与自然统一于"生命共同体"当中。[②]人与自然生命共同体着眼于人与自然环境的相互依存、相互促进、共处共融的发展目标，为人与自然的关系的再定位提供了重要的思想指导。

中华传统文化包含"万物各得其和以生，各得其养以成"的辩证哲学思想，讲求"天人合一""道法自然"。中国重视生态文明建

---

① 黄承梁：《从人统治自然的哲学走向人与自然和谐共生的哲学——论中国马克思主义生态哲学的构建》，《马克思主义研究》2023 年第 3 期。

② 魏华、卢黎歌：《习近平生态文明思想的内涵、特征与时代价值》，《西安交通大学学报（社会科学版）》2019 年第 3 期。

设的重要性，中国式现代化是人与自然和谐共生的现代化。人与自然生命共同体强调"坚持人与自然和谐共生、坚持绿色发展、坚持系统治理、坚持以人为本、坚持多边主义、坚持共同但有区别的责任原则"，体现了中国应对气候变化和推动全人类可持续发展的责任担当。只有坚持人类命运共同体理念，尊重和维护各个国家和人民的生态权益和发展权益，积极推动全球生态治理，并促使各国主动承担起同国情、发展阶段和能力相适应的生态责任，才能更好地应对气候变化、海洋污染、生物保护等全球性环境问题，促进全球环境治理，推动人与自然的和谐发展。①

二、制度保障：中国特色社会主义

时代是思想之母，实践是理论之源。一个民族要走在时代前列，就不能没有理论思维，就不能离开正确思想指引。党的二十大报告指出："实践告诉我们，中国共产党为什么能，中国特色社会主义为什么好，归根到底是马克思主义行，是中国化时代化的马克思主义行。"中国特色社会主义制度是被实践证明了的关于中国革命、建设、改革和新时代的正确的理论总结，是科学的制度体系，是当代中国发展进步的根本保障。

"中国特色社会主义制度是一个科学完备的体系，由十四个基本

---

① 于江、张伟鹏：《坚持绿色发展观　构建"人与自然生命共同体"》，《光明日报》2021 年 8 月 26 日。

方略构成"①，全面涵盖了新时代中国的政治、经济、法治、科技、文化、民生、民族、宗教、社会、生态、安全、主权、统战和外交，指明了新时代坚持和发展中国特色社会主义的总目标、总任务、总体布局，以及发展方向、发展方式、发展动力等基本问题，逻辑严密、内涵丰富、融会贯通，开辟了马克思主义中国化时代化的新境界。坚持和完善中国特色社会主义制度，关键是要把握好其中所蕴含的世界观和方法论，坚持好、运用好贯穿其中的立场、观点和方法。

（一）坚持党的领导

党政军民学，东西南北中，党是领导一切的。中国共产党的领导是中国特色社会主义的最本质特征，是中国特色社会主义制度的最大优势。坚持党的领导，就必须增强"四个意识"、坚定"四个自信"、做到"两个维护"，自觉在思想上、政治上、行动上与党中央保持高度一致。要建立和完善坚持党的领导的组织体系、制度体系和工作机制，切实把党的领导落实到改革发展稳定、治党治国治军、内政外交国防等各领域、各方面、各环节。坚持稳中求进的工作总基调，统筹推进"五位一体"总体布局，协调推进"四个全面"战略布局，提高党把方向、谋大局、定政策、促改革的能力和定力，确保党始终总揽全局、协调各方。

（二）坚持人民至上

人民是历史的创造者，是决定党和国家前途命运的根本力量。

---

① 习近平：《决胜全面建成小康社会夺取新时代中国特色社会主义伟大胜利——在中国共产党第十九次全国代表大会上的报告》，人民出版社 2017 年版，第 20—26 页。

人民的创造性实践是理论创新的不竭源泉，一切脱离人民的理论都是苍白无力的，一切不为人民造福的理论都是没有生命力的。坚持人民至上，是贯穿习近平新时代中国特色社会主义思想的一条红线。必须坚持人民主体地位，坚持立党为公、执政为民，践行全心全意为人民服务的根本宗旨，把党的群众路线贯彻到治国理政的全部活动之中，站稳人民立场、把握人民愿望，把增进人民福祉、促进人的全面发展和全体人民共同富裕作为一切工作的出发点和落脚点，确保党的理论和路线方针政策符合最广大人民的根本利益。党的十八大以来，无论是推进健康中国、平安中国、美丽中国建设，还是坚持"人民至上、生命至上"打赢新冠疫情防控阻击战，都充分展现了习近平总书记"我将无我，不负人民"的深厚情怀和使命担当，展现了习近平新时代中国特色社会主义思想的鲜明本色和根本立场。

（三）坚持自信自立

自信是中华民族素有的精神气度，自立是我们立党立国的重要原则。中国人民和中华民族从近代以后的深重苦难走向伟大复兴的光明前景，从来就没有教科书，更没有现成答案。马克思主义的中国篇章是中国共产党人依靠自身力量实践出来的，贯穿其中的一个基本点就是中国的问题必须从中国基本国情出发，由中国人自己来解答。首先，这种自信自立是党和人民的事业不断从胜利走向胜利的根本所在。要坚持共产主义理想和社会主义信念，坚定中国特色社会主义道路自信、理论自信、制度自信、文化自信，坚定历史自信、增强历史主动。其次，这种自信自立是中国人民和中华民族的内在气质和精神风貌。它根源于中华民族光辉灿烂的五千年文明发展史，来自中国共产党的百年奋斗历程和七十多年执政兴国经验，并彰显于新时代中国特色社会主义的伟大实践，是我们全部理论和实践的立足点。再次，这种自信自立是中国这样的大国必须坚持的重要原则。要坚持对马克思主义的坚定信仰、对中国特色社会主义的坚定信念，增强民族自尊心和自信心，在重大政治问题上有定力、有主见，不信邪、不怕鬼、不怕压，在任何时候任何情况下都坚定"四个自信"，把中国发展进步的主动权牢牢掌握在自己手中。最后，这种自信自立不是盲目自大，更不是照搬照抄。坚持自信自立，就是要以更加积极的历史担当和创造精神为发展马克思主义作出新的贡献，反对各种形式的本本主义和教条主义，既不能无视快速变化的实际，刻舟求剑、盲目自大，也不能一切以外国经验为圭臬，照搬照抄、食洋不化。

（四）坚持守正创新

中国特色社会主义现代化道路是前无古人的伟大事业，守正才能不迷失方向、不犯颠覆性错误，创新才能把握时代要求，引领发展方向。一方面，要以科学的态度对待科学，以真理的精神追求真理，始终坚持马克思主义基本原理不动摇，坚持党的全面领导不动摇，坚持从中国的实际出发不动摇，紧跟时代步伐、顺应实践发展，不断拓展认识的广度和深度，以新的理论指导新的实践。另一方面，只有社会主义才能救中国，只有改革开放才能发展中国。必须坚持和完善中国特色社会主义制度，不断推进国家治理体系和治理能力现代化，坚决破除一切不合时宜的思想观念和体制机制弊端，突破利益固化的藩篱，吸收人类文明有益成果，构建系统完备、科学规范、运行有效的制度体系，如此才能充分发挥我国社会主义制度的优越性。

（五）坚持问题导向

问题是时代的声音，回答并指导解决问题是理论的根本任务。今天我们所面临问题的复杂程度、解决问题的艰巨程度都明显加大，给理论创新提出了全新的要求。新时代党和国家事业发展所面临的一系列重大问题，集中概括起来就是新时代坚持和发展什么样的中国特色社会主义，怎样坚持和发展中国特色社会主义，建设什么样的社会主义现代化强国，怎样建设社会主义现代化强国，建设什么样的长期执政的马克思主义政党，怎样建设长期执政的马克思主义政党。时代是出卷人，我们是答卷人，人民是阅卷人。一方面，要增强问题意识，时刻保持清醒头脑和敏锐眼光，敢于正视问题、善于发现问题、瞄准问题、迎难而上，才能真正把握历史脉络、找到发展规律，推动理论创新。另一方面，要认真研究解决重大而紧迫的问题，聆听时代声音、回应时代呼唤，聚焦实践中遇到的新问题、改革发展稳定中存在的深层次问题、人民群众中的急、难、愁、盼问题、国际变局中的重大问题、党的建设中的突出问题，不断提出真正解决问题的新理念、新思路和新办法，不断开创党和国家事业发展的新局面。

（六）坚持系统思维

万事万物是普遍联系、相互依存的。我国是一个发展中大国，仍处于社会主义初级阶段，正在经历广泛而深刻的社会变革，推动改革发展、调整利益关系往往牵一发而动全身。因此，要善于透过现象看本质、透过历史看现实，处理好全局与局部、当前与长远、宏观与微观、特殊与一般、主要矛盾与次要矛盾之间的关系，不断提高辩证思维、战略思维、历史思维、系统思维和底线思维能力，为前瞻性思考、全局性谋划、整体性推进中国特色社会主义各项事业提供科学的思维方法。党的十八大以来，以习近平同志为核心的党中央始终坚持系统思维、全局谋划，统筹推进"五位一体"总体布局、协调推进"四个全面"战略布局，对党和国家各项事业的发展作出了科学完整的战略部署：一是强调经济社会发展是一个系统工程，必须综合考虑政治和经济、当前和长远、物质和文化、发展和民主、资源和生态、国内和国际等多方面因素。二是强调全面深化改革需要加强顶层设计和整体谋划，做到全局与局部相配套、治标与治本相结合、渐进与突破相衔接，实现整体推进与重点突破相统一。三是强调全面推进依法治国必须统筹兼顾、把握重点、整体谋划，在共同推进上着力，在一体建设上用劲。四是强调统筹疫情防控和经济社会发展，做到疫情要防住、经济要稳住、发展要安全。

（七）坚持胸怀天下

中国共产党是为中国人民谋幸福、为中华民族谋复兴的党，也是为人类谋进步、为世界谋大同的党。进入新时代，中华民族伟大复兴战略布局与世界百年未有之大变局出现历史性交汇。与此同时，当今世界之变、时代之变、历史之变正以前所未有的方式展开，和平赤字、发展赤字、安全赤字、治理赤字加重，世界进入新的动荡变革期。因此，我们要拓展世界眼光，深刻洞察人类发展进步潮流，积极回应各国人民普遍关切，努力解决全球公共治理问题，以海纳百川的宽阔胸襟吸收借鉴人类一切优秀文明成果，推动不同文明交流互鉴，致力于推动构建人类命运共同体，为维护世界和平、促进共同发展提供中国智慧、中国方案，凸显中国特有的大国风范和大国担当。

三、必由之路：中国式现代化

"中国式现代化，是中国共产党领导的社会主义现代化，既有各国现代化的共同特征，更有基于自己国情的中国特色，其本质要求为：坚持中国共产党领导，坚持中国特色社会主义，实现高质量发展，发展全过程人民民主，丰富人民精神世界，实现全体人民共同富裕，促进人与自然和谐共生，推动构建人类命运共同体，创造人类文明新形态。"①

自新中国成立开始，中国共产党既团结和带领全国各族人民，历经社会主义改造和社会主义建设时期、改革开放新时期，直至新世纪新时代，不断在实践中探索适合中国国情的现代化发展道路。党的十八大以来，以习近平同志为核心的党中央，坚持把马克

① 习近平：《高举中国特色社会主义伟大旗帜 为全面建设社会主义现代化国家而团结奋斗——在中国共产党第二十次全国代表大会上的报告》，人民出版社 2022 年版，第 22—25 页。

思主义基本原理同中国具体实际相结合、同中华优秀传统文化相结合。深刻总结并充分运用以上历史经验，创立了习近平新时代中国特色社会主义思想，明确坚持和发展中国特色社会主义，总任务是实现社会主义现代化和中华民族伟大复兴，在全面建成小康社会的基础上，分两步走在 21 世纪中叶建成富强民主文明和谐美丽的社会主义现代化强国，以中国式现代化全面推进中华民族伟大复兴。党的二十届三中全会则向全党发出了更为细化、具体的行动指南，即要聚焦构建高水平社会主义市场经济体制，聚焦发展全过程人民民主，聚焦建设社会主义文化强国，聚焦提高人民生活品质，聚焦建设美丽中国，聚焦建设更高水平平安中国，聚焦提高党的领导水平和长期执政能力，继续把改革推向前进，到二○二九年中华人民共和国成立八十周年时，完成第二十届三中全会提出的改革任务。到二○三五年，全面建成高水平社会主义市场经济体制，中国特色社会主义制度更加完善，基本实现国家治理体系和治理能力现代化，基本实现社会主义现代化，为到 21 世纪中叶全面建成社会主义现代化强国奠定坚实基础。[①]

综上所述，中国式现代化是中国共产党领导的社会主义现代化，是具有中国特色、符合中国实际的现代化，是实现中华民族伟大复兴的光明大道。以中国式现代化全面推进中华民族伟大复兴，必须把握好以下五个基于中国国情的特点：

[①] 《中国共产党第二十届中央委员会第三次全体会议公报》，载于中国政府网，2024 年 7 月 18 日。

（一）中国式现代化是人口规模巨大的现代化

我国人口多、底子薄，要使一个 14 亿人口的超大社会整体迈入现代化，其艰巨性和复杂性前所未有，其发展途径和推进方式也必须遵循自身的特点。当今世界，虽然大多数国家都在努力推进现代化，但真正全面建成现代化的国家只是少数。一些发展中国家罔顾自身国情和传统，照搬全盘西化的现代化模式，结果发展过程举步维艰。归根结底，世界上没有一个国家、一个民族可以通过照搬外国模式、依赖外部力量来实现自身的现代化。中国的现代化进程之所以能够取得今天这样举世瞩目的成就，根本原因就在于中国的现代化是由中国共产党领导的、是走社会主义道路的、是一切从中国实际出发的现代化。

中国仍处于并将长期处于社会主义初级阶段，仍然是世界上最大的发展中国家，这是现阶段我国最大的国情，决定了要把我国建设成为富强民主文明和谐美丽的社会主义现代化国家，仍需付出长期艰苦的努力。因此，我们想问题、办事情要始终从国情出发，既不能好高骛远，也不能因循守旧，要集中精力办好自己的事情，抓住发展这一党执政兴国的第一要务，继续把握并用好重要战略机遇期，在准确把握历史规律、时代主题、发展趋势的基础之上科学谋划、正确决策、积极作为，在聚精会神搞建设、扎扎实实谋发展中实现新时代现代化奋斗目标。

（二）中国式现代化是全体人民共同富裕的现代化

共同富裕是中国特色社会主义的本质要求，实现共同富裕是中国共产党团结和带领全国人民进行现代化建设的出发点和落脚点。在人口众多、基础薄弱的中国实现共同富裕是一个长期的历史过程，同时也不仅仅是一个经济问题，而且是关系党的执政基础的重大政治问题。必须着力维护和促进社会公平正义，着力促进全体人民共同富裕，坚决防止两极分化。

中国式现代化坚持把实现人民对美好生活的向往作为现代化建设的出发点和落脚点，始终坚持以人民为中心的发展思路，通过高质量的发展促进共同富裕的实现，自觉主动地缩小城乡差距、地区差距和收入差距，努力提高发展的协调性、均衡性和包容性。首先，要鼓励勤劳创新致富，给更多的人创造致富机会。在普惠公平的基础上提高人民受教育程度、增强其发展能力，以畅通向上流动渠道，防止社会阶层固化。其次，要处理好效率与公平的关系，完善收入分配制度。构建初次分配、再分配、第三次分配协调配套的基础性制度安排，建立科学的公共治理体系，使发展成果更多更好地惠及全体人民。再次，要尽力而为、量力而行，持续保障和改善民生。在经济发展和财力允许的基础上，重点加强基础性、普惠性和兜底性民生保障建设。最后，全体人民共同富裕也不能等同于整齐划一的同时富裕，要注意克服平均主义，允许一部分人先富起来。

（三）中国式现代化是物质文明和精神文明相协调的现代化

物质富足、精神富有是社会主义现代化的根本要求。物质贫困不是社会主义，精神贫乏也不是社会主义，没有社会主义文化的大繁荣、大发展，就没有社会主义现代化。中国式现代化在不断厚植现代化的物质基础，不断夯实人民幸福生活的物质条件的同时，也注重大力发展社会主义先进文化，加强理想信念教育，传承中华文明，促进物的全面丰富和人的全面发展。

中国特色社会主义现代化文化建设是一个全面发展、全面进步的系统工程，具体做法是：第一，必须坚持马克思主义在意识形态领域的指导地位，不断推进马克思主义中国化、时代化。第二，大力弘扬和践行社会主义核心价值观，要采取教育引导、舆论宣传、文化熏陶、实践养成及制度保障等多种方式，使社会主义核心价值观内化为群众的精神追求、外化为群众的自觉行动。第三，推动理想信念教育常态化制度化，加强中共党史、新中国史、社会主义发展史和改革开放史教育，加强爱国主义、集体主义、社会主义教育，以凝聚人心、激励斗志。第四，推动革命文化、社会主义文化和中华优秀传统文化的继承和发展，建设社会主义文化强国。第五，坚持社会效益优先，社会效益与经济效益相结合，推动文化事业全面发展，文艺创作不断繁荣，完善公共文化服务体系，为人民群众提供更多更好的精神食粮。

（四）中国式现代化是人与自然和谐共生的现代化

人与自然是生命共同体，无止境地向自然索取甚至破坏自然必然会遭到大自然的报复。必须坚持可持续发展，中国式现代化坚持可持续发展战略，坚持节约优先、保护优先、自然恢复为主的方针，像保护眼睛一样保护自然和生态环境，坚定不移走生产发展、生活富裕、生态良好的文明发展道路，实现中华民族永续发展。

中国式现代化道路在实施过程中，必须把握好生产发展与生态保护之间的关系，绝不走西方国家"先污染后治理"的老路。首先，必须坚持"绿水青山就是金山银山"的理念，坚持不懈推动绿色低碳发展，把实现减污降碳协同增效作为促进经济社会发展全面绿色转型的总抓手，加快推动产业结构、能源结构、交通运输结构、用地结构调整，形成绿色发展方式。其次，必须加快形成节约资源和保护环境的空间格局，把经济活动、人的行为限制在自然资源和生态环境能够承受的限度以内，给自然生态留下休养生息的时间和空间。第三，必须集中攻克老百姓身边的突出生态环境问题，坚持精准治污、科学治污、依法治污，以更高标准打好蓝天保卫战、碧水保卫战、净土保卫战。第四，必须推进山水林田湖草沙一体化保护和修复，加快构建以国家公园为主体的自然保护地体系，加强生物多样性保护，提升生态系统质量和稳定性。最后，必须建立健全体制机制和政策体系，完善环境保护、节能减排约束性指标管理，提高生态环境治理体系和治理能力现代化水平。

（五）中国式现代化是走和平发展道路的现代化

中国不走一些国家通过战争、殖民、掠夺等方式实现现代化的老路，那种损人利己、充满血腥罪恶的老路给广大发展中国家人民带来深重苦难。中国式现代化坚定站在历史正确的一边、站在人类文明进步的一边，高举和平、发展、合作、共赢旗帜，在坚定维护世界和平与发展中谋求自身发展，又以自身发展更好维护世界和平与发展。

中国式现代化强调同世界各国互利共赢，推动构建人类命运共同体，努力为人类和平与发展作贡献：首先，坚持独立自主的和平外交政策，推动构建新型国际关系。中国主张国与国之间应当相互尊重、平等协商，以对话弥合分歧，以谈判化解争端，反对一切形式的霸权主义和强权政治，推动各国共同走和平发展道路，推动构建新型国际关系。其次，坚持不断提高对外开放水平，推动共建"一带一路"。中国积极推进合作共赢的开放体系建设，不断提高自身对外开放水平，推动贸易和投资的自由化、便利化，推动共建"一带一路"高质量发展，支持建立更加公平、开放、包容的多边贸易体制。最后，积极发展伙伴关系，推动完善全球治理。中国坚定维护以联合国为核心的国际体系、以国际法为基础的国际秩序、以联合国宪章宗旨和原则为基础的国际关系基本准则，维护和践行真正的多边主义，与世界各国积极发展伙伴关系，增进政治互信、深化务实合作。推动构建人类命运共同体，完善全球治理体系。

第三节　中国方案

党的二十大报告指出，当前"世界之变、时代之变、历史之变正以前所未有的方式展开"，世界发展过程中的不确定和不稳定因素增多，"世界又一次站在历史的十字路口"，选择团结还是分裂，开放还是封闭，合作还是对抗，关乎人类整体利益，也考验着各国的智慧。① 立足百年未有之大变局，习近平总书记从宏观的历史视野和全人类共同利益出发，提出了与各国携手共建人类命运共同体的解决方案，并在此基础上，紧扣人类社会进步的三大主题，提出了全球发展倡议、全球安全倡议和全球文明倡议，为发展和落实人类命运共同体理念建立了"三大支柱"。作为新时代中国外交和中国对外话语体系的重要内容，全球三大倡议是中国打破西方话语霸权，提升中国国际话语权的重要努力，同时也彰显了中国在提供全球公共产品方面的大国担当，为国际社会面临的挑战提供了解决方案。

一、安全方案：全球安全倡议

当前全球安全治理体系的不稳定性愈发增大，只有回答好"世界需要什么样的安全理念、各国怎样实现共同安全"这一问题，才能尽快弥补全球安全赤字、构建稳定的世界安全格局。在 2022 年 4 月 21 日的博鳌亚洲论坛年会开幕式演讲中，习近平主席郑重提出了全球安全倡议，其核心理念和原则包括彼此联系、相互呼应的"六个坚持"，即坚持共同、综合、合作、可持续的安全观；坚持尊重各国主权、领土完整；坚持遵守联合国宪章宗旨和原则；坚持重视各国合理安全关切；坚持通过对话协商以和平方式解决国家间的分歧

---

① 习近平：《高举中国特色社会主义伟大旗帜　为全面建设社会主义现代化国家而团结奋斗——在中国共产党第二十次全国代表大会上的报告》，载于中国政府网，2022 年 10 月 25 日。

和争端；坚持统筹维护传统领域和非传统领域安全，[①] 为应对人类安全困境、构建人类安全共同体提供了重要的理念指引。

（一）全球安全观是核心要义

全球安全倡议将全球安全观作为核心要义。西方的传统安全理念以无政府状态为逻辑起点，无论是现实主义的均势安全观、霸权安全观、地缘安全观；还是自由主义的民主和平安全观、集体安全观、复合相互依赖安全观；抑或是建构主义的集体认同和多元安全共同体，均未摆脱西方中心主义的自我优越感，甚至通过牺牲别国的安全来追求或扩大自身的绝对安全，极易引发国家间的信任缺失和安全困境，加剧全球安全治理的失序。[②] 面对当今世界的安全挑战，习近平主席从人类前途命运出发提出"共同、综合、合作、可持续"的安全观，是对单边主义、霸权主义、孤立主义、零和博弈和结盟对抗等狭隘安全观念的纠偏。共同安全认识到各国安全是紧密联系的，强调尊重和保障每一个国家的安全，反对牺牲别国的安全来追求或扩大自身的安全。综合安全看清了全球化时代安全问题的联动性本质，以系统思维而不是孤立思维看待安全问题，要求各国多管齐下、综合施策，既着力解决当前突出的安全问题，又科学应对各类潜在安全威胁，统筹维护传统领域和非传统领域安全。合

---

① 习近平：《携手迎接挑战，合作开创未来——在博鳌亚洲论坛 2022 年年会开幕式上的主旨演讲（2022 年 4 月 21 日，北京）》，《光明日报》2022 年 4 月 22 日。

② 王灵桂、杨美姣：《全球安全倡议与西方安全观比较研究：创新与超越》，《国家安全研究》2022 年第 6 期。

作安全强调安全的共同性与合作性，主张所有国家和非国家行为体秉持共商、共建、共享的原则，通过坦诚对话和共同磋商的方式超越零和思维、增进战略互信，以合作谋和平、以合作促安全。可持续安全秉持发展和安全紧密联系和相互促进的观点，要求国家以发展为安全的最终目的，并通过发展化解矛盾，消除不安全的土壤，从而跳出安全困境和发展陷阱，形成发展和安全之间的良性循环。全球安全观是中国在全球安全治理领域的理论创新，为全球安全治理提供了新的内涵和理念指引，得到了国际社会的普遍认可。秉承全球安全观，中国不仅关注国际社会的和平稳定，而且关注人类社会的前途命运，致力于"加强安全领域合作，维护全球战略稳定，携手应对全球性挑战，推动构建人类命运共同体"。①

（二）坚持国际法主权原则是基本前提

全球安全倡议将坚持国际法主权原则作为基本前提。国家主权的概念随近代民族国家体系的建立而诞生，主权原则是现代国际法和国际关系的基本准则之一。1970 年联合国大会通过的《关于各国依联合国宪章建立友好关系及合作之国际法原则之宣言》（以下简称《国际法原则之宣言》）明确宣告"各国不问经济、社会、政治或其他性质有何不同，均有平等权利与责任，并为国际社会之平等会员国"，各国充分遵从主权平等原则是实现联合国宗旨的必然

---

① 习近平：《坚持合作创新法治共赢 携手开展全球安全治理——在国际刑警组织第八十六届全体大会开幕式上的主旨演讲》，载于中国政府网，2017 年 9 月 26 日。

要求。① 全球安全倡议坚定维护国际法和国际关系基本准则，强调国家不分大小、强弱、贫富，都是国际社会的平等一员，各国内政不容干涉，主权和尊严必须得到尊重，自主选择社会制度和发展道路的权利必须得到维护。② 只有坚持尊重各国主权及领土完整，反对霸权主义、单边主义、强权政治，以及干涉、胁迫和非法单边制裁等行为，世界各国才能在平等的基础上实现和平发展、合作共赢。各国应当遵守《国际法原则之宣言》的规定，重视彼此合理安全关切，尊重彼此选择的发展道路，坚守和平、发展、公平、正义、民主、自由的全人类共同价值，从而弥补全球安全赤字，实现普遍安全、共同安全的命运共同体。

（三）联合国宪章宗旨和原则是根本遵循

全球安全倡议将坚持联合国宪章宗旨和原则作为根本遵循。联合国是国际体系的核心和多边主义的旗帜，《联合国宪章》确立了当代国际关系的基本准则，维护联合国宪章宗旨和原则对于保障世界和平与发展，构建公正、平等的国际秩序意义重大。当前国际社会中，大国竞争博弈和信任危机不断升级，地区安全热点问题此起彼伏，局部冲突和动荡频发，国际安全风险系数进一步增大。然而，部分国家打着所谓"规则"旗号破坏国际秩序，恶意塑造排他性的"小圈子""小集团"，强化意识形态对立和阵营对抗，导致全球安全

---

① 《关于各国依联合国宪章建立友好关系及合作之国际法原则之宣言》，载于中华人民共和国外交部网站，2004 年 4 月 8 日。

② 《全球安全倡议概念文件（全文）》，载于中国政府网，2023 年 2 月 21 日。

治理赤字进一步扩大。习近平主席指出："当今世界发生的各种对抗和不公，不是因为联合国宪章宗旨和原则过时了，而恰恰是由于这些宗旨和原则未能得到有效履行。"① 作为联合国安理会常任理事国之一，中国不仅坚定捍卫联合国宪章宗旨和原则，维护国际法为基础的国际秩序，而且积极发挥负责任大国作用，为解决当今世界安全问题贡献中国思路，提出了全球安全倡议。全球安全倡议传承并发展了中华文明的和合文化和天下观，强调各国应坚持以《联合国宪章》为根本遵循，捍卫主权平等、不干涉内政、不使用武力、尊重各国领土完整和政治独立等国际关系基本准则，维护真正的多边主义，反对冷战思维和单边主义，回应了联合国维护世界和平发展的目标，符合中国人民和世界人民的根本利益。

（四）构建安全共同体是长远目标

全球安全倡议将构建安全共同体作为长远目标。"随着全球化的发展演进，安全的内涵与外延不断拓展，安全问题的联动性、跨国性、多样性愈发凸显，各国人民安危与共、唇齿相依的态势更加明晰。"② 从本质上看，安全属于非排他性、非竞争性的全球公共产品，各国追求自身安全并非只能依靠零和博弈模式，以强权政治为核心的霸权安全和以追求权力平衡为核心的均势安全只会使相关国家的不安全感激增，并采取措施加强自身安全，最终陷入越来越不

---

① 《全球安全倡议概念文件（全文）》，载于中国政府网，2023 年 2 月 21 日。

② 习近平：《坚持合作创新法治共赢　携手开展全球安全治理——在国际刑警组织第八十六届全体大会开幕式上的主旨演讲》，载于中国政府网，2017 年 9 月 26 日。

安全的困境之中。中华优秀传统文化倡导和推崇天下无外的"天下观""和而不同"的价值理念、"保合太和"的安全目标、"万国咸宁"的安全理想，强调合作为先、"以和为贵"的处事原则。全球安全倡议从中华优秀传统文化中汲取智慧灵感，从捍卫世界各国人民共同安全的角度出发，创造性地提出人类是不可分割的安全共同体，不存在建立在别国不安全基础之上的绝对安全和独享安全，面对跨国性的安全问题，任何一个国家都无法仅凭维护自身安全而独善其身。安全共同体意味着各国安全是紧密联系的，在谋求自身安全时都应兼顾其他国家的合理安全关切，应坚持安全不可分割原则，统筹自身安全与共同安全、传统安全与非传统安全、安全权利与安全义务、安全与发展的关系，构建均衡、有效、可持续的安全架构，维护世界和平与稳定。①

（五）以和平方式解决争端是方法路径

全球安全倡议将坚持通过和平方式解决争端作为方法路径。国际争端是国际法主体之间就某一问题产生的事实上、法律观点上的争论、分歧或冲突。②历史经验表明，战争和制裁都不是解决争端的根本之道，如果秉持"你输我赢、你兴我衰"的冷战思维和零和博弈思维，拼凑二元对立的集团政治和阵营对抗，将引发恶性竞争，甚至导致冲突与对抗，加剧全球安全赤字。当前国际社会权力结构、

① 《全球安全倡议概念文件（全文）》，载于中国政府网，2023 年 2 月 21 日。

② Anne Peters, "International Dispute Settlement: A Network of Cooperational Duties," *European Journal of International Law*, Vol. 14, No. 1, Feb. 2003.

力量对比关系均发生重大变化，全球范围内单边主义和逆全球化思潮再现，地缘冲突和热点问题此起彼伏，都对国际法治与和平解决国际争端构成了挑战。只有通过对话协商，以和平方式解决国际分歧和争端，才是有效维护世界和平安宁的必由之路。① 根据目前国际争端解决的实践，和平解决国际争端的主要方式可以分为政治解决途径和法律解决途径两类：前者主要包括国家之间的谈判、磋商、斡旋与调停；后者则是指以国际法院、WTO 争端解决机制、国际海洋法法庭等机构为代表进行的调解、司法裁决与仲裁。全球安全倡议呼吁各方秉持以对话解争端、以协商化分歧的原则处理国际事务，鼓励冲突各方以对话建立互信、化解纷争、管控分歧，契合了构建"持久和平"的人类命运共同体的长远目标，为世界的和平安宁指出了可行思路。② 此外，全球安全倡议强调大国在解决国际和地区热点问题中的特殊责任，倡导大国应坚持公道正义，坚守国际法治和真正的多边主义，通过协商对话凝聚共识、劝和促谈，化解国家间的矛盾分歧，以和平的方式缓解国际冲突和争端。

（六）统筹传统与非传统安全是实施机制

全球安全倡议将统筹传统与非传统安全作为实施机制。传统安全被认为是安全中的核心问题，强调民族国家面临的政治和军事安全威胁，如国防问题、领土纠纷、主权问题、军事冲突等。冷战结

---

① 《全球安全倡议概念文件（全文）》，载于中国政府网，2023 年 2 月 21 日。
② 吴凡：《全球安全倡议的理论逻辑、基本特征与实践路径》，《社会主义研究》2023 年第 4 期。

束之后，经济全球化和新科技革命的深入发展增加了安全威胁的来源，也扩展了安全问题的内涵和外延，跨越国界、超越主权的非传统安全问题受到国际社会越来越多的关注。非传统安全问题是在政治安全和军事安全以外，对主权国家和人类整体生存发展构成挑战和威胁的安全问题，是全球安全治理领域不容忽视的重要方面。当今时代安全问题错综复杂，传统安全问题依旧存在，非传统安全问题也日益凸显，二者相互交织、相互融合、相互影响、相互转化，使得国家安全保障以及全球安全治理的任务更加艰巨。基于国际安全形势的变化，只有坚持系统思维，把传统安全问题和非传统安全问题综合起来作整体性考虑，才能更好地认清当前的安全形势，应对日益复杂化、综合化、系统化的现实安全挑战。① 全球安全倡议倡导各国践行共商共建共享的全球治理观，统筹应对传统与非传统安全威胁，通过加强国际合作，履行国际责任，共同应对恐怖主义、跨国犯罪、气候变化、自然灾害、网络安全、生物安全等全球性问题。唯其如此，才能有效防范化解安全困境，建立稳定的国际安全秩序，走共建、共享、共赢的安全之路。

综上所述，在全球安全治理实践中，中国不仅扮演世界和平的建设者、国际秩序的维护者、热点问题的斡旋者等多重角色，也发挥安全观念的引领者作用，为维护全人类的安全和发展积极贡献国际公共产品。作为具有中国特色的国际安全话语体系的重要组成部

① 马振超：《非传统安全问题凸显与维护我国国家安全的应对思考》，《中国人民公安大学学报（社会科学版）》2011年第1期。

分和人类命运共同体理念在安全领域的落实，全球安全倡议从核心要义、基本前提、根本遵循、长远目标、路径方法和实施机制等方面提出了全球安全治理的具体思路和对策，为弥补全球安全赤字、应对国际安全挑战、不断完善全球安全治理贡献了中国智慧和中国方案。

二、发展方案：全球发展倡议

发展是破解当前全球性问题的"金钥匙"，在百年未有之大变局与全球疫情的冲击下，世界经济增长低迷，经济复苏前景黯淡，全球发展的不充分、不平衡、动能不足、发展援助不完善、发展环境不理想、发展合作阻力大等问题仍然突出，体现了全球发展赤字的严重性，不符合国际社会对可持续发展的现实需求。① 面对全球发展治理失序失效的状态，国际社会对共同发展的期盼愈发殷切。为破解全球发展赤字的难题，习近平主席于 2021 年 9 月出席第 76 届联合国大会一般性辩论时提出了以"六个坚持"和八大合作领域为主要内容的全球发展倡议，并在党的二十大报告中强调中国愿加大对全球发展合作的资源投入，同国际社会一道努力落实全球发展倡议，加快构建人类命运共同体，获得了国际社会的高度评价。全球发展倡议是中国对外话语体系的重要内容，也是中国为助推全球可

---

① 吴志成、刘培东：《全球发展赤字与中国的治理实践》，《国际问题研究》2020年第 4 期。

持续发展提供的新型国际公共产品，为破解世界发展难题提供了中国理论、中国方案。

（一）发展优先是第一要义

发展是人类社会的永恒主题，也是各国的民心所向。随着全球化进程的不断深化，全球经济复苏艰难、发展质量不高、南北发展鸿沟拉大、国际发展合作动能不足等问题逐步显现，为应对国际社会面临的日益紧迫的全球发展赤字，联合国可持续发展峰会于 2015 年 9 月通过《改变我们的世界——2030 年可持续发展议程》（以下简称 2030 年议程）确立了 17 项可持续发展目标，旨在彻底解决社会、经济和环境三个维度的发展问题，推动国际社会的可持续发展。2030 年议程是当前国际社会对发展问题的最广泛共识，是人类愿景的最清晰蓝图。[①] 然而，在阵营对抗、零和博弈和冷战思维影响下，国际局势中大国竞争和地区冲突现象频发，民粹主义、单边主义和贸易保护主义逆流再度盛行，部分国家将发展议程政治化，通过"筑墙设垒""脱钩断链"等举措带偏了世界发展的方向，极大地阻碍了国际社会追求可持续发展的实践，掩盖了各国人民谋求发展的呼声。现有全球经济治理机制未能有效管控全球化的负面效应，导致全球发展环境进一步恶化，各国特别是发展中国家落实 2030 年议程面临严峻的挑战。

在此背景下，习近平总书记指出，和平与发展的时代主题没有

---

① 新华社国家高端智库：《全球发展倡议实践成就与世界贡献》，载于新华网，2023 年 9 月 20 日。

改变，并强调中国将"坚定站在历史正确的一边、站在人类文明进步的一边，高举和平、发展、合作、共赢旗帜，在坚定维护世界和平与发展中谋求自身发展，又以自身发展更好维护世界和平与发展"①。面对发展议题在国际议程中日益边缘化的趋势，中国提出全球发展倡议，与2030年议程在核心理念、行动宗旨、重点领域、落实路径等方面既高度契合，又相互补充，推动了对全球发展的再聚焦，凝聚起共促发展的国际共识。② 全球发展倡议主张将发展置于全球宏观政策框架的突出位置，倡导推动各国加强发展合作、各国人民共享发展成果，提升全球发展的公平性、有效性、协同性，构建更加平等均衡的全球发展伙伴关系。通过强调发展优先，全球发展倡议致力于超越由国际竞争带来的诸多制约发展的负面效应，矫正在动荡不安中有所偏离的历史航向，有利于在深层逻辑上破除化解全球发展的乱象根源和现实挑战。③

（二）人民中心是根本遵循

全球发展倡议将以人民为中心作为根本遵循。发展和现代化是两个紧密联系、相互促进的概念，包括社会、经济、文化等多个层

---

① 习近平：《高举中国特色社会主义伟大旗帜　为全面建设社会主义现代化国家而团结奋斗——在中国共产党第二十次全国代表大会上的报告》，载于中国政府网，2022年10月25日。

② 中国国际发展知识中心：《全球发展倡议落实进展报告2023》，载于中国国际发展知识中心网站，2023年6月21日。

③ 戴长征：《深刻把握全球发展倡议的多维价值》，《中国社会科学报》2023年7月21日。

面。西方资本主义在发展过程中促进了物质财富的增长和人类文明的进步，然而西方现代化观念奉行"以资本为中心"的发展逻辑和"资本至上"的价值取向，造成了人与自然、人与社会以及人类自身关系的异化，人被物化为资本的工具，从而丧失了能动性。①部分西方发达国家遵循以资本为中心的发展逻辑，在国内层面为维护垄断集团利益、迎合寡头政治而侵害广大人民群众权益；在国际层面以剥夺甚至牺牲其他民族或国家的发展来满足自身利益，这种发展路径不再适应当今时代的现实，不仅导致这些西方国家自身在经济重振问题上面临重重困境，也不利于全球经济的公平正义与可持续发展。

与西方以"资本为中心"的发展逻辑不同，中国在全面建设现代化国家的过程中，始终将人民作为决定性和主体性力量。中国共产党始终尊重人民主体地位，将"以人民为中心"的发展思想作为中国式现代化的重大原则，坚持党的领导、人民当家作主、依法治国有机统一，健全人民当家作主制度体系，充分激发全体人民的积极性、主动性、创造性和主人翁精神。习近平总书记提出的全球发展倡议和"现代化的本质是人的现代化""现代化的最终目标是实现人自由而全面的发展"等重要论断，体现了中华优秀传统文化中蕴含着的"民为邦本""为政以德"思想，是对马克思主义唯物史观的创造性运用，也是对西方发展逻辑和现代化观念的超越。全球发展

---

① 王岩、吴媚霞：《中国式现代化新道路与人类文明新形态的内在逻辑理路》，《思想理论教育》2021年第11期。

倡议秉持以人民为中心的核心理念，从人民的最根本利益出发，紧紧围绕人民、依靠人民，尊重和维护人民的基本权利，将增进人民福祉、实现人的全面发展作为出发点和落脚点，不断实现发展为了人民、发展依靠人民、发展成果由人民共享，是人类社会发展的基本准则。

（三）普惠包容是价值导向

全球发展倡议将普惠包容作为价值导向。西方国际政治经济学中的"霸权稳定论"强调霸权对于国际经济体系运转和国际经济秩序稳定的保障作用，然而在全球经济发展的实践中，霸权国家遵循自身的国家利益考量，容易产生将国际公共产品"私物化"的趋向，甚至将其作为维护霸权话语权乃至插手他国内政外交的武器。[1] 有些西方发展观用霸权逻辑构建了一套"西方优先"的全球经济治理体系，在零和博弈、"西方单赢"的发展模式下，大多数发展中国家更容易受到大规模国际制裁波及以及科技、经贸机制政治化等负面影响，自身经济复苏困难，南北发展差异的风险加大。[2] 随着经济全球化的不断加深，新兴经济体和发展中国家在世界经济中所占比重不断增加，致力于在世界舞台发出更多的声音，亟须改变美西方主导的发展模式所造成的全球发展失衡。

---

① 黄河、王润琦：《公共产品与国际经济秩序：起源、当前挑战与重塑》，《太平洋学报》2021 年第 5 期。

② 王秋怡：《普惠包容：夯实全球共同发展的基石》，《光明日报》2023 年 5 月 15 日。

全球发展倡议将发展置于全球宏观政策框架的突出位置，尊重各国平等参与和平等发展的权利，重视新兴发展中国家的发展关切，致力于提升全球发展的公平性、有效性和包容性，其落脚点是全人类共同价值和国际社会的共同发展，与霸权国家注重维持自身私利的做法存在重大区别。[①] 全球发展倡议坚持普惠包容的价值导向，关注发展中国家的特殊困难和关切，强调发展的充分性和平衡性，在全球层面的目标是解决国家间存在的发展不平衡、不充分问题，尤其是发展中国家与发达国家之间不断扩大的发展鸿沟；在国家层面的目标是解决国家内部存在的发展不平衡、不充分问题。普惠包容原则强调互利共赢、普惠平衡、协调包容、共同发展，有利于创造发展成果并使其惠及每一个国家，发展中国家可以由此获得充分的发展机会，摆脱发达国家消极影响，从而有利于超越"霸权稳定论"的局限，弥合南北发展鸿沟，也因此体现了发展理念的与时俱进和时代特征，彰显了全人类共同的利益和价值。

（四）科技创新是动力源泉

全球发展倡议将科技创新作为动力源泉。科技创新是推动经济社会发展的主要引擎，也是人类共同应对风险挑战、促进和平和发展的重要力量。世界现代化的历史证明，西方发达国家的成功崛起大都源自在科技革命中把握住历史机遇、提升科技创新能力。[②] 然

[①] 王镭：《全球发展倡议：促进共同发展的国际公共产品》，《社会科学文摘》2022 年第 9 期。

[②] 刘元春：《我国发展面临新的战略机遇》，《人民日报》2023 年 5 月 16 日。

而，面对发展中国家的群体性崛起，部分西方发达国家鼓动排他主义和保护主义的逆流，通过构筑封闭"小圈子"、极限制裁、"脱钩断链"等方式组建排他性科技联盟，维护自身在国际秩序中的既得利益，影响了发展中国家的正当发展权利，导致全球技术鸿沟进一步加深。全球发展倡议提议各国应该摒弃科技保护主义、科技民族主义思维，以合作共赢的理念开展科技合作，加快技术和科学知识的共享，弥合数字鸿沟，形成开放、公平、公正、非歧视的科技发展环境。秉承全球发展倡议开放共享的思维，中国在共建"一带一路"倡议的框架下与世界各国开展政府间科技合作，推进国际科技交流合作，并提出《国际科技合作倡议》，积极倡导并践行"开放、公平、公正、非歧视"的国际科技合作理念，坚持"科学无国界、惠及全人类"，携手共建全球科技共同体。①

（五）和谐共生是内在要求

全球发展倡议以和谐共生为内在要求。作为指导国际发展治理的主要思想，近现代资本主义发展模式主张通过工业化和现代化推进经济增长，然而在另一方面，这种发展模式以理性主义和人类中心主义为价值导向，逐渐造成了人与自然关系的对立和高度紧张。20 世纪 90 年代之后，全球发展治理的主体关系、治理手段、治理机制与治理目标都发生了深刻转型，狭隘的人类中心论和把人与自然对立起来的二元论逐渐被更加平等、更加合理的发展治理观念所

_____

① 新华社：《我国首次提出〈国际科技合作倡议〉构建全球科技共同体》，载于中国政府网，2023 年 11 月 7 日。

取代。①人与自然和谐共生是习近平生态文明思想的重要内容，是马克思主义关于人与自然关系的立场观点同中国生态文明建设实践相结合的重大成果，植根于中华优秀传统文化中"天人合一、万物并育"的生态智慧。习近平主席指出"人与自然是生命共同体"，强调"生态环境保护是功在当代、利在千秋的事业"，将人与自然和谐共生的理念贯穿中国生态文明建设和中国特色社会主义现代化建设的全局。和谐共生是全球发展倡议的内在要求，强调要尊重自然、顺应自然、保护自然，使人与自然能够和谐相处，提议各国积极参与全球环境治理，呼吁实现更加强劲、绿色、健康的全球发展。全球发展倡议强调发展的可持续性，其目标不是解决一时一地的发展问题，而是着眼于各国人民的长远利益，有利于推动构建人与自然的命运共同体，顺应了时代要求与人民关切，为全球环境与气候治理提供了中国方案。

（六）行动导向是推进路径

全球发展倡议以行动导向为推进路径。目前全球发展鸿沟和发展失衡加剧，日益多元的发展需求与国际公共产品之间的缺口构成了全球发展治理的重要挑战。作为世界上唯一超级大国的美国在政治极化、安全概念泛化和民粹主义倾向的影响下，在安全、生产、制度和知识等方面的公共产品供给意愿愈发降低，甚至出于利己性目的采取"脱钩断链"等方式遏制新兴发展中国家的崛起，

---

① 黄超：《全球发展治理转型与中国的战略选择》，《国际展望》2018 年第 3 期。

进一步扩大了全球发展赤字，加剧了国际发展机制的碎片化、边缘化、政治化趋势。目前国际体系已经进入到集体供给国际公共产品的时代，尤其是中国始终积极致力于提供国际公共产品，并采取了一系列务实行动。[①] 中国愿意为周边国家提供共同发展的机遇和空间，习近平主席明确表示："欢迎大家搭乘中国发展的列车，实现共同发展。"[②] 将"搭车"视为一种互利互惠行为，体现了中国推动全球共同发展，引领全球发展治理体系改革的大国担当。全球发展倡议强调国际公共产品的公益性，向国际社会展现了一种包容力更大、多元化更强、可持续性更优的国际发展合作新模式。全球发展倡议还将理念贯彻到具体的行动上，以实践行动为导向，为国际发展合作注入了持续动力。在 2022 年 6 月举行的全球发展高层对话会上，中国就落实全球发展倡议宣布一系列务实举措，标志着倡议进入务实合作新阶段。通过积极推动共建"一带一路"高质量发展，建立亚洲基础设施投资银行、金砖国家新开发银行等多边金融机构，创设"全球发展和南南合作基金"，建立"全球发展倡议之友小组"，成立全球发展促进中心和全球发展促进中心网络等务实行动，全球发展倡议致力于推动世界各国的共同发展，其理念价值和合作平台得到各方广泛认可，有利于推动构建全球发展命运共同体

---

① 施嘉恒、张建新：《约瑟夫·奈的"金德尔伯格陷阱"及其悖论》，《复旦国际关系评论》2019 年第 2 期。

② 新华社：《习近平会见出席亚洲政党丝绸之路专题会议的外方主要代表》，2015 年 10 月 15 日。

稳步前行。①

总而言之，作为人类命运共同体理念在发展领域的具体落实和中国为全球发展治理贡献的国际公共产品，全球发展倡议坚持发展优先、人民中心、普惠包容、科技创新、和谐共生和行动导向，有利于改进全球发展治理的传统话语框架，指引全球经济增长和全球发展治理体系改革的方向，推动构建全球发展命运共同体稳步前行。

三、文明方案：全球文明倡议

随着人类交往的世界性加深，各国前途命运紧密相连，文明交流的客观需要愈加强烈，文明互鉴的时代意义更加凸显。然而，由西方主导的国际话语体系中"文明优越论""文明冲突论""新冷战论""制度对抗论""二元对立论"等观念沉渣泛起，加剧了不同文明之间的隔阂，对维护稳定的国际秩序和构建正常的国家间关系形成了威胁。② 在人类社会又一次来到历史的十字路口之际，习近平总书记将马克思主义基本原理同中国与全球文明交流互鉴的具体实践相结合，提出以"四个共同倡导"为主要内容的全球文明倡议，即共同倡导尊重世界文明多样性，共同倡导弘扬全人类共同价值，共同倡导重视文明传承和创新，共同倡导加强国际人文交流合作，从

---

① 徐步、王嘉珮：《落实全球发展倡议　引领世界前进方向——写在全球发展高层对话会召开一周年之际》，《光明日报》2023 年 6 月 25 日。

② 张馨：《全球文明倡议照亮各国携手构建人类命运共同体大道》，《学习时报》2023 年 6 月 27 日。

文明层面为推动构建人类命运共同体、促进人类文明进步、完善全球治理体系变革提供了优质的公共产品。

（一）尊重世界文明多样性

全球文明倡议倡导尊重世界文明多样性。文明多样性是人类社会的基本特征，不同文明的相互碰撞交融为人类社会发展带来了多重可能。现代文明并不是一种同质的文明形态，不同文明都有其自身存在的合理性。西方资本主义国家立足于先发优势，认为现代西方文明是人类文明的典范和世界文明的中心，将西方文明置于绝对的优越地位，忽视了各国在文明发展和现代化过程中的独特性。这种文明观主观预设了文明之间的不平等地位，在文明之间埋下了对抗和冲突的伏笔。习近平主席指出："人类只有肤色语言之别，文明只有姹紫嫣红之别，但绝无高低优劣之分。"[①] 文明只有在交流中才能融合，在融合中才能进步。新时代中国特色大国外交传承中华优秀传统文化蕴含的"协和万邦""和而不同"的天下观，追求"各美其美，美人之美，美美与共，天下大同"等文化理念，以海纳百川的胸襟吸收一切优秀文明成果，尊重世界文明的多样性，与其他文明平等地交流对话，为推动文明交流互鉴贡献了力量。全球文明倡议倡导尊重世界文明多样性，强调不同文明形态的平等地位，指引世界各国要坚持平等、互鉴、对话、包容的文明观，推动文明在交流中融合、在融合中进步，有助于纠正充满偏见的"文明优越论"

---

① 《习近平谈治国理政》第三卷，外文出版社 2020 年版，第 468 页。

和"西方中心主义"观点，强化国际关系的平等原则，推动各国在平等的基础上展开合作。只有从人类文明多样性的客观实际出发，才能克服社会制度、意识形态、发展模式等差异带来的交流障碍，以平等的眼光对待不同文明，尊重其他国家与民族解决自身问题的智慧，形成符合人类文明发展规律的科学认识，推动不同文明相互尊重、求同存异，共同建设开放包容的文明世界。[①]

（二）弘扬全人类共同价值

全球文明倡议倡导弘扬全人类共同价值。人类文明发展的历史经验表明，现代化与价值观具有高度内在统一的逻辑关联。不同民族和国家现代化道路都根植于自身的历史传统、文化基础和价值观念，创造出不同的文明成果，积淀了丰富多样的思想智慧，为全人类共同价值的产生提供了历史养分和现实可能。习近平主席指出："我们要共同倡导弘扬全人类共同价值，和平、发展、公平、正义、民主、自由是各国人民的共同追求，要以宽广胸怀理解不同文明对价值内涵的认识，不将自己的价值观和模式强加于人，不搞意识形态对抗。"[②] 部分西方国家宣扬的"普世价值"和"现代化＝西方化"的霸权逻辑基于西方独特历史实践而形成，本质上是西方国家向非西方社会输出资本主义价值观、巩固自身全球话语权、维护

---

① 邢丽菊：《全球文明倡议：以交流互鉴取代隔阂冲突》，载于中国社会科学网，2023 年 3 月 24 日。

② 《习近平出席中国共产党与世界政党高层对话会并发表主旨讲话（蔡奇出席）》，载于中国共产党新闻网，2023 年 3 月 16 日。

自身主导的国际秩序的政治工具，借"普世价值"搞小集团、拉小圈子的行为无法破解人类发展面临的难题，反而会增加世界分化甚至对抗的风险。[①]面对全球和平与发展日益凸显的不稳定性和不确定性，习近平主席倡导以"和平、发展、公平、正义、民主、自由"为基本内涵的"全人类共同价值"，反映了时代的价值需求，代表了不同文明在价值目标上的最大公约数。全人类共同价值继承"世界大同、协和万邦"的中华优秀传统文化，强调"和而不同""求同存异"，基于尊重文明差异、包容文明多样的辩证方法，抵制了部分发达国家以文明优越自居、搞意识形态对抗、将自己的制度模式和价值理念强加于人的做法，为全球文明倡议提供了关键的价值观遵循。全球文明倡议和全人类共同价值从解决人类共同问题、维护人类共同利益、实现共建和共赢的思维出发，倡导尊重、保护世界文明的多样性，并以文明的交流互鉴与互助合作来超越隔阂、冲突与优越，从而有效应对人类文明进程中遇到的全球性挑战，消除国际交往中各种现实的文化壁垒，打破阻碍人文交流的精神隔阂。

（三）重视文明传承和创新

全球文明倡议倡导重视文明传承和创新。文明凝聚过去、联通未来，是各民族历史探索和开拓的丰厚积累，也是国家和民族发展的精神命脉。习近平主席提出全球文明倡议，强调"每一种文明都延续着一个国家和民族的精神血脉，既需要薪火相传、代代守护，

---

① 焦一强：《全球文明倡议架起世界沟通之桥》，《中国社会科学报》2023 年 9 月 6 日。

更需要与时俱进、勇于创新","我们要共同倡导重视文明传承和创新，充分挖掘各国历史文化的时代价值，推动各国优秀传统文化在现代化进程中实现创造性转化、创新性发展"。① 全球文明倡议强调重视文明的传承和创新，指出了文明的民族性、延续性和创新性，有利于增强一国现代化发展的文化底蕴、认同感和凝聚力，开辟文明交流互鉴的新境界，增添文明发展的动力之源，为世界各国文明共同发展指明了方向。一方面，任何一种文明都有其自身扎根的历史土壤和民族特性，各文明特有的习俗、传统和价值观等文化基因是实现现代化发展的内在动力源泉，应打破"西方文明优越论"和"普世价值观"的思想窠臼，摒弃切断文明历史的虚无主义做法，在延续中挖掘和传承优秀的传统文化基础，维护和继承自身文明基因。另一方面，文化和价值观的现代化是实现现代化的重要维度之一，应反对全盘接纳传统文明的守旧做法，不断吸纳时代精华，借鉴其他文明的优秀成果，借助现代科技创新手段来激发活力，推动优秀传统文化在现代化进程中创造性转化和创新性发展。中国式现代化传承中华优秀传统文化基因和马克思主义的实践特质，在思想、文化、制度、技术等方面守正创新，实现了对中华文明自身发展阶段的赓续和历史性飞跃，也实现了对资本主义文明发展样态的超越，拓展了发展中国家走向现代化的路径选择，成为推动人类文明新形态发展的重要力量。

---

① 《习近平出席中国共产党与世界政党高层对话会并发表主旨讲话（蔡奇出席）》，载于中国共产党新闻网，2023 年 3 月 16 日。

（四）深化国际人文交流合作

全球文明倡议倡导深化国际人文交流合作。文明的传承与创新是文明进步的内在动力，而文明间交流互鉴是文明发展的外在驱动。当今世界，各国之间形成了你中有我、我中有你的命运共同体，文明之间相互依存程度加深，而"文明冲突论""修昔底德陷阱"等观念夸大不同文明之间的对抗性和处于不同发展阶段的国家之间的敌对性，将国际冲突的根源错误地归结为文明之间的差异，唱衰世界的和平和发展，不利于全人类的安全、合作、发展与进步。全球文明倡议阐明了文明的开放性和包容性，提倡不同文明之间对话交流，跳出了"文明冲突论""修昔底德陷阱"的话语陷阱，有助于增进文明间的了解和互信，进而减少对抗与冲突，维护世界和平与稳定。文明是最深厚的文化软实力，文明交流有助于塑造国家形象，化解国家间认知分歧、隔阂偏见乃至矛盾冲突，从而增进各国人民相互理解，共同推动人类文明发展进步。[①]面对部分国家宣扬的"中国威胁论"和"中国崩溃论"的负面舆论，文明交流有助于增进其他国家人民对中国历史和中华文明的了解，使他们更好地理解中国走和平发展道路的必然性，破解错误认知，消弭"中国威胁论"的负面影响。[②]中国政府一贯重视民心相通，支持中外文化交流、文明

---

①　焦一强：《全球文明倡议架起世界沟通之桥》，《中国社会科学报》2023 年 9 月 6 日。

②　苏珊珊：《冷战后"中国威胁论"的历史演变》，《社会主义研究》2019 年第 2 期。

互鉴，例如围绕共建"一带一路"倡议的重大实践，中国与150多个国家深入开展教育、科学、文化、体育、旅游、卫生、考古等各领域人文合作，加强议会、政党、民间组织往来，密切与妇女、青年、残疾人等群体交流，形成多元互动的人文交流格局，推动文明交流互鉴向纵深发展。① 在百年未有之大变局的背景下，全球文明倡议有利于加强国际人文交流与合作，构建全球文明对话合作网络，增强理解和信任的纽带，搭建民心相通的桥梁，推动构建相互尊重、公平正义、合作共赢的新型国际关系，携手促进人类文明进步。

第四节　小　结

当今世界科学技术突飞猛进，人类社会相互依存不断加深，和平、发展、合作、共赢的历史潮流不可阻挡。与此同时，世界格局和国际秩序正发生深刻演变，单边主义、保护主义以及逆全球化思潮再度兴起，国际多边体系进入新的重构期，各种新旧问题和复杂矛盾交织碰撞，和平赤字、发展赤字、安全赤字、治理赤字持续扩大，给人类社会带来了前所未有的挑战。② 面对百年未有之大变局，中国特色话语体系扎根于中华优秀传统文化，立足于当代中国现代

---

① 陈明琨、王前：《繁荣世界文明百花园："一带一路"倡议的文明效应日益彰显》，《学习时报》2023年10月12日。

② 张宇燕：《理解百年未有之大变局》，《国际经济评论》2019年第5期。

化实践，顺应和平、发展、合作、共赢的时代潮流，以构建人类命运共同体为指导理念，以中国特色社会主义为制度保障，以中国式现代化为必由之路，形成了包括发展观、安全观、主权观、外交观、民主观、人权观、生态观、文明观、国际秩序观、全球治理观等多个层面的中国主张。从发展、安全、文明三个维度，回答了"人类需要什么样的发展理念、怎样实现全球发展"的时代之问，回答了"人类需要什么样的安全理念、怎样实现共同安全"的世界之困，回答了"人类需要什么样的文明理念、怎样实现交流互鉴"的历史之惑，共同构筑起中国特色话语体系的主要内容。中国特色话语体系中所包含的中国主张、中国道路和中国方案各有侧重、相互联系、相辅相成，集中体现了中国特色和时代精神，反映了新时代中国的全球治理观，体现了中国特色大国外交所肩负的全球使命和世界责任，不仅将为推进世界现代化进程、构建人类命运共同体注入强大动力，而且对于打破西方国家的话语垄断，引领时代变革发展，共同创造人类美好未来具有重要的意义。

第三章　中国话语的叙事框架

　　国家话语作为一项亟待突破的重要课题，关系着中国在世界格局中的未来。党的二十届三中全会强调："加快构建中国话语和中国叙事体系，全面提升国际传播效能。"[①] 中国话语的叙事体系承载着从中国社会生长出的当代文化，亦是中国文化谋求国际化发展的一个重要实践基础。探索囊括中国话语叙事方式、符号体系、表述特征的中国话语叙事框架，是中国对外传播事业的重要任务。

第一节　中国话语的叙事体系

　　有学者认为：中国话语之建构，乃精神家园之建构，乃文化主

[①] 新华社：《中共中央关于进一步全面深化改革　推进中国式现代化的决定》，载于新华网，2024 年 7 月 21 日。

权之收复。① 中国话语的叙事体系的内涵、思路、目标和实践进路
是搭建中国话语的叙事理论的重要部分。其中，"基于主体自觉构
建话语体系"是中国话语所锚定的理论核心，"观念突围"与"维
护发展权"是中国话语的主要叙事思路，"立足文化自信展现立体
中国"是中国话语的直接叙事目标，"构建全社会共同参与的话语
权争夺体系"是中国话语所采取的实践进路。针对这些内容开展
系统性梳理和逻辑思辨，可以为本章后续的理论探讨和实践分析
张目。

一、中国话语的叙事内涵：基于主体自觉构建话语体系

中国话语是将民族性的自我书写与世界话语体系接轨的桥梁，
它需要融通内外的关照与沉思，即在全球文化场域中反复提炼与生
动再现中国记忆与中国经验。对于迈入国际舆论场的中国来说，中
国故事的自我书写与自我讲述就是与世界话语霸权相抗争、实践民
族主体权力的基石。正如习近平总书记在部署加强我国对外传播能
力建设时提出："围绕中国精神、中国价值、中国力量，从政治、经
济、文化、社会、生态文明等多个视角进行深入研究，为开展对外
传播工作提供学理支撑。"② 中国话语的叙事体系搭建离不开对中国
本土现实的研究和探索，话语表征所需的叙事修辞与思想知识体

---

① 陈曙光：《中国时代与中国话语》，《马克思主义研究》2017 年第 10 期。
② 央视网：《加强我国国际传播能力建设　习近平再作部署》，载于央视网，2021
年 6 月 1 日。

系也需要专业化、学理化的把关与凝练。由此，中国对外传播的行动主体才能在共享认知的基础上加深主体自觉、加强行动意识，对外传播内容亦可以成为巩固和提高文化自信的养分。

中国话语对外传播的主体性，关系到我们作为国际关系中的独立主体，要基于何种立场，以何种地位、姿态与其他国际关系行为体展开交往。[①] 在促进文明交流互鉴的过程中，不能通过一味渲染他者化、奇观化的色彩来博取眼球，而是要立于与世界各国平等交流的主体位置，在与世界的交互共嵌中、在自身历史的连续中展开叙事。突出中国文化的奇观特质的叙事思路忽略了中国故事所蕴含着的普遍性价值，将中国与世界视作二元对立的关系：由于看不到中国故事与全球故事的共性，因而以外部为镜照映出的自身也是相对异化的。但事实上，自改革开放以来，中国故事就是一个不断走向世界舞台、融入全球发展的故事，其中由国家与人民谱写的篇章寄托着对美好生活、美好世界的向往。因此在中国发展经验、中国道路理念中汲取力量，构建包容普遍性与特殊性，具有中国精神的话语体系，才能有条不紊地推进中国话语与全球的对话。

二、中国话语的叙事思路：观念突围与维护发展权

自 19 世纪末以来，"西方主义"一直是一种强有力的话语，

---

① 陈薇：《作为知识生产的国家话语：国际传播中的知识理性与主体性认同》，《南京社会科学》2021 年第 9 期。

维持了西方霸权在国际社会中设定"文明标准"的能力。①在西方话语统治下，发展中的"边缘国家"不得不积极融入发达国家的现代化体系和思想制度。这种"亲西方"的政治立场不是因为资本主义意识形态有什么天然的吸引力，而是由于只有被既有话语体系承认才能获取身份和相应资源。长此以往，有些发展中国家就更难以保持独立的反思精神和批判意识，会渐渐沦为西方"自由主义"体系的依附者。因此，基于主体自觉、立足中国经验建构中国自主的话语体系，就是要逆转如今单向度的西方价值标准，向世界传递真正基于实践经验的中国式现代化故事和知识体系。

20世纪90年代以来，"新自由主义"意识形态借助西方的国际媒体和跨国企业传播成为"普世"话语。但是"新自由主义"无法解释各国面临的种种本土问题，在贫富分化、民族宗教冲突等现实矛盾前渐趋失灵，逆全球化的贸易保护主义形势更使其显露出维护西方发达国家与其他国家"中心—边缘"格局的话语权力本质。在资本主义矛盾的积累下，现存全球治理体系面临的问题愈发突出，全球话语体系也越来越无法适配世界各国的要求与愿望。而随着一大批新兴大国和发展中国家快速崛起，新的国际格局正在产生，旧有秩序的震荡有机会为世界文明形态带来更为深刻的变化。

① Suzuki, Shogo. "Journey to the West: China debates its 'great power' identity." *Millennium*, Vol. 42, No. 3, 2014, pp. 632—650.

习近平总书记指出："中国和世界的关系正在发生历史性变化，中国需要更好了解世界，世界需要更好了解中国。"① 在这一历史变局中，构建中国话语有利于重构先进经验判断标准，揭露全球不平等现象根源，实现对世界发展理念与价值观的突围，并为中国道路争取到更适宜发展的外部环境，维护中国以及其他被边缘化国家的正当发展权，这是当前的时代所需、世界所需。此外，面对西方霸权国家的意识形态封锁，更需要通过讲好中国故事，呈现中国人民真实的政治经济文化生活，来弥合情感与理性认识的差异，提高中国话语在各国民间的可接受度，逐步在国际舆论场塑造可亲可近可信任的中国形象。

三、中国话语的叙事目标：立足文化自信展现立体中国

自主话语知识体系相对于中国经验的滞后性拖累了中国国际形象的"自信转向"（assertive turn）。而与此同时，美西方等国家仍在全球主导对中国的排斥和污名化，通过涉藏、涉疆、涉台等问题上的舆论运作，以及对"中国威胁论""中国崩溃论""国强必霸论"等说法的构建，不断干扰中国图像向世界的准确投映。

亟待解决的短板既包括"对文化价值观的自觉与自信相对不足"，也包括"传统话语进行创造性转换与创新性发展相对滞后"，

---

① 新华社：《为新时代新变革凝魂聚力——党的十八大以来宣传思想文化工作述评》，载于中国政府网，2018 年 8 月 20 日。

还包括"对打破西方话语垄断准备不足"。[①] 讲述中国故事，需要立足于对中国深入、系统地探索研究以及形成相应的知识体系。通过文化自信在全社会的广泛积累，激发各类主体对外传播的自觉意识，才能提高我国在对外传播中自主设置议题、避免被西方舆论牵引的能力。党的二十届三中全会强调："推进国际传播格局重构，深化主流媒体国际传播机制改革创新，加快构建多渠道、立体式对外传播格局。"[②] "文明交流互鉴""人类命运共同体""全面脱贫"、共同价值观、正确义利观等中国话语中的新概念、新范畴、新表述，就是在国际舆论场上争取话语权的重要抓手。尽管美西方等国家还主导着对全球议题的解释权，但在文化自信内核的驱动下，上述议题的构建有望逐渐汇聚海内外群体的主动参与，在各种创新渠道和创新形式下得到更广泛的传播，继而推动凝练出更多具有标志性的世界议题。

局限在展示大国形象、传统造型的赛道，虽然能够吸引国际观众眼球，但扁平化、奇观化的图像却不足以展示更深厚、鲜活的当代文化信息。而且随着流媒体视听内容的发展，即使是国家机构和媒体组织人力物力精心制作的宣传片，也会轻易淹没在互联网的影像宇宙之中。在这一情况下，构建中国自主的话语体系更需要从生

① 何毅亭：《二十一世纪是中国话语复兴的世纪》，《学习时报》2017年5月29日。

② 新华社：《中共中央关于进一步全面深化改革　推进中国式现代化的决定》，载于新华网，2024年7月21日。

生不息的文明和与时俱进的思想中汲取力量，由全社会各行业传播主体基于文化自信自主展现丰富多彩的立体中国。这一立体性则主要来自对中国特色实践道路多角度的动态观察，表现为兼容理性与情感的人文故事、制度阐释、历史脉络的融合讲述。无论是传递意识形态的公共话语还是讲述私人情感与记忆的个人主义话语，都是中国现实文化与理想价值的缩影，将其汇入中国话语方能获得全球受众的理性认同与情感共鸣。另外，呈现立体中国还需要内外视角的兼备，处理好中国发展历程的特殊性与普遍性关系，并通过与其他文化对话并产生创造性而非依附性的理解，入乎其内，出乎其外，不断完善对外传播能动主体的自我认识与话语实践。

四、中国话语的叙事实践：构建全社会共同参与的话语权争夺体系

约瑟夫·奈（Joseph Nye）认为，当人们谈到中国、印度等国家的崛起时，往往会指出这些国家的庞大人口和不断增长的经济或军事资源，但是，这些资源所暗示的能力是否能够实际转化为预期结果，仍取决于环境和该国将资源转化为预期结果的战略技能，这对国家的"软实力"（soft power）构建具有重要影响。① 文化自信和国际交流确然需要物质基础的保障，但最重要的是结果而非资源。无

————————
① ［美］约瑟夫·奈、俞平：《软实力：一个概念的演进》，《国外社会科学前沿》2022 年第 6 期。

论何时，在反抗现存秩序、重建话语体系的道路上，都必须形成有助于资源转化的适宜环境。中国自主的话语体系搭建同样符合这一规律。

当前我们对于部分西方大国所占据的国际话语权存在着一个认识误区，即将其过分地视作国家举措的产物，而忽视社会整体的自主生产。这可能会使我们在推行自己的软实力策略时，也过于依赖国家行为的主导。国家级战略传播政策的制定无法在国际话语的动态实践中面面俱到，在它构成核心引领作用的基础上，还必须重视传播制度改造和增进多领域、跨行业合作的问题。习近平总书记在中共十九届中央政治局第三十次集体学习时的讲话中提出："要创新体制机制，把我们的制度优势、组织优势、人力优势转化为传播优势。要更好发挥高层次专家作用，利用重要国际会议论坛、外国主流媒体等平台和渠道发声。各地区各部门要发挥各自特色和优势开展工作，展示丰富多彩、生动立体的中国形象。"[1] 从现状来看，在国家政策的方向性引领下，我国媒体机构积极进行流程优化和平台再造，以便更有效地整合各种媒介资源与生产要素。这体现了我国制度、组织与人力优势在创新媒体产品制造方面的优势。如今我国主流媒体在市场化运作下不断推陈出新，通过自主开发和众包团队等多种方式，生产出了不少脍炙人口、具有国际影响力的创新型作品。但是，我们能汇聚的传播优势还不仅限于此。

---

[1]　新华社：《习近平主持中共中央政治局第三十次集体学习并讲话》，载于中国政府网，2021 年 6 月 1 日。

除了直接的媒体产品输出，专业人士的国际会议论坛、社交媒体平台的个人内容、文化贸易和商业公关等等，都是中国话语叙事传播的重要领域，并且借助这种跨行业、跨机构、多主体的协同运作，更有机会绕开西方媒体和平台有针对性的意识形态封锁、压制，与作为对外传播旗舰的主流媒体形成配合，这对于争取中国话语的实践空间来说至关重要。有调查显示，我国为非洲国家搭建村村通卫星电视系统，却因商务领域和宣传领域缺少协作而不能配套投放适合当地农民的节目内容，于是尽管我国的海外投资援助项目能对当地社会经济发展起到推动作用，却还是因为公共关系方面缺少配合而使最终效果打了折扣。[①] 这说明，国家在将其资源转化为文化吸引力时，还需要更加专业的统筹和文化供给产业的综合运作。

另外，争夺国际话语权需要社会更广泛主体的力量，当前在国际场域中的中国青年群体在传统文化传播、国际环保、教育、贫困治理议题上直言不讳、大胆发声，已经成为一股展现中国国际形象的上升力量。这些青年群体，同时也是积极吸取全球文化的前沿消费者，在过去我国的对外传播中往往遭遇忽视。但是他们诞生于网络时代的语言和具有跨文化视野的关注焦点，却往往能诠释什么是对外话语应有的创造力和感召力。例如很多年轻人长期在 YouTube 等海外平台宣传中国传统服饰文化，在"迪奥马面裙事件"中，他

---

① 王维佳：《中国故事的讲法：展望后疫情时代的对外传播》，《对外传播》2021年第10期。

们主动设置时尚品牌"文化挪用"的相关议题，号召在国际社交媒体平台和品牌线下渠道发声，成为捍卫传统文化，彰显文化自信的重要力量。① 但总体上，我国文化议题的对外传播仍处于弱势地位，想要打造能吸引国外受众的文艺作品和文化宣传，需要加强开放包容、有序引导的环境支持。

中国话语的叙事体系的构建是一项长期任务，它的核心是形成适应新国际格局变化的创新思想和先进导向，并逐步改变目标受众态度，使其更加接受中国式现代化发展道路和新的文化政治表述，为国家与人民争取良好的发展环境。中国话语、中国故事应立足于追求文化自主性的出发点，在话语实践中不断推动内外传播观念的一致性，这亦是不断更新思想意识、接近真理的过程。而想要践行中国话语的传播使命，则需要理解各国人民对于丰富精神文化消费和创新国家发展理念的需求，总结成功经验、提升叙事艺术，克服国内旧有观念惯性和体制结构阻碍，在传播效果指引下逐步确认与海外受众的情感及认知共鸣。我国的对外传播话语体系搭建要精准触发不同文化中具有历史性和独特性的优秀思想范式，在尊重差异的基础上塑造更加共通的、包容的国际话语体系，由此才能避免重走西方模式，使"人类命运共同体"的责任意义得到彰显。

---

① 郭肖:《为捍卫中国马面裙，他们把迪奥"围"了!》，载于《环球时报》网站，2022 年 7 月 25 日。

第二节　中国话语的叙事方式

　　中国话语的叙事体系最重要的行动环节是根植于数字时代的技术基础，彰显中国经验的先进性与丰富性，这表现为中国话语叙事方式的多维度与多模态性。习近平总书记在党的二十大报告中指出："加快构建中国话语和中国叙事体系，讲好中国故事、传播好中国声音，展现可信、可爱、可敬的中国形象。加强国际传播能力建设，全面提升国际传播效能，形成同我国综合国力和国际地位相匹配的国际话语权。"因此中国话语既要取决于自身的文化和发展特性，又要将之放置于人类命运休戚与共的世界愿景之下，以"文化中国""现代中国""全球中国"为新时代中国的形象定位和核心叙事。[①]中国叙事的关键在于在新的时代背景下系统性地处理好历史叙事和当代叙事，民族叙事与全球叙事，主导叙事与多元叙事的平衡，在叙事方式上集中表现为：坚持中国立场，传播中国声音；营造跨界生态，创新融媒实践；兼顾多重议题，打造修辞策略。

一、坚持中国立场，传播中国声音

　　全球化时代，面对西方建立的话语霸权，中国声音在对外传播

---

　　① 陈先红、宋发枝：《"讲好中国故事"：国家立场、话语策略与传播战略》，《现代传播（中国传媒大学学报）》2020 年第 1 期。

中面临的主要问题是如何跳脱出西方价值观主导的文化框架，以冲破西方话语限制和对中国的刻板认知，从而获得国际社会的关注，提升中国的影响力。简言之，即不受"他者目光"束缚，赋予自身文化主体地位，形成独立的民族叙事与文化表达。① 故而坚持从自身立场出发，扎根本土讲述和传播中国故事尤为重要，在具体实践中主要探索出如下方式：

第一，返本开新，从原生文化语境中汲取故事养分。中国源远流长的历史和丰富多彩的文化传统是宝贵且独特的话语资源，在盘活这些文化资源上，一方面深挖中华文明的厚重底蕴，充分展现传统文化的璀璨魅力。一个突出的案例是，新华社在其海外新媒体官方平台推出系列纪录片《文化情怀》，通过挖掘福州三坊七巷、良渚遗址、莫高窟遗址等文化遗产的故事，引导海外受众了解遥远的文化并在共同追寻中华传统文化的过程中产生共通的文化想象。央视网整合《典籍里的中国》《国家宝藏》《经典咏流传》《百家讲坛》等"现象级"文艺节目资源，打造精品文化 IP 拓展海外影响力。另一方面注重以现代化的视角诠释古老文化，让历史与现代产生互文，借古喻今。如由中央广播电视总台策划的微纪录片《从长安到罗马》，聚焦于东西方文明的摇篮——古都长安和古城罗马，在历史和现实的穿越中，以"人类命运共同体"的视角讲述东西方文明兼容

① 张中雷、张晓未：《全球化与跨文化传播的"矛盾互动"》，《东岳论丛》2022年第 11 期。

并蓄、交流互鉴的故事。①

第二，用事实说话，从现代化发展道路中发掘当代故事。中国在现代化建设中取得了瞩目的成就及宝贵的经验，针对中国式现代化与西方现代化在本质特征、路径选择、实践经验、发展过程、根本追求等方面的差异，需要从中国发展与进步的经验中寻求底层逻辑。借助纪录片等形式，在叙述中国发展的实践时注入对自我发展逻辑的省思，从而提高对中国发展模式的定义权和解释力，建构中国与世界的关系，从而形成自我价值理论闭环。② 如纪录片《行进中的中国》，在第一季讲述脱贫攻坚及疫情后转型发展的故事取得良好的对外传播效果之后，第二季聚焦中国制度、经济、科创、生态、民生五大主题，试图探讨和回答以下问题："中国制度是如何运行的？中国能为世界经济注入活力吗？科创正在如何改变中国？中国能实现对生态治理的承诺吗？中国人能共享发展成果吗？"整个系列旨在向国际社会展现一个真实、立体、全面的中国。不仅通过系统全面的鸿篇巨制来展现中国的高质量发展，一系列小而精的报道和视频等也鲜活地呈现出普通人在现代化建设中的奋进和奉献。如新华社针对云南丽江华坪女子高中校长张桂梅扎根山区办教育的故事，在海外播发英文稿件《揭秘中国一所女子中学 12 年来的奇迹》

---

① 张文龙：《让文物和文化遗产活起来——中央广播电视总台讲好中华文明故事的创新实践》,《中国广播电视学刊》2023 年第 7 期。

② 王晓晖：《中国式现代化呼唤与之相匹配的国家叙事和解释力》,《南开学报（哲学社会科学版）》2023 年第 4 期。

成为当日海外播发的中国新闻中的第一名，从个体的人性光辉出发，让中国教育扶贫的故事变得真实、动人。中国国际电视台（CGTN）也充分挖掘普通中国人的故事，推出讲述党员人物故事的《九千万分之一》，通过聚焦缉毒铁警、援非中国医生、基层公交车司机、秦俑修复师、马背上的医生等各个领域优秀党员，让中国共产党在现代化建设中的贡献与成就变得具体可感，于多元的微观叙事中展现一个可亲、可敬、可爱的中国。

第三，直面争议，在国际舆论场中实现形象自塑。长期以来，西方话语在国际舆论场中居于强势地位，导致中国的对外传播面临"他塑"为主，"自塑"不足的困境。面对愈演愈烈的国际舆论战，直面涉华争议性问题，主动设置议题，发出高质量的中国声音成为主导叙事方式。如广西广播电视台联合泰国、柬埔寨、老挝制作抗疫纪录片《一个医院的战疫》在东南亚热播，广受好评。重庆对外传播中心联动全球六大洲 20 多位海外平台知名视频博主推出《疫情大考生命至上》英文纪录片，在北京冬奥会期间联合海外大 V 推出《畅聊冬奥精彩瞬间》《北京冬奥会不应被政治化》海外直播，在 X（原推特）、脸书（Facebook）和优兔（YouTube）平台同步播出。

二、营造跨界生态，创新融媒实践

数字时代，传播技术的迭代升级形成了"万物皆媒"的媒介环境，重构对外传播的格局。新的媒体生态推动对外传播的内容升维、渠道重构、受众迁移，作为基础设施的数字技术赋能中国话语的叙事，跨界互动成为常态，媒体融合实践层出不穷。总体而言，这些叙事上的创新实践主要可分为以下三类：

第一，数字视听助力文化破壁。音视频、虚拟现实等传播技术的升级使得信息的呈现方式更为丰富，注重多元性、互动性和可视性，有利于克服时空限制推动文化传播，因此为对外传播提供了新的机遇。多媒体技术的应用首先是在硬件设施上，5G 网络、4K 超高清视频、虚拟现实等技术极大提高了传播的视觉效果，在融合媒体的实践中创造沉浸式的文化体验。如在冬奥会报道中，CGTN 采用"5G+4K/8K+AI"的模式首次将虚拟演播室技术应用于电视直播，推出"AR+AI"交互产品《指尖上的冬奥：跟小墨一起玩转冰雪》等，创造出生动的媒介体验。在文化呈现方式上结合专业话语与流行文化，拓展了文化的表达空间，让受众得以身临其境感受文化魅力。例如三星堆对外传播中心与四川省文物考古研究院、三星堆博物馆跨界合作，推出形态各异的以三星堆文化为主题的短视频、3D 动画、H5 作品、慢直播、MV、小游戏等多种表现形式，有效结合了视听元素，集专业知识与流行文化于一身，赋予了古老文明以新的生机与活力。[①] 在互动方式上充分融合社交平台的视听文化，推动中国话语从单向传输转为多向交流，并进一步实现裂变式传播。如"一带一路"百国印记短视频大赛，接收来自世界各地

---

① 姜飞、袁玥：《传播与中华文明走向世界：三星堆的国际传播——对话四川日报报业集团党委副书记、总编辑，四川国际传播中心主任李鹏》，《新闻界》2022 年第 11 期。

的作品，以普通人视角讲述的"一带一路"合作故事，同时将参赛视频发布在脸书、X 和 TikTok 等平台，形成新一轮的情感与文化互动。

第二，以趣缘为基础创新叙事。如今"Z 世代"已成为对外传播的重要受众群体，这一群体在媒介性格特征上崇尚创新，有很高的媒介参与度，并且会围绕基于共同兴趣的文化产品形成特定"圈层"，产生"趣缘化"的审美取向和朋辈社交。[①] 因此，中国话语的叙事也从"Z 世代"的媒介和文化消费特点出发，打造了一系列融入中国特色和中国话语的垂直化、娱乐化、个性化的文化产品，其中最具代表性的便是网文出海和游戏出海。截至 2022 年年底，中国网文出海译作总量超过 50 万部，形成 15 个大类 100 多个小类，垂直化程度高。2022 年度，起点国际累计访问用户数达 1.68 亿人，遍及全球 200 多个国家和地区，"Z 世代"用户占比高达 75.3%。"道文化""武侠""茶艺""熊猫"等中国元素关键词提及破万次。[②]2024年，国产游戏《黑神话·悟空》成为国际传播领域内的标志性现象。《黑神话：悟空》在游戏画面、剧情设计与角色创造方面都脱胎于我国经典文学作品《西游记》，并通过精良的制作让全球玩家们感受到了中国建筑、中国服饰与中国文化的魅力与神奇。在上线

[①]　李厚锐：《面向"Z 世代"的精准化国际传播》，《上海交通大学学报（哲学社会科学版）》2023 年第 9 期。

[②]　中国社会科学网：《2022 中国网络文学发展研究报告》，载于中国社会科学网，2023 年 4 月 11 日。

之初，《黑神话·悟空》就创下了 steam 平台上单机游戏同时在线人数的记录，并在该平台的年度游戏评选中脱颖而出。无论是网络文学作品，还是游戏，都通过将热血奋斗、友情义气、惩恶扬善等全人类共有的精神通约主题与中华文化精神相结合，在跨文化语境中形成强大的吸引力和感染力，从而打通海外受众的"快感通道"，驱动其产生文化需求，主动探索相关文化。①

第三，自建平台实现跨媒介叙事。互联网的分布式结构使得跨国平台成为全球用户高频使用的互联网工具，在这些平台上，信息以文字、视频、音频、H5、游戏等形态被呈现，并经由用户勾连起个性化、多元化的关系网络，为对外传播提供了新的维度和面向。因此建立自主可控的平台既是适应平台化社会的要求，也是国际话语权竞争的需要。央视网的熊猫频道就是自建平台进行跨媒体叙事的典范，其拥有 PC 端、App 等自有平台以及依托国内外社交平台形成的第三方账号集群，打造了跨平台的媒体矩阵。以"慢直播—短视频"为核心框架建立起了集"元内容"素材资源、全场景内容生产、跨场域融合传播于一体的全新融合传播路径，同时形成了以"粉丝"为中心的社交传播点阵网络。② 以 iChongqing 为代表的平台也探索出了一条城市对外传播路径。依托"1（ichongqing 英文网

---

① 曾庆香、陈嘉敏：《故事与话语：中国对外话语体系建构路径》，《对外传播》2023 年第 5 期。

② 汪文斌、唐存琛、马战英：《"慢直播—短视频"的融合传播路径探索》，《电视研究》2022 年第 10 期。

站）+N（多平台主账号定制内容）+X（与海外互联网公司建立分发渠道合作）"的模式，巧用高辨识度的城市地理、建筑和美食符号，运用美图＋短视频＋交互性直播等多种媒介提升重庆的国际知名度和美誉度。①

三、兼顾多重议题，打造修辞策略

中国话语包罗万象，涉及多重议题。从历史传承角度来看，中华民族的历史传承和现实选择、中国人民的实践与生活、博大精深的中华文明，是中国话语和中国叙事体系永不枯竭的源头。就现实内涵而言，中国话语和叙事体系以现代化、民族复兴与人类文明新形态建构为主要主题。②总体而言这些议题分别对应"文化中国""现代中国""全球中国"三个层次，在面对不同议题时需要灵活转换修辞策略方能达到理想的传播效果。针对上述三个层面的议题，主要采用了以下不同的修辞策略：

首先，在文化上互嵌共融释放中国故事感召力。在对外传播的场域中，不可避免地会遇到在文化上与他者相遇的问题，面对多元文化间的差异性，诉诸文化间性，从不同文化之间存在的可"嵌入"和"混融"的空间入手成为可靠的方案。将一块块文化的"马赛克"

---

① 陈冬艳：《用好移动互联网，推进重庆国际传播能力建设——重庆国际传播中心对城市外宣的路径探索》，《传媒》2019 年第 16 期。

② 方松华：《当代中国叙事：现代化、民族复兴与人类文明新形态建构》，《华东师范大学学报（哲学社会科学版）》2022 年第 6 期。

碎片黏合，"把分散的整体和高度聚合的文本碎片并置在一起"，可以打破界限，实现整体性视角的突破"。① 例如中央电视台中文国际频道推出的文化节目《遇鉴文明》，围绕古琴与钢琴、瓷器与玻璃器、京剧与歌剧等中外文明载体，展现中外文化的交流互鉴。中国网打造的《中国三分钟》（China Mosaic）通过列举中外文化的融合与相似之处，启发中外观众相互适应彼此的文化。即使是面对敏感的议题，也通过独特的角度寻求文化上的共同点，形成举一反三的效果。城市的对外传播则在更为微观的文化交往中显示出别样的柔性力量，如重庆推出的"重庆@国际友城"双城直播活动，跨国连线 10 座国际名城，在互相展示城市文化、建筑、艺术等具体的文化交往中以平等对话的方式增进了彼此了解，塑造了良好的城市形象，也拓展了文化交往的"朋友圈"。

其次，在发展故事上"借嘴说话"传递中国声音。中国的发展道路和社会进程与西方式现代化道路存在本质区别，又由于国际话语权长期为部分西方国家所把持，因此中国在对自身发展故事的讲述上始终面临着"失语"与被质疑的尴尬境地。在此情形下向世界展现一个真实、全面、立体的中国，需要借助外部的力量，而非单打独斗，因而借嘴发声、借船出海的他者叙事成为中国叙事的重要方式。在他者叙事中主要呈现出民间参与和官方主导两种模式。民间参与主要基于在华外国人的个体经历，通过民间自发分享的方式

---

① 袁靖华、韩嘉一：《互嵌混融：中国故事全球传播的文化破壁》，《中国出版》2023 年第 15 期。

呈现个体视角中的中国。官方主导的节目和记录则依托丰富的资源和精美的制作，为"他者"真实感受和了解中国提供窗口，并为其表达自身体验提供平台，继而实现借外嘴阐释中国的发展之路。借船出海主要通过与外媒合作的形式实现，作为中国媒体"走出去"的替代方式，既规避了海外受众对于中国官方媒体的刻板印象，又借力于外媒的资源和公信力以使得中国故事和中国声音进入西方主流的公共文化空间。

再次，在人类问题上以共情拓展共通意义空间。面对来自不同文化背景的全球受众，中国话语的跨文化叙事需要以共享的价值观为依托，弘扬和平、发展、公平、正义、民主、自由的全人类共同价值，最终指向的命题是人类命运共同体。从人类母题出发寻找全球范围内的最大公约数，通过建立情感连接提升对外传播效能的共情修辞成为主要方式。具体而言，一是通过以发展共情，将中国的发展同世界人民的福祉联系起来。例如在 CGTN 推出的系列纪录片《了不起的决心》中选定援助塞尔维亚抗击新冠疫情的中国医生、在尼泊尔修复受损文物的中国文物工程师、在非洲搭乘蒙内铁路通勤的单亲妈妈、在沙特阿拉伯开创物流新天地的中国女企业家、在云南从事野生象保护的西班牙生态学家和在宁波定居的巴西工业设计师为主人公，以微观的互惠故事折射中国智慧、中国方案对世界的贡献。二是以人文共情，用展现中国人生活与行为的叙事打破"遥远"与"陌生"。例如重庆山火中军民一心保卫家园的画面打动了千里之外的海外受众，李子柒短视频里的烟火气在海外平台吸粉无数，电视剧《媳妇的美好时代》凭借其对家庭伦理问题的探讨风靡非洲。三是以山水共情，用和谐共生的生态理念构建国际认同。例如在生态环境问题凸显的当下，对于生物多样性的保护成为全球共识，对云南野生大象迁徙、浙江拯救搁浅鲸鱼等事件的报道引发了全球媒体的接力传播。自然题材类纪录片《我们诞生在中国》讲述"生命繁衍、爱与成长"的故事，在海外也取得了票房和口碑上的成功。在生态议题上通过展现中国不遗余力地切实努力，向全球传递了"生命共同体"的理念，增强了国际社会对于中国的认同感。

第三节　中国话语的符号体系

著名的传播学家和政治学家哈罗德·拉斯韦尔（Harold Lasswell）认为信息传播是一种运用象征符号来影响群体态度的技巧。[①]这说明了符号对于对外传播事业的关键作用。国际形象的塑造不仅仅依赖于信息传播，还依赖于符号的有效运用，以实现特定的政治、社会或文化目标。如今，西方发达国家利用符号在建立文化外交方面取得了显著成功，这些国家利用文化和娱乐产业，如日本动漫、好莱坞电影、韩国电视剧以及其他艺术形式，来传播自己的文化、价值观和吸引力。中国话语的对外传播亦须自成功经验中汲取智慧，

---

① 蒙象飞：《中国国家形象话语体系建构中的符号媒介考量》，《云南社会科学》2017年第5期。

立足本土实践，构筑切合本土化与全球化特性之符号体系。

一、中国符号的文化价值

符号在理解社会文化因素中起着重要作用，是信息交流和传递的基本媒介。符号学为探索社会文化提供了理论基础。例如，人们可以使用符号学原理探究欧洲高级时尚对中国符号的"收编"和对中国形象的"再东方化"建构[1]；人们可以从符号学视角审视中餐馆在海外媒体中的形象，从而了解西方社会对于华人和中国的集体想象[2]；人们同样可以使用符号学原理和图形变量来构建智能制造系统，甚至使用符号学方法来改进人机交互和工程图标设计。这充分表明人们可以从符号学的角度来理解对外传播事业中的中国话语所承载的社会文化意义。这一话语体系涉及文学作品、新闻报道、影视艺术（包括电影、电视剧、综艺、纪录片等形式）、音乐、摄影、戏剧、视觉艺术、建筑设计、公共艺术、电子游戏、时尚潮流、自媒体等诸多领域，它们能够大范围地、长时间地传播中国的文化、理念、身份和形象，以向世界展示真实、立体、全面的中国形象，塑造有利外部舆论环境为首要价值追求。[3]

---

① 陈雅莉：《再东方化：欧洲高级时尚对中国形象的意义生产及传播研究（1968—2018）》，《现代传播（中国传媒大学学报）》2020年第10期。

② 周海霞：《"文化飞地"：中餐馆与德国华人题材影像的空间叙事》，《华文文学》2018年第3期。

③ 赵毅衡：《符号学作为一种形式文化理论：四十年发展回顾》，《文学评论》2018年第6期。

关于中国符号文化价值的探讨，大体上存在两种对立的观念，一种观点认为中国符号更像是留存于各类话语中的文化消费品，作为"异域风物"的它们被创作者大量使用，依凭其有别于西方的东方文化特质争夺受众的注意力，竭力迎合西方受众的理念并满足他们的期待。例如，在某种程度上，深受海外读者追捧的《女勇士》和《喜福会》就是两部具有此倾向的华裔文学作品，文本中部分中国符号已经不单是作者自身生活经验和历史记忆的重述，而更多的是作为满足西方读者对中国文化猎奇心理的"消费品"而存在。① 另一种观点则是认为种类丰富、形态各异的中国符号不只是浅层的"消费品"，而是具有更深厚的文化价值，因此可以被视作艺术品。中国符号是中国文化及其显豁特征的典型表征，能够书写文化记忆，凝聚中华民族共识。② 建构国家形象，赓续建筑类、动物类、生活类、体育类、艺术类、哲学思想类、教育类、语言文学类、现代科技类、游戏类和农耕文明类的经典成果，需要将我国传统社会义化、传统艺术文化和当代文化有机地融为一体，让个体产生社会认同与社会归属感。③

本书认为，中国符号承载着中华文化对外传播事业的显示度、辨识度和吸引力，是世界了解中国的一扇窗户，也是驱动中华文化

---

① 周晓梅：《〈女勇士〉与〈喜福会〉里中国符号的书写、译介与认同》，《外语与外语教学》2021 年第 6 期。

② 柳田：《中国人需要怎样的文化符号》，载于中国经济网，2011 年 1 月 13 日。

③ 杨卓凡：《中国电影符号与价值观呈现对国家实力感知的影响——以"一带一路"沿线国家调研为例》，《当代电影》2018 年第 4 期。

走向世界舞台的基本载体。① 唯有以囊括了传统中国与当代中国的多样文化符号构建与传播立体丰满的中国媒介形象，打破了西方话语体系建构"东方符号"的垄断地位，更新并拓展了西方舆论对中国形象的认知体系，我国的对外传播事业依赖"他塑"的基本现状才能够被有力扭转。

二、中国符号的审美趋势

对于数字媒体时代的对外传播事业而言，中国符号的审美问题研究多见于人们对符号内容与符号形式两个维度的观察，涉及符号从编码到解码的全过程。其中，前者指向的是符号内容的"现象性"，后者则指向了符号形式的"繁博化"。

所谓"现象性"，指的是为最大化规避文化差异造成的消极影响，中国符号应尽可能地诉诸直观，并做到具体可感、通俗易懂又易于传播，将文化的丰富内涵与价值观直接呈现出来。近年来频繁出现横亘在高低语境文化之间的"误读"现象。在爱德华·霍尔（Edward T. Hall）看来，中国文化属于高语境文化，其跨文化传播问题既关注信息编码，也高度重视它的意会（或领会、领悟、体悟）性。② 即所谓的"此处无声胜有声"，在表达上也多采用隐喻、

---

① 宫贺、王宇辰：《中国符号的体验式消费及其影响情境——基于留学生深度访谈的语义网络与主题分析》，《当代传播》2021 年第 6 期。

② 李红：《理解高语境文化：中国传播观念的超语言逻辑》，《南京社会科学》2022 年第 4 期。

象征和非言语符号，强调信息的内隐以及依赖于语境传递真实的含义。① 低语境文化如美国及大部分北欧文化"尚言"而非"尚象"，信息的传达理解更依赖于明确的语言表达。低语境文化持有者由于在文化、历史和语言方面存在差异，时常难以理解含蓄（implicit）间接（indirect）的高语境文化表达。当符号是由高语境文化持有者所编码，而由低语境文化持有者进行解码，编码者与解码者双方之间极易存在沟通障碍，形成对外传播中信息流进流出的逆差和误读现象。②

为克服传播沟壑，提高对外传播效能，人们应从美学上对符号内容进行适当的改造，即避免使用过于抽象或语义含混的符号，同时保留符号意象的具象性和可感性，使符号的意义直接显现，如此方能有效减少"文化折扣"带来的误解和意义共享的困难，跟世界更好地进行文化交流，甚至可能构建在多元文化社会里深受认可并且有普遍约束力的"交往理性"。③ 在国际市场深受欢迎的电影《功夫熊猫》《花木兰》融入了大量的中国符号，如功夫、中国风景、传统文化和价值观。这些符号对于国际观众来说是新鲜而吸引人的，深刻增进了他们对中国文化的了解和欣赏。

---

① 张一兵：《意会认知的接合构境——作为当代认识论研究新方向的意会认知理论》，《探索与争鸣》2020 年第 11 期。

② 罗业云：《全球语境下好莱坞动画电影中中国符号的意指实践》，《装饰》2018 年第 4 期。

③ 王小章：《结构、情感与道德：道德转型的社会学探索》，《社会学研究》2023 年第 2 期。

而所谓"繁博化"，指的是对外传播的符号在能指层面呈现复合多元化，每种话语内部都因能指的并置式组合构建出庞杂的符号体系。随着社会数字化程度的不断加深，以及各类智能设备的更新换代，人们只能在碎片化时间内辗转于多个平台、信息来源、任务之间。注意力模式的关键词之"多任务、多平台迅速切换"和"碎片化"意味着符号需要不断增强吸引力、表现力和感召力，才能吸引用户的注意。[①] 如果说当前对外传播话语中的符号更偏重其"真实感"，那么伴随新兴媒介形态不断涌现并迅速演进，符号的"虚拟感"有极大可能成为符号话语体系发展的重要趋势，VR、AR、MR、XR 等技术能够通过模拟人类的视觉、听觉和触觉等感官功能来使用户身临其境，未来的对外传播话语或将容纳嗅觉符号能指、触觉符号能指、味觉符号能指等。这些虚拟符号能指与个体从物理世界获取的感官体验相关，可以为用户提供更具沉浸感和逼真的审美体验。[②]

三、中国符号的情感特征

符号不仅仅是一种简单的文字、图像、声音或其他表征形式，而且它们携带着丰富的信息，同时涵盖认知和情感两个方面。也就

---

① 胡正荣：《颠覆性创新：探索全媒体时代国际传播能力提升的可行途径》，载于中国社会科学网，2022 年 4 月 2 日。

② 隋岩、姜楠：《能指丰富性的表征及新媒介的推动》，《现代传播（中国传媒大学学报）》2013 年第 6 期。

是说，符号在传达信息时既包含认知性的元素，也包含情感性的元素，重"认知性"元素的符号有助于表达清晰的、客观的、理性的观点，以帮助人们理解和交流关于世界的知识；而重"情感性"元素的符号涵盖了人类的情感和情感反应，如更具象的喜怒哀乐、情感倾向和态度，以及更抽象的情动（affect）、情状（affection），被用来建立情感连接、传递情感信息和引发共情。

对外传播话语由于对文化政治意图的显在强调，长期以来高度重视符号的认知性，而对符号的情感性持"冷处理"的态度，但伴随媒介形态的不断翻新与推进，情感在符号生产与信息传播中的重要性不断被放大。一方面，在注意力模式发生变革的基础上，大多数用户表现出了更明显的情感倾向，他们希冀在了解讯息本身的基础上，获得类似于审美体验所能带来的快感和共情，这反过来促使符号生产者将满足用户的情感需求置于重要地位。李子柒的视频贴合了海外观众的情感需求，观众在观看视频时不单是为了解中国文化，而更多的是在感受真实细腻的中国生活故事。故事充斥着"田园生活""传统手工艺""美食与烹饪""农村美学"等生活符号。这些情感化的符号不仅仅代表了中华优秀传统文化和生活方式，还为国际观众提供了深入了解和欣赏这些符号的机会，因此在国际范围内也非常受欢迎。

另一方面，个体在对外传播中的身份经历了从传统受众到数字媒体用户的转变，"用户崛起"的状况意味着国家话语的符号构建者不仅包括精英化的国家、区域、组织、群体，而且也包括个体用户。

得益于日益基础设施化的数字技术环境，我们不仅能看到数字媒体用户的积极性、主观性和创造性被充分调动，同时也看到了种类繁多、形态各异的情感化符号的流行，这又进一步推动了用户与符号情感联结的构建。比如，在 TikTok 上，主打"趣味性"（搞怪、搞笑）符号能指或"民族性与个性化"符号能指的视频深受外国用户的青睐。就前者来看，在视觉化、感官化的加持下，一些带有中国符号（印有有趣中文的 T 恤、假发等国货小商品）的视频在海外持续"走俏"，魅力源自它们"简单粗暴"地展示了产品新奇、有趣的功能，带给他们足够的"新鲜感"，引发共同的文化认同。此外，用户不仅可以观看、发布视频，还可以通过评论等方式不断与他人产生文化交流，进而引发情感共鸣，让中国文化的热度持续攀升。①

四、建设新时代中国话语的特色符号传播体系

中国话语的符号体系的建设涉及复杂的文化交流和传播过程。在这一过程中，我们必须尊重和考虑异质文化背景中的个体差异。这不仅包括文化、语言、价值观等方面的差异，还包括受众的需求和期望，因此我们需要遵循受传者本位的理念，深入了解他们的文化认知和交际需求，以便更好地满足他们的信息传达期望。②

---

① 李厚锐：《面向"Z 世代"的精准化国际传播》，《上海交通大学学报（哲学社会科学版）》2023 年第 9 期。
② 蒋晓丽、张放：《中国文化国际传播影响力提升的 AMO 分析——以大众传播渠道为例》，《新闻与传播研究》2009 年第 5 期。

第一，应当着力探索中国话语符号体系的价值内涵，使符号更具深度和多维度的内涵，这将有助于加强国际社会对我国的了解和认同。对符号价值内涵的探索应包括：对于已经有着良好海外认知基础的符号进行"考古"式内涵挖掘，并赋予新的时代内涵；对于中国网络文学、汉服、中国舞蹈、中国妆这类符号要充分利用后发优势，保护并"培育"世界对它们的肯定态度和忠诚度；深入探讨中华传统文化中所蕴含的积极形象和正面要素，以实现古代智慧在当代社会的实际应用，并推动文化传承与创新的共荣进程；对于负面符号进行深刻解构和符号转义，以重新审视其内涵，并谋求其文化再生和重建。制定高度精细化和量身定制的传播策略，旨在确保将具有多元内涵的符号成功传达至各个国家。符号内涵的塑造必须深度考量各国独特的文化、社会背景、价值观以及受众特质，实现个性化和文化融合，以最大程度地实现符号的意义传递和受众接纳。这个过程需要深入的跨文化研究与文化适应策略，以满足不同国家在对外传播中的独特需求和期望。

第二，应关照创新文化符号的审美特征提高跨文化交流的效率和深度，拓宽文化产品的国际受众群体，推动文化的传播和交流。首先，符号设计必须以广泛受众为焦点，力求减少文化和语言障碍，以确保信息传递的普及性。这需要强调符号的简约性、通用性和清晰性，并通过用户反馈和实际测试，持续优化设计。这种方法有助于确保符号在多元文化和多语境情境下具备最佳的可理解性和传播效力。其次，在不同媒介类型中嵌入中国符号，诸如电子游戏、广告、真人秀、文化节庆以及流行音乐等。同时，在每种话语中叠加复合多元的符号，给用户带来视觉和感官双重效果，从而使话语更引人入胜，并更好地传达信息和情感。不过，应该根据话语的内容和用户需求来选择和使用这些元素，以确保它们增强而不分散话语所要传递的核心信息。

第三，应探索生活符号的共情传播路径。长期以来，中国对外传播工作的确更加注重展示国家的硬形象，如经济实力、军事实力和政治影响力，而在一定程度上忽视了软形象，如个体生活状态等微观话题，我们认为应通过软硬符号的交融态，将有温度的信息、观点和价值观传递到不同文化和语境中。两种符号的融合同构主要有以下两种方式：第一，在相对写实的艺术作品如纪录片中，避免刻意强调意识形态色彩，传递"硬符号"相关内容（硬形象的柔软化）[1]；第二，在游戏化、视觉化、故事化的"软符号"内容叙述中，将"硬符号"相关内容植入（软形象的硬性化）。比如，我们可以经过统筹考虑和系统谋划，将相对抽象的符号如"一带一路""人类命运共同体""鲁班工坊"演绎为具有普适性且能引发人们共情的叙事项目。经由流行叙事项目的演绎，展现顶层设计理念的"硬符号"与表征流行文化的"软符号"得以联结，构筑一个真实全面的中国形象。[2]

---

[1]　韩飞、王侯：《中国纪录片塑造国家形象的新符号表达》，《中国电视》2023年第8期。

[2]　常江、狄丰琳：《"和合"文化观与中国国际传播元话语的构建》，《对外传播》2023年第9期。

第四，通过进行广泛的文化语境分析建设新时代中国特色符号库。明确话语符号类的语料来源。第一是政治话语，它们在符号库中占据重要地位，主要来自国家政策、领导人演讲和政治言论，涵盖政策的变化、政治理念的演变和政治标志的识别；第二，教育和学术界的言论和理论也可以为符号库提供重要线索，这包括教育政策、学科发展和学术研究的话语；第三，社交媒体和网络上的言论和讨论在当代话语中扮演重要角色，我们可以研究虚拟社交空间中的新兴符号和流行用语。话语符号库的内容应是本土化、民族化、全球化的，既需涵盖中国传统社会文化、中国传统艺术文化、中国当代文化^①；也需要涵盖全世界人民广泛关注的领域。

第四节　中国故事的表述特征

故事是核心，如何讲好故事则是关键。习近平总书记在党的二十大报告中强调："加快构建中国话语和中国叙事体系，讲好中国故事、传播好中国声音，展现可信、可爱、可敬的中国形象。"^②这

---

① 杨卓凡：《中国电影符号与价值观呈现对国家实力感知的影响——以"一带一路"沿线国家调研为例》，《当代电影》2018 年第 4 期。

② 习近平：《高举中国特色社会主义伟大旗帜　为全面建设社会主义现代化国家而团结奋斗——在中国共产党第二十次全国代表大会上的报告》，载于中国政府网，2022 年 10 月 25 日。

阐明了中国故事的海外传播在对外传播领域的重要使命。因此，力图明晰中国故事的表述特点，深入探讨中国故事海外传播的实践逻辑是中国话语叙事框架的重要组成部分。

一、中国话语叙事的"点""面"结合

随着数字媒体平台逐渐成为全球信息传播的基础设施，要想实现中国故事成为全球流行的故事体系，就必须推动国际传播形式的创新，构建基于全媒体平台的国际传播故事体系。[1]在对外传播实践中，居于阐释共同体核心地位的政府机构和主流媒体可以借助多模态的数字叙事方式，构建多元化立体传播方式，不断调适话语体系，并注重情感在文化传播中的作用，最终提高对外传播的效能。

（一）采用矩阵式立体传播思路，构建全媒体故事传播体系

客观现实表明："构建具有鲜明中国特色的战略传播体系"已经成为我国对外传播能力建设的重要一环。近些年来，我国逐步打造和构建起了世界性的平台型媒介，初步建立起了多主体、立体化的"大外宣"格局。[2]中国官方媒体主要在国际社交媒体平台开展对外传播工作，如脸书（Facebook）、X（原推特 Twitter）和优兔

① 田浩：《以交流互鉴回应现代化之问：全球文明倡议中的国际传播实践指向》，《对外传播》2023 年第 8 期。
② 胡正荣、王天瑞：《系统协同：中国国际传播能力建设的基础逻辑》，《新闻大学》2022 年第 5 期。

（YouTube）等。新华社、中央电视台、人民日报社、中国日报社以及中国网等五家主流媒体在脸书（Facebook）上拥有 8 个具有较大公共影响力的账号。① 与传统主流媒体不同，澎湃新闻国际版的"第六声"（Sixth Tone）着眼于中国二三线城市，关注的话题更侧重文化和社会等具有品位和内涵的主题，以相对较小的资源投入却取得了出色的对外传播效果。同时，我们应注意到，元宇宙、生成式人工智能（AIGC）视阈下，对外传播的主体已不再囿于传统的生产者和把关人，也不再受限于媒介平台。"人"再次成为传播的中心，以"人"为基本单位的传播力量充分发挥作用，引领对外传播格局由"自上而下"向"自下而上"的演变，实现话语权的再分配。② 不论技术如何不断更迭，中国式现代化的文明始终与不同文明交流互鉴，这有助于中国建立全媒体传播系统，逐步构建共生、共享以及共融的对外传播格局。③

（二）调适话语体系，实现中国故事由"中心化"向"后结构"转向

面向青年的中华民族现代文明浸润式传播，要积极挖掘和呈现传播符号建构中的人性叙事，同时，也鼓励青年在接触中反馈、在

---

① 许静、刘煦尧：《以海外社交媒体策略传播讲好中国故事》，《中国出版》2017年第 18 期。

② 杨禧美、喻国明：《数字化"天下"版图：元宇宙视阈下的国际传播新范式》，《对外传播》2022 年第 4 期。

③ 周勇、吴晓虹：《奋进新时代 推进新闻舆论工作开新局》，《中国编辑》2022年第 11 期。

参与中消费、在体验中创造，促进青年群体对中华民族现代文明的情感共鸣、知识获取和文化认同。① 这一策略将有助于更广泛地传播中国的文化和价值观，增强中国的对外传播效果。2025 年，大型文化节目《成语探华夏》聚焦中华优秀传统文化中的成语典故，融合答题竞猜、主题演讲、情景剧等环节，围绕"物华天宝""金戈铁马"等六大主题，挖掘成语背后的历史文化故事，在优兔（YouTube）等海外社交媒体平台上引发了受众广泛的关注。这也启示我们，在对外传播工作中，应当避免传统上结构化和机械化的元素拼接方式，而应选择更加新颖的、具有审美和艺术化的中国特色文化符号。进一步来说，要想提升中华文明在海外的认知度和接受度，就必须研究引发海外"Z 世代"受众共鸣的方法和策略，进而促使中华文化跨越疆界和社会圈层传播。

（三）采取多元化叙事方式，吸引最广泛的青年群体

媒介新技术的出现为"讲好中国故事"提供了整合多渠道、创造新"场景"的可能。② 数字化媒体革命在对外传播实践中引领了中国文化素材的全面转型，从传统的印刷媒介形式到基于流媒体平台和社交媒体平台的多模态文化素材的表达方式。在印刷媒介时代，中国文化主要以有限的文字、图像和受限音频传播，而数字媒体的

① 张志安、吕伟松：《符号、形态与场景：面向青年的中华民族现代文明浸润式传播》，《青年探索》2023 年第 5 期。

② 常江、杨奇光：《从形象建构到话语策略——"讲好中国故事"的传播观念转型》，《青年记者》2016 年第 28 期。

崛起使文化素材得以以更多元化方式呈现，包括音频、视频、互动图像和动画等多模态内容。由于高度视觉化的大众传媒和流行文化是当下跨媒介、跨文化流通性最强的内容形态，也即"当代文化的图形转向"（pictorialturn）。在"讲好中国故事"的过程中，须重视对视听语言的设计，因为这关系到故事的核心概念能在多大程度上得到有效地传达。比如，网飞（Netflix）购买了电影《流浪地球》的版权，并将其译成 28 种语言。再如，中国中央电视台（CCTV）在2022 年展开了"头条工程"的系列跨媒体报道；党的二十大会议重大主题报道创下了多项传播纪录，跨媒体总触达人数高达 252.01 亿次，被全球 1800 多家海外主流媒体广泛传播报道。

（四）协同多元主体，构建对外传播的情感共鸣矩阵

文化传播具有情感和关怀属性，而数字技术所塑造的社交媒体平台也已成为全球信息流动与情感交往的新型基础设施。[①] 在新全球化时代，基于情感联结，共情传播是促进文化交流和世界文明互鉴的有力工具。在对外传播中，中国主流新闻媒体应与外国媒体合作，共同策划内容，优先开展合作。这种多方参与的合作对于在对外传播中建立共情矩阵至关重要，可以更容易地传达中国独特的文化主题。例如，就中国的"和"文化而言，包括主流媒体、自媒体人和公众在内的不同传播群体可以共同合作，有效地分享这一文化

---

① 史安斌、朱泓宇：《数字华流的模式之争与系统之辩：平台世界主义视域下中国国际传播转型升级的路径与趋势》，《新闻与传播评论》2022 年第 5 期。

特质。① 这可以通过以下三种具体途径来实现：首先，通过视觉语言的运用来避免文化障碍，从而降低内容理解的难度；其次，增加内容的普遍性，以实现与海外用户共同关注的主题；最后，与海外自媒体博主合作，共同建立具有桥梁作用的外宣媒体账号。②

二、中国话语叙事的"虚""实"相生

对于中国的文化事业和文化产业而言，在大众消费的视阈内持续不断生产出既服膺于中国文化自身的基本逻辑，又可顺利结合（articulate）全球受众文化接受需求的故事体系，也是让中华文明走向未来的必由之路。我们可以从中国故事的故事母题以及传播文化产品和文化产业两方面来理解这一点。

在故事资源方面，需要系统性梳理中国的故事体系，使之既有全球气质又见中国印记。这包含两个层面的内容：其一，以中国当代社会的真实经验为实践基础。通过关照中国社会实践，以现实经验为基础，为对外传播工作提供具体而生动的案例。这包括考察中国当代社会真实、细节的生活，如烟台海滨生活、景德镇瓷都故事、西安面食文化等。其二，系统性挖掘中华优秀传统文化资源。传统叙事符号留存下来的"大同之道""君子之道""中庸之道"等美学

---

① 周勇、周梦雪：《叙事视频化与跨文化话语调适：国际传播的"和""美"破局》，《当代传播》2022 年第 3 期。

② 许向东、林秋彤：《社交媒体平台中的共情传播：提升国际传播效能的新路径》，《对外传播》2023 年第 2 期。

话语、哲学智慧，往往寓示着人类所共通的精神内涵，也构建了中国与世界各地的交流和文化融合的气质底蕴。① 以中国话语传播中国经验，以中国故事讲述全球关切，才能真正在国际社会中赢得合作机会，邀请不同文明参与构建人类命运共同体。② 经典的文化图示有如《西游记》《功夫熊猫》《花木兰》；新近的案例，例如中央电视台 2022 年播出的《典籍里的中国》第二季节目，受到了欧洲和东亚媒体的持续关注和报道。这进一步印证了中华优秀传统文化蕴含的深刻智慧，能为新时代的对外传播工作提供具体内容和文化价值。

在文化产业方面，需要重视产品和服务的深层文化内涵和价值逻辑。文化产业和服务的国际推广是推动中华文化"走出去"、体现国家软实力并建设社会主义文化强国的重要举措。作为中国话语传播实践的重要物质载体，影视剧和游戏不仅具有经济属性，还传递着中华传统优秀审美和文化属性。从传播实践的角度来看，我国的电影、游戏、动漫、武侠、休闲文学等文化产品若想"走出去"，须借助修辞，促进更为多元和新兴的文化符号的传播，并在共情的力量下实现差异的弥合，进而实现共识的达成与认知的改变。在 2022年，我国视听节目的出口数量、内容质量以及国际影响力都取得了

① 胡智锋、刘俊:《主体·诉求·渠道·类型:四重维度论如何提高中国传媒的国际传播力》,《新闻与传播研究》2013 年第 4 期。

② 刘瑞生、王井:《"讲好中国故事"的国家叙事范式和语境》,《甘肃社会科学》2019 年第 2 期。

显著的突破，特别是现实题材电视剧，在国际上获得了较大的认可和关注。[①] 从形成中国文化认知第一印象的渠道看，电影占据较大优势，正逐渐实现从"走出去"向"走进去""走上去"的转变。[②] 而随着海外传播力的不断提升，网络剧业已成为讲述中国故事的重要力量。例如，2021 年《锦绣南歌》获第 49 届国际艾美奖（Emmy Awards）"最佳剧集奖"，《三体》《隐秘的角落》《漫长的季节》等在 2023 年釜山电影节第五届"亚洲内容大奖 & 国际流媒体 OTT 大奖"上获奖。

三、中国话语叙事的"主""次"兼顾

受到国家、市场与技术等多重逻辑影响，主流媒体的权威及垄断地位逐渐被消解，对外传播中的主体位移现象愈发引起学界关注。数字时代的话语传播领域，我们需应对的表层基础和深层次内容方面的挑战有：突破"自我塑造""他者塑造"的单向路径，转向大众话语和学术话语一体两翼，内容构建和对外传播融合共生，构建"人类命运共同体"，提高传播影响力、中国话语说服力、国际舆论引导力。[③]

---

① 杨奇光、张宇：《交往·共情·自主：2022 年国际传播研究创新梳理》，《对外传播》2023 年第 2 期。

② 北京师范大学人文与社会科学高等研究院课题组：世界青年眼中的中国文化"投影"——"一带一路"相关 12 国青年中国文化认知调研，载于光明网，2021 年 1 月 21 日。

③ 王晨佳、陆航：《数字时代中国话语国际传播的问题与应对策略》，《陕西师范大学学报：哲学社会科学版》2022 年第 5 期。

在此，我们重点探析对外传播中突破"自我"与"他者"二元论的路径。

一方面，主流媒体应当区别不同主题的中国话语，在生活化、娱乐化话语体系之中淡化官方身份，以亲民的意识形态、对话场景与话语风格吸引海外民众。习近平总书记自党的十八大以来在多个场合提出"要加强主流媒体国际传播能力提升"的要求。① 可见，提升我国国际话语权和影响力，须重视主流媒体在我国对外传播中的主力军作用，继续打造有影响力的优质内容生产媒体集群。② 但是，中国话语若要呈现和传播"真实的中国"，不应局限于狭隘的"民族—国家"视角，而应在智能化对外话语重构中不断强调共享尊严、共享发展成果的"人类命运共同体"意识，提升中国对外话语在国际传播中的公信力、创造力和感召力。③ 例如，《上海日报》在海外社交平台刊发重大公共卫生事件被海外媒体广泛转载，成都双语视频专栏（Chengdu Plus）已落地海外 8 个地面频道，北京市新闻办"40 位外籍专家评北京巨变"微纪录片覆盖 200 多个国家和地区。这些地方在"去自我化"、讲好本土故事、注重体验式传播等方

---

① 张帆、高根茂：《中国主流媒体对外传播研究的迭变与发展——基于 CSSCI 期刊论文的可视化分析》，《当代传播》2021 年第 5 期。

② 周勇、吴晓虹：《奋进新时代 推进新闻舆论工作开新局》，《中国编辑》2022 年第 11 期。

③ 习近平：《高举中国特色社会主义伟大旗帜 为全面建设社会主义现代化国家而团结奋斗——在中国共产党第二十次全国代表大会上的报告》，载于中国政府网，2022 年 10 月 25 日。

面颇有建树，值得主流媒体学习。专业媒体和机构媒体应当坚持行动传播路径，淡化说教色彩，以更为"可信、可敬、可爱"的姿态开展意识形态传播工作。

另一方面，突出民间自媒体的主体身份与形象。跨文化传播的困境在于意义在话语呈现过程中的流失、消解甚至误解。[①] 例如，中国科幻电影的对外传播为文化交流项目，而一些西方国家则将其视为中国用以扩大意识形态影响力的政治工具。近年来，学界不断反思传统的"自塑"与"他塑"主客体二元对立，愈发强调采用"主体间性"关系的共同体视角来审视对外传播活动。近年来，海外自媒体视频博主作为特殊的个体传播者，以"他者"视角和国际化的视野向世界讲述中国。基于中国在场经验和海外异域身份的"主体间性"角色，长期在华的外国人成为其间重要自媒体主体。比如，优兔（YouTube）上的海外自媒体频道"Living in China"自2007年6月注册以来积累了近40万名订阅用户，其发布的中国内容视频最高观看量达到549万次（截至2023年10月31日）。通过纪实运动影像，海外自媒体用户呈现了作为生命个体所观察到的切实的信息流，经由朴素的日常生活将原本陌生的文化区域桥接，使中国故事在对外传播中更为立体和生动。[②]

---

① 潘亚楠：《他者视角下的中国故事创新叙事——以中国新闻奖国际传播奖作品为例》，《编辑之友》2020年第8期。

② 陆敏：《"去蔽"与"解构"：海外自媒体"中国故事"传播实践探究——以YouTube平台"Living in China"频道为例》，《湖北大学学报（哲学社会科学版）》2023年第5期。

综上所述，建设中国话语的叙事框架涉及的不仅是传播技巧层面，更重要的是它代表了一个深度挖掘、反思和重构中国文化的过程。唯有深入研究与着力实践中国话语的叙事框架，才能从叙事方式、符号体系、表述特征等多种层面探明中国话语的对外传播实践的行动潜力。

第四章　中国话语的价值依归

党的十八大以来，话语体系建设的重要性逐渐受到重视，成为当代中国面临一项重大课题，也成为我国文化强国战略的重要组成部分。习近平总书记指出："要推进国际传播能力建设，讲好中国故事、传播好中国声音，向世界展现真实、立体、全面的中国，提高国家文化软实力和中华文化影响力。"① "要不断提升中华文化影响力，把握大势、区分对象、精准施策，主动宣介新时代中国特色社会主义思想，主动讲好中国共产党治国理政的故事、中国人民奋斗圆梦的故事、中国坚持和平发展合作共赢的故事，让世界更好了解中国。"②

话语体系是国家思想文化与价值体系对自身存在和外部存在发展变化的系统思考与回应，话语体系反映着一个国家思想文化与价

① 习近平：《习近平谈治国理政》(第三卷)，外文出版社 2020 年版，第 312 页。
② 同上书，第 314 页。

值体系的发展程度和表达程度。话语体系至少包括两层含义：一是话语体系反映一个国家思想文化与价值体系对自身存在的系统思考和回应，二是话语体系反映一个国家思想文化与价值体系对外部存在的系统思考和回应。[①] 可见，构建中国话语和中国叙事体系是全面提升国际传播效能的关键。

第一节 中西话语与价值观的不同理解

在当今时代，国际上各种思想文化交流、交锋与交融日益明显，价值观的竞争已成为全球话语权竞争的重要方面。习近平总书记指出："话语的背后是思想、是'道'。"[②] 当前，虽然中西方话语对于价值有着不同的理解，但毫无疑问，通过有效的话语持续、反复传播核心价值，是掌握国际话语权、维护国家战略利益的必然要求。

一、话语与价值的关系

话语作为一个学术概念，涉及领域广泛，比如语言学、哲学、政治学、社会学以及新闻传播学等多个学科领域。不同学科对于话

---

① 参见贺耀敏：《中国话语体系的建构》，中国人民大学出版社 2021 年版，第16—17 页。

② 《习近平关于总体国家安全观论述摘编》，中央文献出版社 2018 年版，第 122 页。

语不同的定义和理解各有不同，呈现出丰富多样的研究视角。"话语是一个棘手的概念，这在很大程度上是因为存在着如此之多的相互冲突和重叠的定义，它们来自各自理论的和学科的立场……理想的话语分析应该是从跨学科意义上来进行的。"①

对于话语的理解，在当下已经超越最初的语言学定义层面。"话语是一种社会事件，它不满足于充当某个抽象的语言学因素，也不可能是孤立地从说话者的主观意识中引出的心理因素。"② 正如福柯所言，"语言与思想和与符号的关系，恰如代数与几何的关系：语言用一种秩序取代了各个部分（或量值）的同时性比较……这不是一个简单的切割，而是在空间中深远地确立起秩序"。③ 可见，话语的功能已远远超越了语言的表达和沟通，其具有建构现实、塑造认知以及表达社会规范等多重功能。话语不仅是思想传播的媒介，更是权力运作的载体。福柯话语理论最大的独创是发现了话语的内在机制：话语建构知识，知识连接权力，权力伴随着话语渗透到我们的日常生活中，无处不在。④ 话语塑造和定义了民众所理解的现实，并按照一定秩序和内部联系组合成话语体系，体系内又包含着各种

---

① ［英］诺曼·费尔克拉夫：《话语与社会变迁》，殷晓蓉译，华夏出版社2003年版，第2—3页。

② ［苏联］巴赫金：《巴赫金全集（第2卷）》，晓河等译，河北教育出版社1998年版，第83页。

③ ［法］米歇尔·福柯：《词与物：人文科学的考古学》，莫伟民译，上海三联书店2016年版，第86页。

④ 吴娱玉：《作为异托邦的语言——福柯论话语体系与文学语言的辩证张力》，《中国文艺评论》2023年第11期。

性质的话语元素。① 话语的建构力在于其通过符号系统对社会现实进行有目的的定义和解释，进而影响公众的集体认知和社会行为。通过话语的传播和普及，社会规范得以确立，某些特定的价值观和意识形态得以维系和再生产。同时，话语的权力属性也体现在其控制与规训功能上——它通过设定意义的边界和合法化特定的知识体系，规范了社会成员的行为方式和思想框架。因此，话语既是认知世界的工具，也是社会权力关系的体现，其背后的话语权竞争关乎不同主体对社会现实的诠释权与定义权。

"话语是思想和语言的结合体。"② "话语是语言符号和价值观念的统一体，即它是由一定的符号、概念、词句、语音、语法等构成的语言符号，同时也反映了特定的认知、情感和意志。"③ 可见，思想和价值观念是话语最重要的内核。"实际上，我们任何时候都不是在说话和听话，而是在听真实或虚假，善良或丑恶，重要或不重要，接受或不接受等等。话语永远都充满着意识形态或生活的内容和意义。"④ 换言之，巴赫金认为话语在言语交际和对话关系中具有突出的意识形态属性。它不仅反映特定的价值观，还通过其生产和流通

----

① 刘超、李一楠：《中国化马克思主义话语体系：价值内核与构建原则》，《理论学习》2017 年第 10 期。

② 范晓：《语言、言语和话语》，《汉语学习》1994 年第 2 期。

③ 陈锡喜：《马克思主义：意识形态和话语体系》，华东师范大学出版社 2011 年版，第 35 页。

④ ［苏联］巴赫金：《巴赫金全集（第 2 卷）》，晓河等译，河北教育出版社 1998 年版，第 416 页。

的过程重新解释和重塑这些价值观。因此，话语既是价值观传递的媒介，也是价值观生成和转变的重要场域。作为社会价值观的主要载体、强化和转变的主要载体。通过话语，社会规范和价值观得以更为广泛传播，深刻影响个体行为模式和社会决策过程。同时，不同的文化和社会对同一社会现象的表现，可能展现出迥异的价值取向。因此，话语在塑造个体与集体世界观方面具有不可替代的重要作用。

话语与价值的关系是一个复杂的双向互动过程。价值观作为内在的理念与社会规范，反映了事物的本质内容；而话语则是外在的表现形式，承担着价值观的表达与传播功能。因此，价值观往往是核心内容，也是话语体系的深层逻辑基础。基于此，话语始终服务于特定价值观的传递与塑造，不同的价值观决定了话语的特质与取向。然而，话语和价值观之间并非总是呈现一致性。在实践中，话语有时无法充分体现或准确表达其所承载的价值观，甚至可能与价值观发生背离或冲突。这种错位不仅影响价值观的传播效果，还可能削弱其社会认同和实践基础。与此同时，价值观的社会认可度也对话语的力量和传播效果产生直接影响。一种被广泛认同的价值观往往能够强化话语的权威性与影响力。因此，话语在价值观的建构与传播中扮演着至关重要的角色，而价值观又通过话语的生产、流通与理解过程不断被重新定义和塑造。这种相互作用不仅体现了话语与价值观的内在关联性，也揭示了二者在社会意义生产与传播中的复杂互动逻辑。

在全球化和多元文化交融的背景下，话语和价值观的关系更加复杂化。不同文化背景下的话语体系在跨文化交流互动中，不仅承载着自身的价值观念，也成为价值观相互影响、融合与转变的中介。这种动态过程一方面挑战了传统的话语体系，迫使既有的价值观念接受重新审视与调整；另一方面，也为探索和评价不同文化与社会背景中的价值观提供了重要视角和丰富材料。最典型的例子当属 20 世纪 90 年代苏联和东欧剧变，这一历史转折深刻重塑了全球价值观与话语格局。在此期间，多个社会主义政权相继垮台，社会主义运动在全球范围内遭受严重挫折。这一系列事件不仅显著削弱了共产主义价值观的国际影响力，也使得社会主义国家在全球话语体系中的地位急剧下降。这一历史性事件引发了国际思想界的深刻反思，西方思想界以福山（Francis Fukuyama）为代表提出了"历史终结论"。福山认为，人类历史的发展已经达到"终点"，"西方自由民主"制度被视为终极的政治体制，标志着意识形态竞争的结束。这一论断试图以西方价值体系为标准，为全球政治和社会发展提供"终极答案"。

伴随这一理论的提出，西方国家加大了对"普世价值"理论的全球推广力度，试图将西方民主制度塑造为全球普遍适用的规范，宣扬其唯一的正确性。这种理论的传播不仅是一种价值观输出，更是一种借助话语权实现政治和经济主导地位的策略。西方国家通过掌控国际话语权，将自身价值体系"普世化"，试图掩盖其背后的文化霸权逻辑。这一时期的国际话语格局转变反映了价值观与话语权之间的深刻关联，也揭示了意识形态竞争在全球化背景下的新形式：不仅通过军事或经济力量展开争夺，更以文化与话语的传播塑造全球秩序。

然而，进入 21 世纪，伴随着中国和其他非西方模式国家的迅速崛起，以及西方"新自由主义"在全球范围内面临的诸多挑战和危机，"历史终结论"逐渐失去了其原有的影响力。"普世价值论"也开始显现出适用范围的局限性，特别是在文化、历史和经济背景差距巨大的国家中，其所谓的普遍性受到了严峻的质疑。中国的发展模式为全球提供了一种不同于西方的现代化路径，其在经济高速增长、社会治理创新以及国际影响力提升方面取得的成就，挑战了西方话语所构建的单一发展范式。中国通过坚持自身特色的社会主义制度，展现了多样化的发展道路可以与时代需求相适应，为后发展国家提供了可资借鉴的经验。与此同时，西方新自由主义模式在全球化进程中暴露出的不平等、贫富分化、社会撕裂等问题，进一步削弱了其在国际社会中的吸引力。这些挑战表明，单一化的价值体系无法应对全球日益复杂的社会和经济问题，而多元化的制度探索与价值实践正在逐步成为国际社会的共识。

因此，21 世纪的全球价值观与话语竞争进入了一个更加多元和动态的阶段，表明现代化道路和社会发展模式并非一成不变。中国的发展不仅打破了西方现代化的独占叙事，也为全球治理与价值观念的重构提供了全新视角。在当前全球政治经济格局中，建设中国话语体系的必要性和紧迫性日益凸显。随着中国国家实力的提升，话语体系建设已成为实现国家战略目标和提升国际影响力的重要手段。通过构建具有中国特色的话语体系，中国能够打破西方主导的话语垄断，有效传播自身的核心价值观与发展经验，同时积极应对外部话语霸权的挑战，推动更加公平公正的国际话语格局。

中国话语体系建设对于增强国家软实力和塑造国际形象具有重要意义。话语体系既是国家文化软实力的关键体现，也是国际社会理解与认同中国发展模式的重要渠道。通过展现中国的文化特色、制度优势和发展理念，中国能够提升国际社会对自身价值观的接受度，在全球治理中提出具有中国特色的方案和智慧，从而增强国际事务中的话语权和主动权。

此外，构建中国话语体系是传播中国核心价值观、维护国家利益与战略安全的必要手段。通过建立独立的话语表达体系，中国不仅能够更有力地阐释自身立场和利益诉求，还能够有效抵制外部偏见性叙事，强化国内外对中国道路的认同感与文化自信。这一体系的建设不仅服务于国家发展战略的实现，也为全球治理体系的多元化和合理化贡献了中国方案与智慧。

二、中国价值观的形成和演变

"从历史上看，对价值观念来说，先进的未必一开始就能占据主导地位，落后的也不会自动退出历史舞台。由于西方长期掌握着'文化霸权'、进行宣传鼓动，当代中国价值观念存在太多被扭曲的解释、被屏蔽的真相、被颠倒的事实。同时，我们的阐释技巧、传播力度还不够，当代中国价值观念的国际知晓率和认同度还不高，有时处于有理没处说、说了也传不开的被动境地。"①

真实而有力量的中国话语，要有价值支撑，中国话语蕴含着丰富中国特色的核心价值。② 当代中国话语体系内在融汇了中华优秀传统文化、西方优秀科学理论与当代中国价值观，形成了一种兼容并蓄的独特表达体系。

中国传统话语历来重视弘扬主流价值观，强调话语要能够阐明道理、表达价值观。在长期的历史发展过程中，中国形成了自己独特的价值观和价值体系，这些价值观和价值体系不仅影响着中国人的思维方式和行为习惯，也对中国与世界各国的交往产生了深远的影响。中国传统话语体系中蕴含着丰富的价值观，这些理念既强调人与自然的和谐共生，如"天人合一"；也关注社会的共同体责任与道德关怀，比如"民惟邦本""己所不欲，勿施于人"。此外，个人修养与社会在传统价值观中同样占据重要地位，"天行健，君子以自强不息""仁者爱人""与人为善"等思想体现了个人与社会的良性互动。在家庭伦理和社会责任层面，价值观强调推己及人、互助互爱，如"老吾老以及人之老，幼吾幼以及人之幼""扶贫济困"。这些价值观不仅在中国历史中发挥了重要作用，在当前全球化背景下依然具

---

① 中共中央文献研究室编：《习近平关于社会主义文化建设论述摘编》，中央文献出版社 2017 年版，第 199—200 页。

② 陈曙光：《中国话语与话语中国》，《教学与研究》2015 年第 10 期。

有重要的现实意义。

这些传统价值观的融入，使得当代中国话语体系能够从中华文化深厚的历史积淀中汲取智慧，同时结合当代社会的实际需求，为应对复杂的全球化挑战提供了一种内涵丰富的价值框架。这种话语体系不仅服务于国内社会的团结与发展，也为国际社会提供了理解中国文化和价值观的重要窗口。

（一）仁义礼智信与和谐

仁义礼智信作为中国传统价值观的核心元素，深刻塑造了中国社会的伦理、政治和文化结构。这些理念主要来源于儒家思想，由孔子及其弟子们在春秋战国时期系统化和推广。"仁"代表以人为本的道德情感，强调人与人之间的爱和关怀；"义"则指正义与道义，体现道德行为的原则；"礼"涵盖社会规范和礼仪制度，构成社会秩序的基础；"智"强调智慧与洞察力，是判断和行为的理性依据；"信"则意味着诚信与信义，是个人与社会互动的基本准则。

和谐思想贯穿于中国传统价值观的各个层面，并在儒家和道家思想中得到了系统的发展。儒家注重社会和谐和家庭关系的稳定，通过礼仪和道德教育实现秩序和和谐。而道家则主张人与自然的和谐，提倡顺应自然法则和无为而治，以避免人类活动对自然的干预与破坏。这种和谐理念不仅反映了中华优秀传统文化对整体利益的追求，也深刻影响了中国社会治理模式，通过强调集体利益和协作精神来维持社会的稳定与发展。

（二）家国同构与忠孝观念

家国同构是中国传统价值观的核心特征之一，体现家庭伦理与国家治理之间的紧密联系。儒家思想认为，家庭是国家的缩影，治家的原则与治国的道理一脉相承。这种理念强调，个体在家庭中的责任感与伦理规范可以自然延伸到对国家的忠诚与义务，形成了一种以家庭为基础的社会责任观。这种家国同构的思想，不仅强化了中国社会对家庭伦理的重视，也深刻影响了传统政治哲学，奠定了忠君爱国的道德基础。

（三）社会主义核心价值观与现代化转型

社会主义核心价值观是社会主义核心价值体系的内核，体现社会主义核心价值体系的根本性质和基本特征，反映社会主义核心价值体系的丰富内涵和实践要求，是社会主义核心价值体系的高度凝练和集中表达。[1] 党的十八大提出，倡导富强、民主、文明、和谐，倡导自由、平等、公正、法治，倡导爱国、敬业、诚信、友善，积极培育和践行社会主义核心价值观。富强、民主、文明、和谐是国家层面的价值目标，自由、平等、公正、法治是社会层面的价值取向，爱国、敬业、诚信、友善是公民个人层面的价值准则，这 24 个字是社会主义核心价值观的基本内容[2]，明确了国家、社会和个人在

---

[1]　中共中央办公厅印发《关于培育和践行社会主义核心价值观的意见》，载于中国政府网，2013 年 12 月 23 日。

[2]　中共中央办公厅印发《关于培育和践行社会主义核心价值观的意见》，载于中国政府网，2013 年 12 月 23 日。

价值追求上的系统性与层次性。

这一价值观的提出，是中国现代化进程中对传统价值观的继承与创新，体现了中国社会在政治、经济和文化领域的深刻转型。社会主义核心价值观将传统文化的精神内核与现代化发展需求相结合，在强调国家富强和社会整体利益的同时，通过法治、公正等原则保障社会的和谐与稳定。这种价值体系不仅是国家发展的指导思想，也是社会行为的基本规范，为全面建设社会主义现代化国家提供了价值指引。

作为当代中国社会的价值共识，社会主义核心价值观进一步明确了中国式现代化的内在逻辑与文化自信。它以协调国家发展目标与个体价值追求为核心，通过培育与践行这一价值观念，推动社会更加公平、包容与和谐，为中国在新时代的持续发展提供了重要的思想基础与精神动力。

（四）天人合一与中国价值观的传承与创新

天人合一是中国传统哲学的重要理念，强调人类与自然之间的和谐共存。这一思想起源于道家学说，主张尊重自然规律，以顺应自然为基础实现人与自然的协调统一。同时，儒家思想也吸收了这一理念，提出了"仁者乐山，智者乐水"的生态观，赋予人与自然关系以伦理和审美的维度。这种对自然的尊重与关怀，深刻反映了中国传统价值观中整体性与和谐观的核心特质。

在当代中国，天人合一的思想被重新诠释，成为生态文明建设的重要理论基石。面对日益严峻的环境挑战，中国政府提出了"绿色发展"和"可持续发展"的战略，强调人与自然的和谐共生。这一理念不仅是对传统哲学思想的继承，更是中国在现代化进程中对生态责任的积极回应，体现了中国价值观在新时代背景下的转型与实践。这种对生态文明的重视，展现了中国在全球环境治理中承担责任的意愿与能力。这一理念融合了传统与现代、东方与西方的思想，形成了具有鲜明中国特色的价值观念，不仅维系了中国社会的稳定与发展，也在全球化时代展现出独特的魅力与影响力。

"富强、民主、文明、和谐，自由、平等、公正、法治，爱国、敬业、诚信、友善，传承着中华优秀传统文化的基因，寄托着近代以来中国人民上下求索、历经千辛万苦确立的理想和信念，也承载着我们每个人的美好愿景。"① 这一价值观框架与天人合一思想相辅相成，共同构成了中国现代化道路上的核心理念，反映了对人类共同未来的美好期望与责任担当。

第二节　西方话语与价值观维护

西方价值观的历史作用需要从发展的角度进行辩证分析。在其诞生之初，西方价值观在诸多方面展现了先进性，为人类社会的进步和文明的提升作出了重要贡献。西方的启蒙思想推动了理性主义

---

① 习近平：《习近平谈治国理政》，外文出版社 2014 年版，第 169 页。

和科学精神的传播，在某种程度上促进了社会的变革和政治的现代化。同时，工业革命带来的经济发展模式也为全球提供了参考，激发了生产力的巨大飞跃。

然而，随着历史的演进，这些原本具有解放意义的价值观逐渐与西方国家的霸权利益相结合，成为维护全球不平等秩序的工具。一方面，西方价值观在输出过程中试图将其塑造为唯一正确的社会发展模式。这样的普适性叙事忽视了不同文明和社会的多样性，导致许多非西方国家的本土文化和价值体系被边缘化甚至瓦解。另一方面，西方通过控制全球话语权，将自身的价值观与政治、经济、军事力量相捆绑，强化了全球范围内的权力不对称关系。例如，在国际组织、跨国企业、媒体网络等领域，西方价值观被包装为全球标准，但实际上服务于特定国家和阶级的利益。

这一演变过程表明，任何价值观和话语体系都不是静止的，它们既可能成为推动社会进步的力量，也可能蜕变为维护不平等和霸权的工具。这种转变的根本原因在于权力与价值观的结合。正如马克思所强调的"统治阶级的思想在每一时代都是占统治地位的思想"，价值观的主导地位并非单纯来自其内在先进性，而是依托于物质力量和社会关系的支撑。西方价值观的先进性并非绝对。在特定历史阶段，虽然其在技术进步和制度创新方面有显著优势，但也存在局限性。例如，资本主义体系固然带来了经济发展，但同时伴生的剥削、殖民扩张和环境破坏问题也日益凸显。而这些问题正是西方价值观内部矛盾的体现。随着时间推移，这种矛盾逐渐累积，使得这些价值观在当代的合法性受到质疑。

当今世界，全球化趋势加速了不同文明和价值观的碰撞。在这种背景下，单一价值观的霸权难以为继，多样化的文化和价值体系正在崛起。这种多元竞争和融合的过程，是对西方话语霸权的自然反制，也是对全球公平和包容的一种探索。例如，东方文明中的集体主义、可持续发展的理念，正在成为全球范围内越来越重要的补充和替代视角。

"当今世界正在经历百年未有之大变局。新冠疫情全球大流行使这个大变局加速变化，经济全球化遭遇逆流，保护主义、单边主义上升，世界经济低迷，国际贸易和投资大幅萎缩，给人类生产生活带来前所未有的挑战和考验。"① 这一系列变化揭示了国际格局的深刻调整，也凸显出全球治理体系的不确定性与复杂性。冷战结束以后，国际力量对比的基本形势是：西强东弱，北富南贫。资本主义还在发展，社会主义在世界范围内处于低潮；发达国家在经济、科技、军事等方面占有巨大优势，广大发展中国家在发展进程中还面临许多困难。② 这一背景下，国际话语权的"西强东弱"局面长期延续，反映了全球治理中的不平衡现象。然而，随着以中国为代表的发展中国家崛起，"东升西降"的世界格局已逐渐显现。这种转变不仅体现在经济与科技领域的竞争，更表现在话语权与价值观的较

---

① 《习近平在 2020 年中国国际服务贸易交易会全球服务贸易峰会上的致辞》，载于中国政府网，2020 年 9 月 4 日。

② 《江泽民文选》（第 3 卷），人民出版社 2006 年版，第 157 页。

量上。尽管西方在全球事务中仍然占据重要地位，但新兴经济体正在通过自身的发展和创新挑战既有秩序，为世界格局的调整注入新的动力与活力。"站在新的历史起点上，实现'两个一百年'奋斗目标、实现中华民族伟大复兴的中国梦，必须适应经济全球化新趋势、准确判断国际形势新变化、深刻把握国内改革发展新要求，以更加积极有为的行动，推进更高水平的对外开放，加快实施自由贸易区战略，加快构建开放型经济新体制，以对外开放的主动赢得经济发展的主动、赢得国际竞争的主动。"① "要准确把握经济全球化新趋势和我国对外开放新要求。改革开放是我国经济社会发展的动力。不断扩大对外开放、提高对外开放水平，以开放促改革、促发展，是我国发展不断取得新成就的重要法宝。开放带来进步，封闭导致落后，这已为世界和我国发展实践所证明。党的十八大以来，我们乘势而上，加快构建开放型经济新体制，更高水平的开放格局正在形成。""我国是经济全球化的积极参与者和坚定支持者，也是重要建设者和主要受益者。我国经济发展进入新常态，妥善应对我国经济社会发展中面临的困难和挑战，更加需要扩大对外开放。'机者如神，难遇易失。'我们必须审时度势，努力在经济全球化中抢占先机、赢得主动。"②

---

① 《习近平关于社会主义经济建设论述摘编》，中央文献出版社 2017 年版，第290—291 页。

② 《习近平关于社会主义经济建设论述摘编》，中央文献出版社 2017 年版，第292 页。

历史表明，居于世界舞台中心的国家，其话语权往往建立在综合国力之上。资本、权力和话语三者共同构成话语霸权的基础：资本提供吸引力，权力带来威慑力，成熟的话语体系则赋予其正当性。西方国家凭借资本、经济、军事和科技的优势，将自身地域性价值观塑造为全球性标准，在全球范围内建立了强势话语体系。① 这种话语霸权的形成并非仅源自话语本身，而是与综合实力密不可分，印证了马克思所指出的"统治阶级的思想是占统治地位的思想。这就是说，一个阶级是社会上占统治地位的物质力量，同时也是社会上占统治地位的精神力量。……占统治地位的思想不过是占统治地位的物质关系在观念上的表现，不过是以思想的形式表现出来的占统治地位的物质关系"。② 即物质力量的支配最终体现为精神力量的主导。

一、西方话语与经济特权

西方话语体系中，"自由市场"和资本主义被赋予了普遍价值的标签，其全球化扩散与冷战结束后西方尤其是美国经济模式的推广密切相关。通过世界银行、国际货币基金组织、世界贸易组织等国际机构。"西方话语体系是维护和巩固西方国家在世界各地享有经济特权的重要工具。在西方话语体系中对西方资本主义的历史

---

① 参见陈曙光：《政治话语的西方霸权：生成与解构》，《政治学研究》2020 年第6 期。

② 参见《马克思恩格斯文集》（第 1 卷），人民出版社 2009 年版，第 550—551 页。

解读有着不同于其他民族的理解，那些在人类历史发展中充满了血腥的殖民掠夺和奴隶贸易却被冠以西方文明的传播和文明社会对蒙昧社会的开发的名号；那些被西方机器工业和工业制品倾销而摧毁的其他民族传统经济形态的历史则被冠以推进人类历史进步的幌子。"①

工业革命推进西方国家经济实力的显著提升，资本主义市场经济成为全球经济体系的核心。这一过程中，西方经济学理论与政治经济学思想形成了全球主流话语框架，为资本主义扩张提供了理论合法性。依托国际金融机构、跨国公司和全球贸易体系，西方国家通过话语权的支配，制定并执行有利于自身利益的经济规则。这种经济和话语的双重霸权，使得西方得以在全球化进程中保持主导地位，塑造了一个以自身价值体系为中心的世界秩序。

（一）经济特权的确立与巩固

西方话语权的确立为其经济特权的形成和巩固提供了重要支撑。在 19 世纪末至 20 世纪初的帝国主义的扩张时期，西方国家不仅通过军事和政治手段巩固全球经济的主导地位，还通过控制国际贸易、投资和金融体系，建立了有利于自身利益的全球经济格局。这种体系将发展中国家纳入西方主导的经济网络，使其资源和劳动为西方资本积累服务，同时限制了发展中国家自主发展的空间。

布雷顿森林体系的建立是西方确立经济特权的重要里程碑。第

---

① 贺耀敏：《中国话语体系的建构》，中国人民大学出版社 2021 年版，第 94—95 页。

二次世界大战后，美国及其西方盟国主导了以美元为核心的国际货币体系，并通过国际货币基金组织和世界银行等机构，制定了全球经济运行的基本规则。这些规则明显偏向西方国家的经济利益和意识形态偏好，例如推动自由市场经济模式的全球化推广。通过这些机构，西方不仅控制了全球资本流动的方向，还显著削弱了发展中国家在国际经济体系中的话语权和决策权。

（二）话语权与经济特权的相互强化

西方话语权与经济特权之间呈现出相互强化的动态关系。西方国家通过掌控全球经济话语权，塑造了关于经济发展的主流认知框架。譬如，"新自由主义"经济学的兴起，体现了西方话语对全球经济思想的主导。"新自由主义"提倡"自由市场"、私有化和去监管，这些政策在 20 世纪 80 年代以来被广泛推广，尤其是在发展中国家。这种经济政策的全球普及，不仅有助于西方国家的资本输出和市场扩张，也进一步巩固了它们在国际经济中的主导地位。

与此同时，西方的经济特权为其话语权的维系提供了物质基础和制度保障。通过掌控全球资本、技术和资源流动，西方国家不仅维持自身经济优势，还利用国际主流媒体、学术界和智库来推广符合其利益的经济话语。以美国为首的西方国家通过国际会议、双边和多边贸易协定，以及对发展援助的控制，构建以自身为中心的全球经济秩序。通过这种手段，西方国家将自身的经济模式和价值观推广为"普世标准"，增强了国际社会对其主导地位的认同。

此外，西方话语权还通过对国际经贸规则制定的深度介入体现其经济特权。在国际贸易标准、知识产权保护规则、投资和竞争政策的制定中，西方国家和企业扮演着核心角色。这种规则通常往往反映了西方国家的利益和价值观，同时被包装为全球经济治理的"公正"标准。这种制度性设计不仅强化了西方的经济领导地位，也通过所谓的"软实力"进一步巩固了其全球影响力。话语权与经济特权的相互强化，构成了西方在全球经济体系中的核心支柱，使其能够长期主导国际经济秩序。

（三）全球化背景下的话语与经济权力

全球化进一步深化了西方话语权与经济特权的相互作用。信息技术革命、跨国资本流动和全球生产网络的形成，使西方国家的经济和话语权跨越国界，渗透到全球各地。跨国公司作为全球化的重要推动力量，不仅通过资本和技术的输出强化了西方经济特权，也通过控制全球供应链，将西方主导的经济模式嵌入全球经济体系。这些公司与西方国家政府和国际机构密切合作，共同塑造全球经济政策和规则，进一步巩固西方国家在国际经济秩序中的主导地位。然而，全球化也为西方话语权和经济特权带来了挑战。新兴市场国家，特别是中国和印度的崛起，正在改变全球经济力量的格局。这些国家通过经济增长和国际影响力的提升，逐渐在全球话语体系中争取到更多发言权。例如，中国以共建"一带一路"倡议和亚洲基础设施投资银行为平台，推动与西方主导模式不同的全球治理理念，试图构建更加平衡与多元的国际经济秩序。印度则通过技术创新和区域合作，强化其在全球经济中的地位，进一步拓展其国际话语影响力。全球化进程中的这种竞争与重构表明，虽然西方国家依然在全球经济和话语体系中占据优势，但新兴经济体的崛起正在挑战这一主导地位，推动国际经济和话语权格局向多极化方向发展。这一动态过程为全球化带来了新的不确定性，同时也为全球治理提供了多元化的可能性。

（四）西方话语与经济特权的未来挑战

尽管西方国家仍然在全球经济体系中占据主导地位，但其话语权和经济特权正面临严峻挑战。全球经济力量的多极化趋势不可逆转，新兴市场国家，特别是中国、印度、巴西等国，正逐步崛起并在全球经济治理中发挥越来越重要的作用。随着这些国家的经济发展，它们在国际话语体系中的话语权也不断增强，西方主导的全球经济话语正面临质疑。这些国家不仅在经济规模上逐步逼近发达国家，而且在全球治理中提出了替代性的方案。

同时，全球金融危机及其后果，尤其是 2008 年全球经济危机的爆发，暴露了西方资本主义的经济模式的内在缺陷。金融危机及随之而来的经济不平等加剧，破坏了西方国家在全球范围内的道德权威和话语影响力。西方主导的经济模式被批评为过度依赖市场自由化、去监管和私有化，导致贫富差距扩大、社会福利削减和金融风险增加。随着全球各国特别是新兴市场国家的崛起，许多国家开始重新评估西方经济理论和政策，探索更加公平、可持续的发展路径。这种趋势不仅反映了对现有经济模式的不满，也体现了对新型全球经济治理体系的需求。

随着技术革命、人工智能、数字经济等领域的快速发展，全球经济的规则和权力结构正在发生根本变化。西方国家在技术领域仍占据优势，但新兴技术的发展可能会削弱其在全球经济体系中的主导地位。数字经济的兴起，尤其是在金融科技、电子商务和数据流动等方面，提供了新的发展机会，也让发展中国家有可能借助技术跨越发展瓶颈，挑战西方经济特权。与此同时，技术革命也带来了全球经济体系的不确定性，尤其是在数据安全、网络治理等方面，西方国家面临来自非西方国家的竞争和挑战。譬如，近年来，美国针对中国科技企业（如华为、TikTok[①]等）的打压，成为西方经济特权遭遇挑战的一个显著案例。美国政府对这些企业采取的封杀和制裁措施，不仅展示了其在全球经济体系中的话语权，也揭示了数字经济时代话语权角力的新形式。然而，美国对这些企业的围剿，更多依赖意识形态的框架而非市场规则或经济全球化的框架，表明数字经济的全球竞争正逐渐成为国际政治博弈的焦点。美国媒体报道中的意识形态标签如"审查制度""威权主义"等，不仅在一定程度上反映了美国的意识形态倾向，也显示了全球经济秩序中西方话语的滞后性和对非西方国家崛起的担忧。

西方话语与经济特权的关系深刻影响着全球经济体系和国际政治经济秩序。虽然西方国家通过话语权的掌控，确立了其在全球经济中的主导地位，并通过国际金融体系和经济规则的制定巩固了其

---

① 李宇：《国际传播视阈下政治话语体系建设的主要挑战与应对策略》，《南方传媒研究》2023 年第 8 期。

经济特权。然而，随着全球化的深化和新兴市场国家的崛起，西方的话语权和经济特权面临前所未有的挑战。未来，全球经济治理的多极化和经济模式的多样化将可能重塑全球经济的权力结构。新兴市场国家的崛起以及技术革命的推动，可能会促使国际经济秩序朝着更加平衡和公正的方向发展。

"占统治地位的思想不过是占统治地位的物质关系在观念上的表现。"[①] 在国际舞台上，谁掌握了占统治地位的物质力量，谁才能掌握占统治地位的思想力量和话语权。今天，西方的物质力量占据压倒优势，西方的话语优势顺理成章，国家硬实力从来都是话语权力的最大支撑和主要来源。[②] 全球经济的权力将不再单一由西方国家主导，而是由多个大国和地区共同塑造，这种多极化的全球经济秩序可能会为国际经济带来更多的公平性与可持续性。

西方国家是否能够适应这一新的全球经济格局，将在很大程度上决定其在全球治理中的角色和地位。而全球话语的竞争和经济特权的博弈，也将是未来国际政治经济领域的重要议题。

二、西方话语与政治霸权

自启蒙运动以来，西方国家通过掌控全球话语权，逐渐确立并维持了其在全球政治秩序中的主导地位。西方话语体系不仅体现在

---

① 《马克思恩格斯选集》（第 1 卷），人民出版社 2012 年版，第 178 页。
② 陈曙光：《政治话语的西方霸权：生成与解构》，《政治学研究》2020 年第 6 期。

语言、文化和思想层面，还深刻影响了国际规则的制定和全球治理的结构。西方的政治霸权依托其经济、军事力量，但更深层次的根基在于其话语体系对全球政治的塑造。话语与霸权之间的互动，构成了现代国际关系的重要维度。

在 19 世纪，特别是帝国主义扩张期间，西方话语进一步巩固了其全球主导地位。西方列强通过殖民扩张，将自身的政治、经济和文化模式强加于非西方世界。殖民话语不仅塑造了西方对"他者"的认识，还为西方的政治霸权提供了合法性依据。西方国家自视承担"文明使命"，以在全球推广其自认为是先进的政治和社会制度为己任。这一过程不仅涉及物质资源的掠夺，更是一场文化和思想的征服，西方话语权在这一时期得到了极大强化。

三、西方话语与军事强权

军事作为西方国家资本扩张的惯用形式，不仅充当资本扩张的先锋，还成为传播其价值观的暴力工具。通过塑造新话语和新概念，西方国家为其军事行动提供了合法性依据，并通过引导国际舆论朝着有利方向发展，进一步巩固了其全球主导地位。这一机制体现了西方话语体系在军事干预中的重要战略作用。

西方话语与军事强权之间的关系，是理解现代国际关系和全球安全体系的一个关键视角。自近代以来，西方国家通过构建并掌控全球话语体系，成功地为其军事力量的行使提供了合理化和合法化的框架。这种话语与军事力量的紧密结合，使西方国家在全球事务中不仅具备了物质层面的军事优势，还在塑造国际舆论、影响全球政治方面占据了主导地位。话语与军事强权的互动，不仅构成了西方霸权的核心支柱之一，也在极大程度上塑造了当代国际秩序的基本特征。

（一）全球化与信息技术革命中的话语与军事霸权

全球化和信息技术革命为西方国家维持其军事强权和话语霸权提供了新的手段。随着通信技术的飞速发展，尤其是互联网、社交媒体和全球新闻网络的普及，西方国家，尤其是美国，能够迅速而广泛地传播其政治和军事观点。这一技术优势，使西方能够更加高效地塑造全球舆论，为其军事行动提供话语支持，强化其对国际事务的主导地位。

然而，信息技术的普及也伴随着前所未有新的挑战。全球化时代的信息流动愈加多元化，非西方国家和反西方势力利用新媒体平台，积极传播与西方主导话语相对立的话语。这种信息多元化趋势使得西方国家在话语控制方面的优势逐渐削弱。在阿富汗战争和叙利亚冲突中，西方的军事行动受到全球范围内的广泛批评和质疑，社交媒体的反战声音和独立媒体的报道显著挑战了西方国家对战争正当性的宣传。这种信息反转不仅加剧了西方国家在国际舆论场的压力，也凸显了信息技术对话语霸权的潜在冲击。尽管如此，西方国家在物质层面维持着强大的军事霸权。通过军事联盟、军事基地和全球军事部署，西方国家在全球安全事务中依然占据主导地位的北约的持续扩张以及美国在亚太地区的军事存在，是西方军事霸权的典型体现，显示出西方在全球战略格局中的深远影响。同时，西方国家依旧通过不断强化"全球安全威胁"的概念，推动其军事干预政策，确保军事力量与话语权紧密结合，延续其在全球政治中的主导地位。

（二）话语霸权的未来挑战

尽管西方话语与军事强权的结合在过去几个世纪中有效地维持了西方国家的全球主导地位，但这一体系正逐步受到新的力量崛起以及技术变革的深刻影响。新兴市场国家和发展中国家的崛起，逐步打破西方主导的全球军事话语格局，全球安全秩序正朝着更加多极化的方向发展，这使得西方国家长期占据的话语优势开始动摇。越来越多的国家开始质疑西方主导的国际安全框架，倾向于寻找更符合本国利益和发展模式的全球合作路径。

同时，西方国家内部的社会和政治危机，尤其是民粹主义和民族主义的兴起，正在削弱其在国际事务中的道德权威。西方国家的政治不稳定和社会矛盾加剧，使得它们在对外军事干预时难以获得国内外舆论的一致支持。这种内部分裂，使得西方国家难以通过传统的道德话语正当化其军事行动，进而影响了其全球领导力的有效性。

同时，信息技术的发展与社交媒体的普及，虽然为西方国家提供了新的舆论操控手段，但也使得话语权的垄断变得更加困难。社交媒体的去中心化特性使得各种非官方声音能够在全球范围内传播，并对西方国家的官方话语构成挑战。信息的多元化使得西方国家难以像过去那样通过集中化的舆论控制来正当化其军事行动，非西方国家等声音在全球舆论场中获得了越来越多的话语权，推动了全球议题讨论的多元化。

总的来看，西方话语霸权面临着来自多方面的挑战。新兴大国和非西方国家的崛起，西方内部的政治危机，以及信息技术带来的信息多元化，都使得西方在全球事务中的话语主导地位逐渐弱化。未来，全球话语体系的结构可能更加多元与复杂，全球政治秩序可能朝着更加平衡与多极化的方向发展。

第三节　中国话语的价值依附

党的二十届三中全会提出，推动构建人类命运共同休，践行全人类共同价值。全人类共同价值是中国共产党着眼百年未有之大变局下的世界之变、时代之变、历史之变，为谋求人类共同利益、引领人类共同行动而提出的中国方案。习近平总书记在诸多场合对全人类共同价值进行了阐述，多次呼吁"弘扬和平、发展、公平、正义、民主、自由的全人类共同价值"。

党的十八大提出，倡导富强、民主、文明、和谐，倡导自由、平等、公正、法治，倡导爱国、敬业、诚信、友善，积极培育和践行社会主义核心价值观。富强、民主、文明、和谐是国家层面的价值目标，自由、平等、公正、法治是社会层面的价值取向，爱国、敬业、诚信、友善是公民个人层面的价值准则，这 24 个字是社会主义核心价值观的基本内容。① 社会主义核心价值观是中国在现代化进程中对传统价值观进行的继承与创新，反映了中国社会在政治、经济和文化领域的转型，成为国家发展的指导思想。

社会主义核心价值观是社会主义核心价值体系的内核，体现社会主义核心价值体系的根本性质和基本特征，反映社会主义核心价值体系的丰富内涵和实践要求，是社会主义核心价值体系的高度凝练和集中表达。②

在当前的国际政治舞台上，中国的话语正逐渐形成并对全球价值观产生影响。"我们应该大力弘扬和平、发展、公平、正义、民主、自由的全人类共同价值，共同为建设一个更加美好的世界提供正确理念指引。和平与发展是我们的共同事业，公平正义是我们的共同理想，民主自由是我们的共同追求。世界是丰富多彩的，多样性是人类文明的魅力所在，更是世界发展的活力和动力之源。'非尽百家之美，不能成一人之奇。'文明没有高下、优劣之分，只有特色、地域之别，只有在交流中才能融合，在融合中才能进步。"③ 和平与发展、公平与正义、民主与自由，已成为中国对外传播话语的核心价值依附。这些价值观不仅构成了中国国际话语的基本框架，也在国

①② 中共中央办公厅印发《关于培育和践行社会主义核心价值观的意见》，载于中国政府网，2013 年 12 月 23 日。

③《习近平在中华人民共和国恢复联合国合法席位 50 周年纪念会议上的讲话》，载于中国政府网，2021 年 10 月 25 日。

际社会中逐步展现其重要意义和深远影响。

一、和平与发展

　　和平与发展是全人类的共同事业，尽管世界面临百年未有之大变局，但依然是时代主题。世界各国人民普遍期望和平而非战争、发展而非贫穷，这一共同愿望反映了人类对于持久安定与生活质量提升的深切诉求。和平不仅关系到人类社会的可持续存在与有序发展，发展则关乎提升人类的生存水平和生活质量。两者相辅相成，和平为发展的外部环境提供保障，而发展为和平提供了坚实的内在基础。只有通过和平方式来化解矛盾冲突与对抗，社会才能为持续发展创造良好条件；只有从根本上解决人类的生存问题，改善生活水平，和平才能在全球范围内得以维系。和平与发展是全球共同的责任，所有国家应携手推动，共同努力以维护世界和平、促进全球发展。全人类共同价值蕴含的和平与发展，深度契合人类生存与发展的价值需要，体现世界各国人民的利益和愿望。[①]

　　在当今全球政治与经济的背景下，中国的国际行为和价值观深刻体现了对"和平与发展"理念的理解和践行。作为中国外交政策的核心内容，和平与发展不仅是其对外战略的指导原则，也深刻融入到全球战略布局与国际合作的各个方面。中国通过倡导和平共处、

---

① 徐艳玲：《深刻把握"全人类共同价值"的思想真谛》，载于光明网，2024 年 8 月 29 日。

合作共赢的外交方针，推动国际秩序的公正、合理发展，体现了对全球稳定与繁荣的高度关注。

中国的国际行为强调和平与发展，并将其视为现代国际秩序的基石。从"和平崛起"到共建"一带一路"倡议，中国的战略和政策体现了其对全球和平与共同发展的重视。这种价值观与西方国家普遍采用的军事干预和政治制裁形成了鲜明对比，彰显了中国独特的外交哲学。中国的和平发展理念挑战了传统的西方国际关系理论，如现实主义和自由主义，主张通过合作、对话和共赢的方式解决国际冲突，并推动全球治理体系的改革。习近平主席在多个国际场合中强调了构建人类命运共同体的重要性，这表明了中国对和平与发展的坚定承诺。

和平被广泛视为国际秩序的基石，也是中国外交政策的核心要素。在历史上，战争和冲突常常破坏国际关系并阻碍国家发展。因此，维护和平不仅是国际社会的共同责任，也是全球稳定和繁荣的前提。在应对恐怖主义、地缘政治冲突、核扩散等全球性挑战时，和平手段显得尤为重要。多边主义和国际合作成为实现持久和平的关键，国际组织如联合国在维护国际和平与安全方面发挥了核心作用。然而，和平的维护不仅依赖于国家间的合作，还需要相互尊重、利益平衡以及对国际规则的共同遵守，同时解决深层次的经济、社会和政治问题。中国外交政策坚持和平共处五项原则，即尊重主权和领土完整、不侵犯、不干涉内政、平等互利、和平共处，这些原则构成了中国对国际和平与稳定的根本承诺。尤其是在处理与邻国的关系和国际争端时，如朝鲜半岛等问题，中国始终主张通过对话和协商解决争端，强调避免冲突和对抗，反映出中国对区域稳定和国际和平的高度重视。

发展作为和平的重要保障，也是中国对国际秩序贡献的核心。经济和社会的稳定发展对和平至关重要，因为贫困、不平等和社会不公正常常是冲突的根源。促进包容性经济增长和社会发展是实现持久和平的关键。全球化背景下，发展不再是单一国家的问题，而是全球性议题。通过援助、贸易、投资和技术转移等方式支持发展中国家，对于构建一个更加平衡和繁荣的世界至关重要。

"作为负责任大国，中国坚守和平、发展、公平、正义、民主、自由的全人类共同价值，坚持共商共建共享的全球治理观，坚定不移走和平发展、开放发展、合作发展、共同发展道路。只要坚持走和平发展道路，同各国人民一道推动构建人类命运共同体，就一定能够迎来人类和平与发展的美好未来。"[①] 中国在国际发展合作中发挥了重要作用，特别是在推动全球经济增长和实现可持续发展的过程中。通过共建"一带一路"倡议等国际合作项目，中国不仅促进了自身的经济增长，也为参与国家提供了广泛的发展机遇。这一倡议通过加强基础设施建设、促进贸易畅通以及实现资金融通，为多国经济注入了活力，同时也推动了区域互联互通的深化。特别是在基础设施建设方面，中国为"一带一路"沿线国家提供了大量的投资与技术支持，助力这些国家改善交通、能源等关键领域的基础设

---

① 《习近平在纪念中国人民志愿军抗美援朝出国作战 70 周年大会上的讲话》，载于中国政府网，2020 年 10 月 23 日。

施，从而为其长期发展奠定了坚实基础。"要坚持对外开放的基本国策，奉行互利共赢的开放战略，遵守和维护世界贸易规则体系，推动经济全球化朝着更加开放、包容、普惠、平衡、共赢的方向发展，让经济全球化进程更有活力、更加包容、更可持续，让不同国家、不同阶层、不同人群共享经济全球化的好处。"①

和平与发展具有内在的关联性。和平是实现发展的基本前提，而发展则是维护和平的重要途径。在全球化深化的背景下，经济一体化加剧了国家间的相互依赖，任何地区的不稳定和冲突都可能对全球经济和安全产生广泛而深远的影响。因此，国际社会在追求和平的同时，必须致力于促进全球经济和社会的公平、包容性发展，以构建持久稳定的国际秩序。

尽管中国在推动和平与发展方面取得了显著成就，其国际角色和行动仍面临多重挑战。一些国家对中国的崛起持警惕态度，担忧其可能挑战现有国际秩序或谋求地缘政治优势。然而，中国在国际舞台上的行为同样展示了其对多边主义和国际合作的坚定承诺。作为联合国的创始会员国和安理会常任理事国，中国积极参与全球治理，支持联合国在国际事务中的核心作用，展现了负责任大国的形象。中国在推动全球和平与安全、气候变化、可持续发展等议题上提出了许多建设性建议，并通过实际行动履行国际义务。例如，中国承诺减少碳排放，推动绿色发展，并积极参与《巴黎协定》的谈

① 习近平：《习近平谈治国理政》（第3卷），外文出版社2020年版，第197—198页。

判和落实，体现了其对全球环境和人类共同未来的责任感。这些行动不仅巩固了中国在国际舞台上的领导力，也强化了和平与发展的全球性价值。随着中国的全球影响力的增强，其在维护国际秩序的和平与发展价值观方面也面临更复杂的挑战。中国需要在坚持自身发展道路的同时，更积极地参与国际规则的制定和全球治理体系的改革。这要求中国在国际事务中展现更大的透明度和责任感，同时也需要国际社会对中国的角色和贡献有更加全面和客观的认识。在这一过程中，和平与发展将继续成为中国外交政策的核心理念，并为全球秩序的平衡与稳定提供新的动能。

二、公平与正义

公平与正义作为全人类共同的理想，贯穿人类社会发展的历史长河。从古至今公平与正义始终是人类不断追求的核心价值，它们关乎合理的分配利益和社会制度的正当性。世界各国人民普遍期望能够实现公平，享有平等的发展机会和权利；他们也渴望正义，期待通过至善的制度保障每个人的应有权利。全人类共同价值蕴含的公平，是坚持国家不分大小、强弱、贫富一律平等，各国共同享有国际权利、共同遵守国际规则、共同履行国际义务，促进权利公平、机会公平、规则公平。全人类共同价值蕴含的正义，既主张各国"坚定维护以联合国为核心的国际体系、以国际法为基础的国际秩序、以联合国宪章宗旨和原则为基础的国际关系基本准则"，又倡导践行正确义利观，树立讲信义、重情义、扬正义、树道义的价值理念，关注落后与欠发达国家并为其提供更多援助。全人类共同价值将公平与正义作为价值要素纳入其中，积极回应了各国人民对国际社会公平正义的价值期盼。①

公平与正义，自古以来一直是人类社会孜孜以求的核心价值目标，体现了对合理分配利益和资源的社会期待。在全球范围内，公平与正义不仅是个体层面的基本诉求，更是国家间关系和国际秩序中的根本价值。这一价值理想体现在世界各国人民的共同愿望中。公平与正义已成为构建和维护国际秩序的基本原则，并推动国际社会朝着更加公正和谐的发展路径前进。

随着全球化和多极化进程的不断深化，公平与正义的价值观在今天的国际体系中显得尤为重要。这一价值观不仅要求各国在资源分配和权利享有方面实现平等，还要求国际社会在制度建设和规则制定过程中体现公正性。这一理念的核心在于确保所有国家，不论其大小、强弱、贫富，都应在国际关系中享有平等的权利，共同遵守国际规则并履行国际义务。

公平与正义不仅是国际秩序的理想，更是国际法和多边合作的核心基础。第二次世界大战后，国际社会以联合国为框架，尝试构建一个以公平与正义为核心的国际体系。联合国宪章明确确立了国家主权平等、和平解决争端、不干涉内政等原则，旨在通过多边合作和国际法的约束，防止强权政治对全球稳定与和平的威胁。然而，

---

① 徐艳玲：《深刻把握"全人类共同价值"的思想真谛》，载于光明网，2024 年 8 月 29 日。

尽管联合国在维护世界和平与安全方面发挥了重要作用，但国际秩序中的不公正现象依然广泛存在。发达国家在国际经济体系中拥有主导地位，制定的规则往往偏向于自身利益，使发展中国家在全球化进程中面临边缘化和不平等的风险。

公平与正义的实现不仅要求国际制度的公正性，还涉及全球资源与财富的合理分配。全球化虽然推动了经济增长，但同时加剧了全球范围内的财富分配不均和社会不公。发达国家凭借其技术、资本和市场优势，获取了全球化的主要红利，而发展中国家则面临资源掠夺、环境恶化以及社会不平等加剧等多重挑战。这种分配的不平衡不仅限制了全球化的包容性发展，也在一定程度上削弱了国际社会对公平与正义理念的认同。

多边主义和全球治理理念在实现公平与正义的国际秩序过程中具有至关重要的作用。多边主义倡导通过国际合作共同应对全球性问题，反对单边主义和霸权主义的做法。在全球化时代，国家间相互依赖性不断增强，面对气候变化、恐怖主义、传染病等全球性挑战，单一国家已难以独自应对。因此，推动多边合作，构建更加包容和公正的全球治理体系，是实现公平与正义的必要路径。

公平与正义的国际秩序还必须关注和尊重发展中国家的利益和声音。目前，国际秩序的设计和运行仍主要由发达国家主导，发展中国家在国际事务中的话语权相对有限。为了实现全球公平，国际社会应致力于增强对发展中国家的重视，确保其在国际组织中的发言权，并通过援助和合作，帮助其实现可持续发展。中国的"人类命运共同体"理念，正是通过合作共赢实现全球共同繁荣，并强调各国无论大小、贫富，都应在国际事务中享有平等权利。这一理念与全人类共同价值中蕴含的公平与正义主张相一致，强调各国应共同享有国际权利、共同遵守国际规则、共同履行国际义务，从而促进一个更加平衡与公正的国际秩序的形成。

国际社会应持续推进多边主义，深化国际合作，推动国际秩序向更加公平与正义的方向发展。这一进程不仅是应对全球化带来的复杂挑战的必要途径，也是实现全人类共同利益的核心举措。构建公平与正义的国际秩序，不仅有助于确保全球和平与繁荣的持久，而且能够促进世界朝着更加和谐、稳定和可持续的方向前进。在此背景下，全球治理的改革应注重包容性与平等性，充分体现各国利益与诉求，特别是发展中国家的权益和声音。通过强化多边合作与国际法的框架，国际社会能够有效应对当今世界面临的多重挑战，并为全球共同发展提供稳定基础。

三、民主与自由

民主与自由作为全人类共同追求的核心价值，已深深嵌入现代国际秩序的价值观体系中，成为各国人民普遍向往的重要目标。各国人民有权选择自己的发展道路和制度模式，民主并非少数国家的专利，而是全人类的共同权利。正如习近平主席多次指出："通向幸福的道路不尽相同"，民主无法以单一模式实现。真正的民主应契合各国具体国情，适合本国人民的实际需求，只有这样的民主才是真实的、有效的、持久的。

民主和自由的理念不仅是国家内部治理的基本原则，也是国际关系和全球治理中的重要价值观。全人类共同价值中蕴含的民主，不仅体现在国家层面的制度设计上，要求反映人民意志、保障人民当家作主，维护人民根本利益，还延伸至国际关系的民主化。这种民主化要求体现在"世界命运应该由各国共同掌握，国际规则应该由各国共同书写，全球事务应该由各国共同治理，发展成果应该由各国共同分享"。这意味着，在国际事务中，所有国家无论大小、贫富、强弱，都应享有平等参与全球治理的权力，共同制定国际规则，并公平分享全球化带来的发展成果。

随着非西方国家的崛起，关于民主和自由的定义及其实现方式也在不断演变。传统上，西方国家通常将民主理解为多党竞争、定期选举和个人自由的保障，这一模式在西方国家内部得到了广泛的实践和推广，并成为全球政治发展的一个重要范式。然而，随着全球格局的变化，尤其是发展中国家的崛起，民主和自由的理念在不同国家和地区的实践中展现出多样性。

对于许多非西方国家，尤其是发展中国家而言，民主和自由的实现不仅受到西方传统民主模式的影响，更深受其独特的历史背景、文化传统和社会现实的塑造。这些国家在追求民主的过程中，往往面临着与西方国家截然不同的挑战和机遇。例如，许多发展中国家的社会结构和政治体制较为复杂，历史上长期经历殖民统治、战争和社会动荡，导致民主的实现路径更为多样化。这些国家可能更加强调经济发展、社会稳定以及文化认同等因素，认为民主应与国家的历史进程和人民的实际需求相适应。此外，民主的实现不仅是形式上的选举制度，更重要的是如何在保证人民基本权利和自由的前提下，促进社会的和谐与发展。许多非西方国家在实现民主时，强调社会公平与经济发展并行推进，注重制度建设和政治体制的渐进式改革，而非急功近利的制度更替。这些国家提出的民主模式，往往更加注重集体主义和社会责任，强调权力的制衡与共同治理，而不仅是个体自由的无限扩展。

自由作为全人类的核心价值，深刻体现了个体权利与国家主权的结合，不仅是国家治理的基础，也是国际关系中至关重要的原则。自由既体现在个体的基本权利保障上，也反映在国家自主发展和全球治理的参与权上。

在国家治理层面，自由首先意味着公民享有基本的政治权利和经济权利，能够自由地表达个人的利益诉求、思想和意见。在这一框架下，个体的自由权利不仅包括言论自由、新闻自由和宗教自由等传统政治权利，还涵盖了包括经济选择、社会参与等在内的经济和社会自由。这种自由是国家现代化、民主化的基础，确保人民可以自由选择符合自身历史文化和社会现实的治理模式和发展道路。不同国家因其独特的历史背景、文化传统及社会结构，可能会采取不同的路径来实现这种自由。自由的核心价值并不要求所有国家按照同一模板去运作，而是鼓励各国依据自身国情在自由与民主的框架内选择最适合的发展道路。

在国际层面，自由意味着各国应在平等基础上参与国际事务，并有权合理表达其国家利益诉求。在全球化日益深化的今天，国家间的相互依存性加剧，任何国家都无法独自应对全球性挑战。因此，在国际关系中，自由不仅仅是对国家内政的主权保障，它还意味着各国应当在全球治理框架中拥有平等的话语权和参与权。无论国家的大小、经济实力的强弱，各国在国际事务中的声音和权利都应得到尊重，确保全球治理体系的公平性和包容性。自由的这一层面，呼吁在国际秩序中形成更加平衡和多元的互动模式，各国通过多边合作与对话解决全球问题，共同推动国际关系的民主化与公正化。

然而，全球范围内实现民主和自由的道路面临诸多挑战，尤其是在全球化日益加深的背景下。全球化虽然促进了国家间的相互依赖，但也加剧了国际关系中的不平等，特别是在全球治理体系中，发展中国家往往处于边缘地位，无法充分参与或影响全球决策。发达国家主导的国际规则和制度，往往偏向于其自身的利益和需求，忽视了广大发展中国家的声音和利益。这样的不平等不仅使得全球资源分配不公，还限制了全球发展潜力的全面释放。

对此，习近平主席提出的"世界命运应该由各国共同掌握，国际规则应该由各国共同书写，全球事务应该由各国共同治理，发展成果应该由各国共同分享"这一理念，为推动国际秩序的民主化提供了指导方向。这一理念强调，全球治理不仅仅是少数大国的责任和特权，而是所有国家共同的责任。通过增强发展中国家的话语权和参与度，确保国际规则更加公平和具有包容性，能够使各国在全球事务中平等发声，共享全球化带来的成果。

习近平主席的这一观点呼吁各国不论大小、贫富、强弱，都应在全球治理中享有平等的权利，共同参与规则的制定和全球事务的管理。这一理念不仅强调了国际秩序的公平性，也注重了全球治理的多边性和合作性。通过这一理念的落实，国际社会能够推动更加平衡、包容的全球治理体系，从而实现全球民主与自由的更好发展。和平与发展、公平与正义、民主与自由构成了现代国际秩序的三大核心价值观，深刻影响着全球治理的各个维度，推动人类社会朝着更加公正、稳定与繁荣的未来迈进。

和平与发展是全球稳定的基石。和平为所有发展的前提条件，任何国家和地区的经济与社会进步都无法在冲突和不稳定的环境中实现。中国在国际事务中长期秉持和平共处五项原则，倡导通过对话与合作解决争端，抵制强权政治。同时，中国通过提出共建"一带一路"倡议，促进全球经济平衡发展，帮助发展中国家提升经济实力，实现共同繁荣。这体现了中国在推动全球稳定与可持续发展方面的责任与贡献。

公平与正义是全球公正的基本价值。在国际关系中，公平意味着各国在全球事务中的平等参与和利益共享，正义则要求国际规则的制定与执行保障各国的合法权益。中国强调国际关系的民主化，主张平等参与全球治理，反对霸权主义与单边主义。这一理念不仅有助于缓解全球不平等，还为构建公正的国际秩序提供了理论支持与实践路径。

　　民主与自由体现了各国人民对自主选择发展道路与制度模式的追求。中国认为，民主不是少数国家的专利，而是全人类的共同权利。民主的实现应尊重各国的历史、文化与社会现实，依据本国国情选择最适合的发展模式。中国通过推动国际关系民主化，倡导多边合作，尊重各国主权与平等权利，积极参与全球治理，展现了其在国际事务中坚持民主与自由价值观的努力。

　　这些核心价值观不仅为现代国际秩序提供了基础，也为推动全球治理体系改革、促进各国间公平与共赢奠定了理论框架。

第五章　国际舆论中的中国形象

　　国际舆论是指世界范围内各行动主体（国家、国际组织、大众传媒等）在国际公共空间就其感兴趣的共同话题形成的系列关涉态度、立场、倾向的各类意见的合集。而国家形象则是国家自身及国际社会其他行为体对国家认知的集合，是"存在于受众意识层面的、具有共享性的事件和体验的总和"[①]。国际舆论与国际形象具有复杂的互动关系。一方面，国家形象的构成要素包括政治、经济、文化等内容，这些要素深刻决定着一国在国际舆论中所处的地位和环境；另一方面，国家形象通过国际大众传媒系统呈现，深度影响着全球受众对一个国家政治、经济、文化等方面的整体认知。

　　党的二十届三中全会指出："开放是中国式现代化的鲜明标识。"[②]

---

　　① K. E. Boulding, "National images and international systems," *Journal of Conflict Resolution*, Vol. 3, No. 2, 1959.
　　②《中共中央关于进一步全面深化改革　推进中国式现代化的决定》,《人民日报》2024 年 7 月 22 日。

新中国成立特别是改革开放四十多年来，在中国共产党的坚强领导和全国各族人民的共同奋斗下，中国从一个贫穷落后的国家成长为世界第二大经济体。随着中国综合国力的不断跃升和中国开放程度的不断提升，中国在国际舞台上的地位也逐渐走向中心，受到国际舆论的关注和评价也渐趋增长。特别是在百年未有之大变局下，国际格局发生复杂深刻变化，大国关系进入深度调整期，国际社会舆论对中国的评价也更加复杂多变，中国的国家形象建构也面临着新的境况和挑战。基于此，本章立足于新时代国际舆论中的中国形象，在把握新时代国际舆论中的中国形象基本面貌的基础之上，分析国际舆论中的中国形象影响因素，并对在国际舆论中塑造可亲、可敬、可爱的中国形象的有效路径进行研究。

第一节　国际舆论中的中国形象基本面貌

党的十八大以来，以习近平同志为核心的党中央，自信自强、守正创新、勇立潮头，带领"中国号"巨轮劈波斩浪、一往无前，党和国家事业取得历史性成就、发生历史性变革，为实现中华民族伟人复兴提供了更为完善的制度保证、更为坚实的物质基础、更为主动的精神力量。党的十八大以来中国取得的成就引发了国际舆论对中国经济、政治、文化、社会、生态等各方面的广泛关注，也深刻塑造了中国在国际社会的多维形象。根据中国外文局当代中国与世界研究院对外传播研究中心与凯度集团合作开展的第 7 次中国国家形象全球调查（2019）显示，中国整体形象在国际上的好感度持续上升（具体见图 1），新中国成立七十多年来取得的巨大成就获海外民众高度肯定。海外民众对共建"一带一路"倡议等中国理念和主张的认知度提升明显，认为中国未来应该优先塑造"全球发展的贡献者"形象，并预期中国的国际地位和全球影响力将会持续增强①。

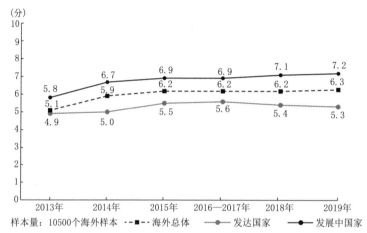

图 1　中国海外形象整体得分情况（1—10 分）趋势图
资料来源：《中国国家形象全球调查报告 2019》。

2024 年 7 月在北京召开的中共二十届三中全会，擘画了全面深化改革和推进中国式现代化的宏伟蓝图，开启了新征程推进中国式现代化的时代新篇章，海外各界对中共二十届三中全会纷纷给予高度关注和评价。

海外学界诸多专家对中共二十届三中全会的核心议题和改革举

---

① 当代中国与世界研究院对外传播研究中心：《中国国家形象全球调查报告 2019》，载于当代中国与世界研究院官网，2019 年 9 月 15 日。

措进行分析。柬埔寨皇家研究院国际关系研究所所长金平表示，中国式现代化建设始终坚持以人民为中心的发展思想，着眼于保障人民利益、增进人民福祉，确保发展为了人民、发展依靠人民、发展成果由人民共享。金平认为"中共二十届三中全会将为共建'一带一路''全球文明''全球发展''全球安全'等重大倡议注入新动能，促进世界和平、稳定、繁荣、连通、和谐"。① 北京大学中外人文交流研究基地高级访问研究员、巴西弗鲁米嫩塞联邦大学教授埃万德罗·卡瓦略（Evandro Carvalho）接受中青报·中青网记者采访时表示，相信中共二十届三中全会的召开会加快中国全面深化改革的步伐，推进中国式现代化的进程，引领中国在人与自然和谐共处的基础上实现高质量发展和共同繁荣。"'中国式现代化'并不是空中楼阁，在这个宏伟目标的背后，有系统的方法和阶段性的目标来一步步取得具体而扎实的结果。"② 法国外贸银行（Natixis）亚太区高级经济学家吴卓殷（Gary Ng）认为，中共二十届三中全会描绘了一个"国家主导的经济增长、创新和安全"的未来，提出了系列财政和金融改革举措，政府将致力于立法，改善私营部门的条件，增加经济适用房，改善年轻人的就业机会和老年人的生活水平③。新加坡南洋理工大学拉惹勒南国际研究院（RSIS）中国项目副研究员甘丽宜（Stefanie Kam）指出，中共二十届三中全会的核心主题是"进一步

① 《中国式现代化将为世界带来新机遇》，《经济日报》2024 年 7 月 23 日。
② 《国际社会高度关注中共二十届三中全会》，《中国青年报》2024 年 7 月 19 日。
③ Long-awaited Chinese policy update presents no major shift. *Reuters*，July 21，2024.

深化改革"和"推进中国式现代化",具体任务包括全面深化改革,完善社会主义制度,建设市场经济,促进发展,维护安全,加强党的领导,打击腐败,应对外部风险等方面 ①。美国智库詹姆斯顿基金会成员、香港中文大学历史系客席教授林和立(Willy Wo-Lap Lam)注意到中共二十届三中全会在高科技创新、财税制度改革、深化土地制度改革方面的议题,认为当前中国面临的外部形势严峻复杂而国内稳定改革和发展的任务艰巨繁重 ②。

海外媒体界也对中共二十届三中全会进行了大量关注和报道。英国BBC关注到中共二十届三中全会300多项改革举措对中国各方面的影响,并着重关注了延迟退休、房产税与财政制度改革、产业链创新等内容 ③。美国《外交学人》(The Diplomat)杂志主编香农·蒂兹(Shannon Tiezzi)撰文指出,中共二十届三中全会的基调可以用"稳中求进"来概括。中共二十届三中全会通过的《决定》等相关文件,阐明了中国进一步全面深化改革的规划,提出了进一步全面深化改革的总目标,包括继续完善和发展中国特色社会主义制度,推进国家治理体系和治理能力现代化等 ④。新加坡《联合早

---

① Stefanie Kam, Gideon He. Post-Plenum Analysis: China's Third Plenary Session. *IDSS Paper*, July 19, 2024.

② Willy Wo-Lap Lam, "Xi Sets Out 2029 Vision At The Third Plenum," *China Brief*, Vol. 24, No. 15, pp. 8—12.

③ 《中共二十届三中全会:300多项改革出台 2029年中国人的生活将是什么样?》,载BBC NEWS中文网,2024年7月25日。

④ Shannon Tiezzi. China's Third Plenum Embraces a "New Development Philosophy". *The Diploma*, July 19, 2024.

报》刊发评论员文章认为，中共二十届三中全会延续了 2023 年中央经济工作会议的基调，改革的重点在于释放经济长期增长潜力，全面深化改革具有"制度建设"和"全面深化"的特点①。香港《大公报》刊发评论员文章指出，中共二十届三中全会的《决定》"统筹推进教育、科技、人才'三位一体'改革，更加注重系统集成，'一盘棋'擘画顶层设计，提升国家创新体系整体效能，摆脱'卡脖子'困境，实现科技自立自强，从而托举全面深化改革"②。

　　海外各界关于中共二十届三中全会的评价，涉及政治、经济、社会等各方面，既包含了海外研究评价中共和中国的传统维度，也与国际舆论场中关于中国形象的建构存在延续性和契合性。那么，国际社会舆论中的中国形象究竟是什么样的？本节内容着眼于中国在国际社会中各方面形象的总体概览和主要特征，以勾勒出新时代国际舆论中的中国形象基本面貌，为后续的理论分析提供基础性支撑。

一、经济形象

　　改革开放特别是党的十八大以来，中国的经济发展取得巨大成就，经济保持平稳较快增长、综合国力显著增强、基础设施明显改善、全面脱贫取得决定性胜利。2023 年 11 月 7 日至 12 月 1 日，环球时报研究院采用商业化在线样本库邀约填答的方式，以中、英、

---

① 郭良平：《二十届三中全会的突破点在哪里？》，《联合早报》2024 年 7 月 26 日。

② 马浩亮：《以"三位一体"创新托举改革》，《大公报》2024 年 7 月 22 日。

西、德、阿、法等 16 个语种在中国、韩国、日本、菲律宾、印度尼西亚、印度、沙特阿拉伯、土耳其、俄罗斯、意大利、德国、法国、英国、美国、澳大利亚、南非、埃及、肯尼亚、巴西、阿根廷 20 个国家针对 18 岁及 18 岁以上常住居民展开民调，共回收有效问卷约 1.7 万份，发布了 2023 年全球民意调查。调查显示，在除中国外的 19 国受访者中，超三成认为中国的发展方式 / 道路"完全成功"，另有 45% 认为"相当成功"。分国家来看，在肯尼亚、印度尼西亚、南非、埃及 4 国有超八成受访者均认为中国的发展方式 / 道路是成功的（包括"完全成功"和"相当成功"）；在土耳其、沙特、印度等 10 国该比例超七成；在意大利、德国等 4 国也超六成①。由此可见，中国的发展成就赢得了世界多国的广泛认可，塑造了积极正面的中国国家形象。

（一）经济持续稳定增长的形象

《菲律宾星报》专栏作家李天荣表示，中国消费市场快速上升拉动全球技术创新，提高各国生产制造、美学设计以及质量安全标准，助推全球工业生产发展②。摩根士丹利首席亚洲经济学家切坦·阿希亚（Chetan Ahya）表示，在中国优化疫情防控政策后，各地城市交通和地铁客流量等重要流动性指标已经出现了有意义的反弹，这

---

① 《环球时报研究院发布 2023 年全球民意调查：全球引领力上升，中国形象更加立体》，载于环球网，2023 年 12 月 25 日。

② 《汇聚消博 共享新机——海外人士热议中国经济活力贡献世界》，《新华每日电讯》2023 年 4 月 13 日。

有助于 2023 年中国经济更早和更强劲地复苏，从而支持全年 GDP 增长。中央经济工作会议确认了对国有企业和私营企业的相应支持，这些宏观有利条件有助于支持更强的政策传导，提振私营部门信心，使强劲的增长复苏在 2023 年站稳脚跟 ①。菲律宾工商总会名誉会长蔡聪妙认为，尽管全球面临疫情和地缘政治等挑战，中国经济长期仍保持强劲韧性和增长势头，中国有能力、有智慧克服发展中的困难 ②。英国布鲁内尔大学的研究者认为，目前中国的混合所有制转型改革取得了成功，未来中国经济要进一步释放改革活力，则需要重视私营经济在中国经济发展中的作用 ③。郑永年在 2015 年指出，中国经济发展需要新动能提供发展动力，中国内部的"大众创业、万众创新"和对外的共建"一带一路"倡议是中国经济政策的新取向 ④。牛津大学中国增长中心主任、经济研究员琳达·岳（Linda Yueh）认为中国采取的渐进式制度改革对于推动中国经济高速发展具有重要作用，科技和资源的再分配改变了中国的经济结构，劳动力经济的结构改革促使劳动力从国有企业向民营企业流动 ⑤。

---

① 《海外机构持续看好中国经济前景》，《经济参考报》2023 年 1 月 18 日。

② 《总体平稳　韧性依旧——海外人士积极评价中国经济"一季报"》，《新华每日电讯》2022 年 4 月 20 日。

③ Guy S. Liu，et al.，"The Performance Impact of Firm Ownership Transformation in China：Mixed Ownership vs. Fully Privatized Ownership," *Journal of Chinese Economic and Business Studies*，Vol. 13，No. 3，2015.

④ 郑永年：《中国的新经济政策及其风险》，《联合早报》2015 年 7 月 14 日。

⑤ Linda Yueh，*China's growth：the making of an economic superpower*，Oxford：Oxford University Press，2013.

（二）积极应对各类经济挑战的形象

西班牙布鲁塞尔欧洲与全球经济研究所（Bruegel）高级研究员达尔瓦斯（Zsolt Darvas）认为，外部环境疲弱将继续制约中国经济增长势头，但通过扩大内需和向私人资本开放部分行业准入等手段，可以对冲经济"硬着陆"风险。处在转型期的中国扩大内需是其经济发展的一大特点，未来"中国消费"将是世界经济一大主题，对全球经济都会产生影响①。美国智库卡内基国际和平基金会主管研究工作的副总裁包道格（Douglas Paal）指出，每个经济体在"起飞"之后都会放缓，中国现在到了靠投资无法继续驱动增长的阶段。未来几年中国将面临从"起飞"到"稳定"的增长模式转型，中国可以避免"硬着陆"，也可以成功避免落入中等收入陷阱②。美国斯坦福大学国际研究所高级研究员、发展经济学家罗思高（Scott Rozelle）指出，可以预见，中国现在正向平稳中高速、调结构的经济新常态转变，同时更重视经济的可持续发展③。国际货币基金组织总裁格奥尔基耶娃（Kristalina Georgieva）表示，中国有足够的财政空间提振经济并应对下行压力，同时中国也在采取更有针对性的疫情防控政策，防止供应链中断，抵御增长放缓④。

（三）发展惠及全球的负责任经济形象

一个摆脱了旧增长模式、创新发展的中国，将成为世界经济增

---

①② 《海外人士把脉中国经济前景》，《新华每日电讯》2013年7月19日。
③ 《海外学者热议习近平关于中国经济重要论述》，《人民论坛》2016年第1期。
④ 《海外机构纷纷上调中国经济增长预期》，《中国对外贸易》2023年第1期。

长的稳定源动力。中国通过落实"一带一路"、亚投行等举措，也将进一步与世界分享中国的经济成果。^①特别是新冠疫情暴发以来，中国向"一带一路"沿线国家提供力所能及的物资和技术援助，中国企业积极响应"健康丝绸之路"的号召，通过多种方式助力沿线国家抗疫赢得了"一带一路"沿线国家的广泛认可。中国外文局中国报道杂志社、当代中国与世界研究院联合国际知名调查机构凯度集团（Kantar）共同开展的第七次中国企业海外形象调查显示，"一带一路"沿线国家民众对中国企业海外抗疫表现的总体印象较好，平均有70%的受访者对中国企业助力当地抗击新冠疫情的表现给予了积极评价。^②

联合国贸发会议资深经济学家梁国勇认为，中国为世界经济复苏提供强大动力。中国生产稳定、出口强劲，为世界经济复苏提供了有力保障和支撑；中国坚持实施稳健的宏观经济政策，有利于本国和世界经济长期稳定发展^③。印度尼西亚智库经济与法律研究中心总干事比马·尤迪斯蒂拉（Bhima Yudhistira）表示，尽管新冠疫情与地缘政治局势仍对国际贸易造成挑战，但2022年以来，中国与周边国家间贸易逆势增长，有力推动区域经济复苏^④。英国牛津大学技术与管理发展研究中心主任、英国社会科学院院十傅晓岚表示，

① 《海外学者热议习近平关于中国经济重要论述》，《人民论坛》2016年第1期。
② 《2020年度中国企业海外形象调查分析报告——以"一带一路"沿线12国为调查对象》，载于当代中国与世界研究院官网，2020年11月3日。
③ 《海外机构看好中国经济机遇》，《中华工商时报》2021年12月15日。
④ 《海外人士看好中国经济中长期前景》，《新华每日电讯》2022年9月8日。

2022 年上半年数据表明中国经济的基础稳固。中国经济企稳复苏为全球产业链供应链的正常运行提供重要支撑，对稳定世界经济有重要意义 ①。英国伦敦政治经济学院格兰瑟姆气候变化与环境研究所所长尼古拉斯·斯特恩（Nicholas H. Stern）表示，近年来，中国一直在寻求高质量的发展方式，中国在 2060 年前实现碳中和的承诺具有重要意义，将促进中国经济乃至世界经济沿着更具可持续性和包容性的方向增长 ②。

在高度评价中国经济发展状况的同时，国际社会舆论也注意到中国经济转型持续增长需要避免的问题。伦敦国王学院中国研究中心院长凯瑞·布朗（Kerry Brown）指出，随着国内生产总值增速的下降和总体经济形势的变化，中国需要跨越"中等收入陷阱"，通过反腐败着重解决社会公平正义和效率问题以获取公众的支持 ③。

但同时应该看到，国际社会对于中国的经济体制和经济发展存在不小的"杂音"。美国当代中国问题研究专家罗德明（Lowell Dittmer）认为，中国的经济增速减缓几乎和反腐败运动的进行同时发生，中国的反腐败运动是影响中国经济增速减缓的原因之一 ④。对

---

① 《韧性足　预期稳——海外人士热议中国经济半年报》，《新华每日电讯》2022 年 7 月 18 日。

② 《海外看两会　中国经济何以一枝独秀》，《中国金融家》2021 年第 3 期。

③ Kerry Brown, "The Anti-corruption struggle in Xi Jinping's China: An Alternative Political Narrative," *Asian Affairs*, Vol. 49, No. 1, 2018.

④ Lowell Dittmer, "Xi Jinping's 'New Normal': Quo Vadis," *Journal of Chinese Political Science*, Vol. 22, No. 3, 2017.

于关于中国经济形象的误读和歪曲，我们要在国际舆论中予以坚决反对和澄清。

二、政治形象

党的十八大以来，以习近平同志为核心的党中央在治党理政的伟大实践中，通过强力推动反腐败斗争、全面从严治党、发展全过程人民民主等系列组合拳，推动中国特色社会主义政治制度优越性得到更好发挥，生动活泼、安定团结的政治局面得到巩固和发展。中国政治发展的显著成绩也引发了国际舆论的高度关注，深刻影响着中国的国际政治形象。

（一）坚决惩治腐败的形象

中共十八大以来，中国共产党坚持有腐必惩、有贪必肃，反腐败斗争取得压倒性胜利，国际舆论对此高度关注。美国杜克大学政治学教授梅拉尼·曼宁（Melanie Manion）认为，中共十八大以来中国的反腐败斗争通过结构改革增强了中央纪律检查委员会的权力，使中国经济领域的寻租机会显著减少，具有长期性[1]。印第安纳大学毛雷尔法学院杰罗姆·霍尔博士后、研究员马卡比·克礼（Macabe Keliher）和印第安纳大学东亚语言和文化系兼职教授吴新超（Hsinchao Wu）指出，中共十八大以来的反腐败运动，不

① Manion, Melanie, "Taking China's anticorruption campaign seriously," *Economic and Political Studies*, Vol. 4, No. 1, 2016.

仅关注查处具体的腐败案件，而且也着力推进反腐败体制机制改革。通过加强行政改革与纪律规范建设，中国的反腐败斗争取得了积极成效①。在反腐败斗争本身取得的成绩之外，国际舆论还关注到新时代中国反腐败斗争的溢出效应。中共的十八大以来高压反腐不仅震慑惩处了一批官员，而且也净化了金融市场的风气②，打破了日益牢固的权力阶层，有利于中国经济社会的长治久安和长远发展③。

新时代中国的反腐败运动在一定意义上始终是国际舆论关注的焦点，尽管国际社会对中国反腐败运动存在"异化"的解读，但正如罗切斯特大学人类学系助理教授庄思博（John Osburg）指出的那样，新时代中国反腐败呈现出战略明显优化、态度更加坚决、持续时间长的特点，有效地遏制了公职人员的奢靡之风和腐败问题，令人印象深刻④。

（二）积极发展民主政治的形象

全过程人民民主"是全链条、全方位、全覆盖的民主，是最广

---

① Macabe Keliher, Hsinchao Wu, "Corruption, anti-corruption, and the transformation of political culture in contemporary China." *The Journal of Asian Studies*, Vol. 75, No. 1, 2015.

② Daniel Kima, Yun Li, and Domenico Tarzia, "Value of corruption in China: Evidence from anti-corruption investigation," *Economics Letters*, Vol. 164, 2018.

③④ John Osburg, "Making business personal: Corruption, anti-corruption, and elite networks in post-Mao China," *Current Anthropology*, Vol. 59, Supplement 18, April 2018.

泛、最真实、最管用的社会主义民主"①，自 2019 年 11 月 2 日习近平总书记在上海市长宁区虹桥街道古北市民中心提出以来，引起了国际社会的高度关注。2022 年，当代中国与世界研究院围绕中国民主的理念与实践，在全球五大洲 23 个国家开展民意调查发现："各国民众对全过程人民民主的内涵和效能给予高度肯定，展现了对外传播好这一重要理念的良好态势。"② 党的十八大以来中国共产党在对民主政治发展基本规律认知和对中国国情把握的基础上，稳步推进全过程人民民主在国际社会中展现出中国积极发展民主政治的良好形象。

南非大学姆贝基非洲领导力研究院高级研究员谭哲理（Paul Tembe）在南非独立在线新闻网站（IOL）发表评论文章，积极评价中国的全过程人民民主，认为中国的民主制度实现了良政善治，即有效、高效地提供公共产品服务。全过程人民民主为共同利益服务，并带来切实的社会利益③。中国改革友谊奖章获得者、美国库恩基金会主席罗伯特·劳伦斯·库恩（Robert Lawrence Kuhn）指出："中国共产党领导下的全过程人民民主，真正把发展为了人民、发展依靠人民、发展成果由人民共享落到实处，具有显著优势。"④ 乌克兰

---

① 中华人民共和国国务院新闻办公室:《中国的民主》，人民出版社 2021 年版，第 2 页。

② 于运全:《国际视角下全过程人民民主的时代价值与意义》，《当代世界》2023 年第 3 期。

③ Paul Tembe，"Chinese whole-process of people's democracy，"*IOL*，2021-12-13.

④ 罗伯特·劳伦斯·库恩:《全过程人民民主具有显著优势（国际论坛）》，《人民日报》2021 年 12 月 16 日。

《每周镜报》政治评论员阿列克谢·科瓦利（Alexey Kovaly）表示，中国没有照搬西方民主模式，而是不断改进中国特色社会主义民主，其目的是寻求和建立最广泛共识，其方法是充分考虑民意和吸收专业建议，范围涵盖选举、立法、决策、管理、监督等全过程①。美国独立记者丹尼·海锋（Danny Haiphong）及其合作者卡洛斯·马丁内斯（Carlos Martinez）认为，中国全过程人民民主是不同于西方民主发展模式的全新民主，以美国为首的西方阵营还未适应和承认中国特色社会主义民主崛起的现实，"西方模式的自由民主则表现得仿佛走到了生命的尽头"②。美国新墨西哥州立大学历史学教授肯尼思·哈蒙德（Kenneth Hammond）表示，中国共产党始终坚持以人民为中心、坚持人民主体地位，真正为人民执政、靠人民执政。"全过程人民民主在治理国家、解决社会问题等方面显示出显著的有效性。"③

（三）锐意改革开放的进取形象

改革开放是当代中国命运的关键抉择，是发展和中华民族伟大复兴的必经之路。党的十八大以来，以习近平同志为核心的党中央坚定不移持续深化改革开放，各方面工作取得举世瞩目的成就，向国际社会塑造了锐意改革开放的进取中国政治形象。

---

① 《全过程民主，支持和保证人民当家作主——国际人士积极评价中国全过程民主》，《人民日报》2021 年 7 月 6 日。

② D. Haiphong, C. Martinez, "The Universalization of 'Liberal Democracy'", *International Critical Thought*, Vol. 12, No. 2, 2022.

③ 《"中国的民主制度充满了中国智慧"——多国人士积极评价〈中国的民主〉白皮书》，《人民日报》2021 年 12 月 6 日。

2018 年，在外交部驻香港特派员公署联合香港明天更好基金举办的改革开放 40 周年国际研讨会上，英国剑桥大学教授马丁·雅克（Martin Jacques）指出，中国改革开放开启了深层次的思想革命，赋予中国人民美好生活，让他们充满活力、勇于变革、更加开放、善于学习、富有好奇心和进取心。中国并未如西方所愿走上西式资本主义道路，而是坚持中国特色社会主义道路并取得成功。中国的道路不是"非黑即白"，而是基于悠久的历史文化和兼容并蓄的政治制度。这为世界提供了新选择。如今，西方越来越需要向中国学习借鉴①。葡萄牙科英布拉大学曼纽尔·波尔多（Manuel Porto）认为，改革开放以来中国在经济发展过程中更支持自由贸易，向世界展示锐意进取的开放姿态，是利用经济开放优势进行发展的全球表率②。加拿大卡尔顿大学政治学系斯蒂芬·史密斯（Stephen N. Smith）认为，新时代中国在"一带一路"倡议、"人类命运共同体"等外交上的举措，向国际社会展现出中国的"新自信"③。

三、文化形象

党的十八大以来，中国始终坚持发展社会主义先进文化，加

---

① 《百花齐放春满园——外国政要学者盛赞中国改革开放的深远影响》，《人民日报》2018 年 11 月 9 日。

② 《人民日报》海外版"中国故事工作室"、中国外文局融媒体中心、欧美同学会：《新时代：全球院士点赞中国》，人民出版社 2017 年版，第 24 页。

③ Stephen N. Smith, "Community of Common Destiny: China's 'New Assertiveness' and the Changing Asian Order." *International Journal*, Vol. 73, No. 3, 2018.

强社会主义精神文明建设，培育和践行社会主义核心价值观，传承和弘扬中华优秀传统文化，以正确舆论凝心聚力，以优秀作品繁荣文化艺术，公共文化服务和文化产业逐步实现高质量发展。中国"意识形态领域形势发生全局性、根本性转变，全党全国各族人民文化自信明显增强，全社会凝聚力和向心力极大提升，为新时代开创党和国家事业新局面提供了坚强思想保证和强大精神力量"。① 中华文化国际影响力不断增强，在国际社会引发各界的广泛关注。

（一）意识形态不断创新发展的形象

党的十八大以来，习近平总书记提出"中国梦"的重要指导思想和重要执政理念，国际社会对此纷纷进行解读和评价。在关注"中国梦"之外，很多海外学者注意到习近平新时代中国特色社会主义思想的提出对于中国意识形态领域创新的巨大影响。意大利学者白美颐（Beatrice Gallelli）指出，习近平新时代中国特色社会主义思想是由"中国梦"升华而来的，代表当代中国马克思主义中国化时代化的最新成果 ②。伦敦国王学院中国学教授、中国研究所主任凯瑞·布朗（Kerry Brown）认为，习近平新时代中国特色社会主义思想是中共十八大以来中国在意识形态领域的重要创新发展，"习近平

---

① 《中共中央关于党的百年奋斗重大成就和历史经验的决议》，人民出版社 2021 年版，第 46 页。

② Beatrice Gallelli, "Doing Things with Metaphors in Contemporary China: Analyzing the Use of Creative Metaphors in the Discourse on the Chinese Dream," *Annali di Ca Foscari Serie Orientale*, Vol. 58, 2018.

思想之所以重要，是因为在中国这个极其复杂国家，这种意识形态上的共识来之不易，一旦达成共识，就必须得到很好地捍卫"①。正如有学者指出的那样，中共十八大以来在中国共产党领导下，中国的意识形态领域的创新既囊括党的基本政治理论的创新，也包含官方文件、行动格言等官方政治语言的发展转变②。

当然，对于中共十八大以来中国意识形态领域的发展，也有海外舆论注意到意识形态领域可能存在的问题。新加坡国立大学东亚研究所高级研究员郭良平在《联合早报》撰文指出，中国目前仍面临着很多意识形态领域的挑战。虽然意识形态对党的组织、中国精神面貌、方针政策等至关重要，但在意识形态发展方面还存在一些无法解释实践的问题，市场化改革对中国的意识形态冲击巨大③。

（二）文化软实力不断提升的形象

与政治、经济、军事等硬实力一道，文化软实力已经成为构成一个国家综合国力的重要组成部分，并日益成为大国竞争影响力的重要平台。软实力是一国对外吸引力、影响力和感召力的集中体现，是国家文化形象的重要展示媒介。新时代文化产业发展成果显著，

---

① Kerry Brown, *The World According to Xi*: *Everything You Need to Know About the New China*, London: Bloomsbury Publishing, 2018, pp. 44—47.

② 俞可平、［德］托马斯·海贝勒、［德］安晓波主编：《中共的治理与适应：比较的视野》，吕增奎、韩冬临、何哲等译，中央编译出版社 2015 年版，第 95 页。

③ 郭良平：《意识形态与国运》，《联合早报》2023 年 3 月 3 日。

中国文化软实力不断提升，对国际社会具有很强的吸引力。

俄罗斯报纸《莫斯科共青团员报》在 2016 年 6 月的报道中指出，近年来，除经济项目外，中国还在积极地推动自己的文化和价值观。与此同时，中国还在全球范围内大力推广自己的教育。中国并非现在才开始在国外实践"软实力"政策，而是一直在利用"软"工具以实现自身的目标。中国在世界上影响力的增长，在新世纪已渐成趋势①。新加坡国立大学东亚研究所高级研究员余虹指出，从文化资产、维护基于规则的国际制度体系、积极参与国际治理和规则体系改革、经济和商业影响力、发展模式的吸引力等维度来看，"客观上说，近年来中国软实力确实有所发展，中国软实力国际影响力也有所上升"。② 尼泊尔中国合作协会主席普瑞姆·沙格尔·波德尔（Prem Shankar Poudel）在 2019 年 5 月 15 日欧美同学会第二届国际智库论坛暨菖蒲河论坛上表示，自从习近平主席提出构建人类命运共同体倡议以来，得到国际社会热烈响应，其影响早已超出欧亚大陆范围，对创造互利共赢、相互尊重的国际环境、促进平衡包容的世界文明多样性发展具有重要意义 ③。中共二十大期间，《人民日报》重磅发布了中国共产党国际形象网宣片《CPC》，迅速在海内外的社交媒体上引起强烈反响。英国广播公司（BBC）注意到该宣传片的

---

① 《"文化强国"提升中国国际形象——国外高度评价中国文化建设成就》，《参考消息》2017 年 10 月 16 日。

② 余虹：《观察中国软实力发展现状与国际影响力》，《联合早报》2020 年 1 月 28 日。

③ 凌霞：《国外学者赞扬中国文化软实力》，载于求是网，2019 年 12 月 16 日。

广泛传播，并报道称："一段长达近三分钟的国家制作的英语视频旨在在国际上宣传中国共产党的形象，是中国社交媒体平台上的热门话题。"①

（三）优秀传统文化复兴的形象

习近平总书记在庆祝中国共产党成立 100 周年大会上的重要讲话中提出"两个结合"，即"坚持把马克思主义基本原理同中国具体实际相结合、同中华优秀传统文化相结合"②，是当代中国马克思主义理论的又一重大创新。党的十八大以来，党中央高度重视中华优秀传统文化的继承发展，始终从中华民族最深沉精神追求的深度看待优秀传统文化，从国家战略资源的高度继承优秀传统文化，受到国际舆论的关注和讨论，也树立起中华优秀传统文化不断复兴的形象。

新加坡《联合早报》2021 年刊文指出，近年来，随着中国经济上取得成功，中华传统文化也走出近代以来屡受冲击的厄运，越来越多的中国民众开始从传统文化中汲取营养，也发掘其商业价值，中国社会的国学潮逐渐褪去先前的"虚热"，走进大众的生活③。关于新时代中国发掘优秀传统文化的价值，美国福特汉姆大学法学院

---

① "BBCM China Watchlist for 19 October," *BBC Monitoring Asia Pacific*，2022-10-19.

② 习近平：《在庆祝中国共产党成立 100 周年大会上的讲话》，《求是》2021 年第 14 期。

③ 《从线上经典读书会到弹古琴　中国兴起国学热　传统文化回归当代社会》，《联合早报》2021 年 5 月 31 日。

副教授明克胜（Carl Minzner）认为，中国领导人可以从优秀传统文化中汲取治国理政的思想资源，弘扬优秀传统文化有助于克服当前中国社会面临的道德滑坡和精神空虚问题，为中国共产党长期执政创造一个稳固的思想观念基础[①]。

四、社会形象

党的十八大以来，中国社会建设全面加强，人民生活全方位改善，社会治理社会化、法治化、智能化、专业化水平大幅度提升，实现了人民安居乐业、社会安定有序的良好局面。国际社会对新时代中国社会建设取得的各方面成绩投入了极大的注意力，从不同维度对新时代中国的社会建设进行研究解读，在国际舆论中塑造了立体多元的中国社会形象。

（一）精准扶贫改善民生的形象

党的十八人以来，以习近平同志为核心的党中央把脱贫攻坚摆在治国理政的突出位置，把脱贫攻坚作为全面建成小康社会的底线任务，以精准扶贫、精准脱贫为基本方略，组织开展了脱贫攻坚人民战争。在 2021 年，农村贫困人口全部脱贫，绝对贫困得以消除，区域性整体贫困得到解决，脱贫攻坚战取得全面胜利。中国精准扶贫的胜利得到全球舆论的广泛讨论，为塑造精准扶贫改善民生的中

---

① Minzner C, *End of An Era*: *How China's Authoritarian Revival Is Undermining Its Rise*，New York：Oxford University Press，2018，p. 40.

国社会形象提供了坚实基础。

全球应对饥贫机构博根项目（Borgen Project）研究员劳拉·罗杰斯（Laura Rogers）研究认为，"由于中国的扶贫计划，中国人民正在克服贫困的挑战，由于中国的努力，全球贫困的百分比正在下降，中国是世界上唯一在如此短的时间内改善公民生活条件的国家"。① 国际农业发展基金（IFAD）亚太区驻中国和蒙古国代表马泰奥（Matteo Marchisio）高度赞扬中国精准扶贫在推动中国摆脱贫困方面取得的成就，认为"考虑到在40年前中国90%的人口（8亿多人）生活在贫困线以下，因此这是一项非常了不起的成就，没有其他国家能够在如此短的时间内使如此多的人摆脱贫困"。② 欧盟安全与发展研究所助理研究员法图玛塔·迪亚洛（Fatoumata Diallo）对中国在教育、医疗等方面开展精准扶贫取得的显著成效表示肯定，并认为中国的扶贫政策"大大降低了全球贫穷的水平，并有可能为其他国家所效仿"③。欧盟安全研究所研究员卡米尔·波利诺（Camille Boullenois）指出，中国政府提供了大量人力物力资源去推动农村地区减贫，特别是对基础设施建设和当地经济的支持力度进一步加大，促进了贫困地区的社会发展和经济

---

① Laura Rogers, "Five Facts About China's Poverty Alleviation Program, Seatlle," *Borgen Project*，2019-7-26.

② Matteo Marchisio, "China's Remaining Challenges in Reducing Poverty," *International Fund for Agricultural Development*，2019-11-4.

③ Fatoumata Diallo, "China's Anti-Poverty Efforts: Problems and Progress," *Stockholm: Institute for Security & Development Policy*，March 2019.

建设。①

在关注到中国精准扶贫带来的改善民生效用之外，也有国际观察者对中国精准扶贫过程中可能存在的问题予以点明。有海外观察人士指出，中国精准扶贫实施过程中存在性别、地区等方面的不平等现象，需要中国政府进一步解决。②

（二）共同富裕促进公平的形象

党的二十大报告提出"共同富裕是中国特色社会主义的本质要求"，并强调"中国式现代化是全体人民共同富裕的现代化"③。党的十八大以来，在中国共产党领导下，中国政府采取系列举措扎实推进共同富裕，在社会建设领域塑造了以共同富裕促进社会公平正义的良好形象。

英国渣打银行资产投资策略师奥黛丽·高（Audrey Goh）和马尔科·伊亚齐尼（Marco Iachini）认为：中国提出的"共同富裕"的内涵是"包容性增长，拥有更强的社会网络，缩小不同群体之间的差距，包括生活在城市和农村不同群体之间的贫富差距"。④《华尔

---

① Camille Boullenois，"Poverty Alleviation in China：The Rise of State-sponsored Corporate Paternalism，" *China Perspectives*，No. 3，2020.

② The Economist Intelligence Unit，"China's Plan to Eliminate Poverty by 2020，" *HSBC Global Business*，2018-6-19.

③ 习近平：《高举中国特色社会主义伟大旗帜　为全面建设社会主义现代化国家而团结奋斗——在中国共产党第二十次全国代表大会上的报告》，人民出版社 2022 年版，第 22 页。

④ Audrey Goh and Marco Iachini，*China's "Common Prosperity"*，Standard Chartered：Wealth Management Chief Investment Office，2021.

街日报》中国分社社长郑子扬（Jonathan Cheng）的分析文章指出，中国共同富裕系列政策之一就是通过斩断住房与受教育机会之间的联系，以推动实现社会公平。[1]加拿大政治学家亚历山大·奇普曼·科蒂（Alexander Chipman Koty）认为，中国"政府共同富裕的目标是减少不平等、改善中国公民的生活质量，这为与这些优先事项密切相关的行业提供了机会"[2]。德国基尔世界经济研究所教授罗尔夫·朗哈默尔（Rolf Langhammer）表示，要实现共同富裕，就要将基础设施投资向相对落后地区倾斜。对那些生活在偏远地区的弱势群体，政府需要提供政策支持。中国的实践表明，有效改善不平等状况有助于促进社会稳定、提高生产潜力[3]。

虽然国际社会对中国在推进共同富裕的进程中采取的一些措施产生误读，但毋庸置疑的是，正如有西方评论人士指出的那样："中国式现代化与西方式现代化的显著区别在于强调共同富裕，这与西方国家的现代化（导致贫富差距扩大和社会发展不平等）形成了鲜明对比。"[4]中国共同富裕战略目标的提出，旨在解决改革开放以来中国社会诸多不平等现象，特别是缓解收入两极分化、贫富差

---

① Cheng Jonathan，"Moves by China Hit Apartment Market，"*Wall Street Journal*，2021-9-8.

② Alexander Chipman Koty，"How to Understand China's Common Prosperity Policy"，2022-3-21.

③ 赵媛：《海外学者热议六中全会》，《中国社会科学报》2021 年 12 月 8 日。

④ Asif Durrani，"Chinese modernization agenda offers hope for the world"，载于 CGTN 网，2022-10-25。

距不断扩大的问题，让橄榄形的收入分配格局"更加丰满"以满足中国人民日益增长的对美好生活的向往。[①]

（三）构建健康中国医疗的形象

党中央、国务院高度重视人民群众的健康，坚持把健康摆在优先发展的战略地位，作出了实施健康中国战略的重大决策部署，明确提出 2035 年"建成健康中国"。健康中国建设作为中国社会建设的重要组成部分，不仅关系到中国民众的切身利益，也影响着国际社会对中国社会建设的评价和看法。党的十八大以来，中国的健康中国建设在各方面都取得了长足进展，向国际社会展现出良好的社会建设形象。

尼日利亚《黎明报》以《从"健康中国"了解中国公共卫生模式》为题发文表示，中国政府始终高度重视人民健康，中共十九大报告中提出"实施健康中国战略"。文章写道："健康中国行动富有远见，主张全民健身、共享健康生活，受到中国民众的广泛欢迎，也成为增进民生福祉和社会稳定的重要保障。"[②]健康中国不仅包括医疗服务水平的保障发展，也包含中国民众健康生活习惯的养成和运动健身的发展。新加坡国立大学苏瑞福公共卫生学院卫生系统与行为科学系系主任罗南在 2021 年表示，随着 2022 年北京冬奥会临

[①] Martin Ravallion & Shaohua Chen, "Fleshing Out the Olive? On Income Polarization in China," *NBER Working Paper*, No. 29383, October 2021.

[②]《国际社会积极评价中国加快推进健康中国建设》，《人民日报》2021 年 8 月 11 日。

近，它的热度将带动更多民众参与运动的热情，推动民众培养更健康的生活方式。①

　　健康中国的形象构建在抗疫斗争中体现得尤为明显。国际社会有识之士纷纷赞扬中国在疫情防控方面取得的有效成绩。疫情发生之初，塞尔维亚国际政治与经济研究所所长布拉尼斯拉夫·乔尔杰维奇（Branislav Djordjević）表示："中国再次展现出卓越的智慧，积极寻求解决方案，维护人民的生命安全和身体健康。"②国际著名医学期刊《柳叶刀》2020年3月8日发表社论指出，疫情发生以来中国政府已成功挽救了成千上万人的生命，疫情之下最大的人权保障就是活下来③。柬埔寨柬中关系发展学会会长谢莫尼勒（Chea Munyrith）说："疫情发生以来，中国政府始终坚持人民至上、生命至上，从自身国情出发，制定符合最广大人民利益的防疫政策，最大程度保护了人民生命安全和身体健康，最大限度减少了疫情对经济社会发展的影响。"④

---

　　① 《国际社会积极评价中国加快推进健康中国建设》，《人民日报》2021年8月11日。

　　② 《"中国为各国共抗疫情作出了重要贡献"（患难见真情　共同抗疫情）——国际组织、外国学术和智库机构人士高度评价中国疫情防控取得积极成效》，《人民日报》2020年3月10日。

　　③ 郭研评：《奉行以人民为中心的人权理念——谈中国新冠肺炎疫情防控中的人权保障》，《人民日报（海外版）》2020年3月17日。

　　④ 《"把人民群众生命安全和身体健康放在第一位"（国际社会看中国优化疫情防控措施）》，《人民日报》2023年1月5日。

五、生态形象

党的十八大以来，以习近平同志为核心的党中央围绕生态文明建设提出了一系列新理念新思想新战略，开展了一系列根本性、开创性、长远性的生态文明建设工作。中国成功走出一条经济发展和生态文明建设相辅相成、相得益彰的路子，为全世界可持续发展提供了一个成功范例。中国在生态建设方面的成功实践受到国际社会的热烈讨论，国际学界、媒体界、政界等人士纷纷对新时代中国生态建设的巨大成绩表示肯定。

（一）高度重视生态建设的形象

英国苏塞克斯大学科学政策研究所副教授山姆·吉尔（Sam Geall）指出，中共十八大以来，"生态文明建设"成为中国各级政府文件中的最高频词汇之一，已然成为中国当前极为重要的政治话语[①]。亚利桑那州立大学地理科学与城市规划学院研究员艾米·弗雷泽（Amy Frazier）认为，尽管生态文明并不是近些年来中国创造的概念，但中共十八大以来的中国对过去生态文明建设战略进行了进一步的重申和强化[②]。挪威奥斯陆大学研究员梅特·汉森（Mette Hansen）强调，生态文明建设是中国未来国家建设的重要构想和政

---

① Sam Geall, "Narratives and Pathways Towards an Ecological Civilization in Contemporary China," *The China Quarterly*, No. 236, 2018.

② Amy E. Frazier, et al., "Ecological Civilization: Perspectives from Landscape Ecology and Landscape Sustainability Science," *Landscape Ecology*, Vol. 34, No. 1, 2019.

治举措，并且逐步成为中国各级政府制定更为严格的生态保护发展政策法规需要奉行的意识形态框架①。挪威奥斯陆大学研究员爱德文·施密特（Edwin Schmitt）指出，中共十八大之前的中国虽然已经注意到环境保护的重要性，但无论是"和谐社会"还是"可持续发展"，其本质还是将经济发展置于生态环境保护之上。而中共十八大以来中国的生态文明建设理念与实践表明，生态文明建设在当代中国受到更为广泛的重视，并认为保护环境和经济发展是辩证统一、相互促进的关系②。英国著名学者、中国问题专家马丁·雅克（Martin Jacques）指出，中共十八大以来中国领导高度重视生态环境问题并采取坚决的态度进行生态环境建设，通过发展清洁能源、加强生态立法等举措，彰显了中国在生态环境建设保护方面的巨大决心③。

（二）生态建设取得重大进展的形象

国际社会已经关注到中国在生态环保领域做出的巨大贡献和取得的显著成绩，并且对此予以高度肯定。美国消费者新闻与商业频道（CNBC）报道指出，"中国在过去十年中将碳排放强度降低

---

① Hansen，Mette Halskov；Li，Hongtao；Svarverud，Rune，"Ecological Civilization：Interpreting the Chinese Past，Projecting the Global Future，"Global Environmental Change，Vol. 53，2018.

② Schmitt E. A.，"Living in an Ecological Civilization：Ideological Interpretations of an Authoritarian Mode of Sustainability in China，"*CADAAD Journal*，No. 2，2018.

③ ［英］马丁·雅克：《大国雄心：一个永不褪色的大国梦》，孙豫宁、张莉、刘曲译，中信出版集团 2016 年版，第 146—147 页。

了 34.4%，中国已宣布其目标是在 2030 年达到碳排放峰值"①。俄罗斯西伯利亚联邦大学自然资源和环境经济学科学教学实验室主任安东·佩热夫（Anton Perezhogin）表示："四十多年来，中国森林覆盖率、森林蓄积量分别增长一倍左右，人工林面积居全球第一，中国在绿色发展领域取得巨大成功。"② 美国著名生态经济学家、社会公共政策、可持续发展研究与土地问题专家，《美国经济学与社会学杂志》主编克利福德·柯布（Clifford Cobb）称赞"中国在生态建设领域开辟了新路"。他认为，中国是当今绿色能源革命的领导者之一，中国走过的发展道路完全不同于欧美国家，中国对污染的治理为其他国家提供了样板。③ 英国利兹大学高级讲师罗伯特·范德贝克（Robert Vanderbeck）及其合作者指出，中共十八大以来中国在新能源开发利用、环境保护、污染控制等方面取得了突破性进展，科学技术已然成为中国实现绿色发展的重要推动力④。英国萨塞克斯大学亚洲研究中心教授、伦敦大学学院全球繁荣研究所荣誉教授莫

---

① Evelyn Cheng, "What China's big party congress this week means for the economy," *Consumer News and Business Channel*, 2022-10-20.

② 《"为全球经济绿色复苏注入活力"——国际社会积极评价中国生态文明建设成就》，《人民日报》2021 年 9 月 1 日。

③ 刘晓云：《国外高度评价新时代中国生态文明建设成就》，《红旗文稿》2020 年第 24 期。

④ Liu, Chen; Chen, Lily; Vanderbeck, Robert M.; Valentine, Gill; Zhang, Mei; Diprose, Kristina; McQuaid, Katie, "A Chinese Route to Sustainability: Postsocialist Transitions and the Construction of Ecological Civilization," *Sustainable Development*, Vol. 26, No. 6, 2018.

瑞奇奥·马里内利（Maurizio Marinelli）指出，中国提出的"美丽中国"建设目标取得积极成效，中国基于自身发展特点设计出具有中国特色的生态发展政策框架，践行着中国提出的可持续发展理念，对于全球其他国家和地区的生态环境保护行动具有借鉴意义[1]。巴西坎皮纳斯大学孔子学院的尼古拉斯·沃纳·韦恩（Niklas Werner Wein）及其合作者以林业为例，阐明了中国生态文明所蕴含的环境保护主义的潜在独特性。与西方通过草根环保运动保护自然免受人类侵犯的某些愿景相比，中国政府在推进生态文明建设中发挥着巨大的推动作用，并且在林业保护方面取得了积极效果[2]。

（三）勇担国际生态责任的形象

中国的生态环境建设不仅造福国内，而且对于世界的环保事业和生态发展具有很强的正外部性。中国在国际社会塑造出勇担国际生态责任的形象。柬埔寨金边皇家大学 21 世纪海上丝绸之路研究中心主任尼克·尚达里斯（Neak Chandarith）指出："环境保护已被纳入中国的所有社会经济发展计划……凭借强大的经济实力、先进的技术能力和高度的责任，中国在应对全球气候变化方面发挥了主导作用。"[3]非洲碳交易所董事韦斯利·道格拉斯（Wesley Douglas）

---

[1]　Marinelli Maurizio，"How to Build a 'Beautiful China' in the Anthropocene：The Political Discourse and the Intellectual Debate on Ecological Civilization，" *Journal of Chinese Political Science*，Vol. 23，No. 3，2018.

[2]　Niklas Werner Weins et al.，"Ecological Civilization in the Making：the 'Construction' of China's Climate-forestry Nexus，" *Environmental Sociology*，Vol. 9，No. 1，2023.

[3]　"China's Modernization Drive And Its Global Inspiration，" *New Ziana*，2022-10-21.

表示:"中国是全球绿色发展、合作共赢的典范。中国在该领域的经验、技术和人才培养体系符合非洲国家发展需求,非洲国家应该更积极地与中国合作,跟上世界绿色发展的脚步。"① 美国国家人文科学院院士、中美后现代发展研究院创院院长、生态经济学家小约翰·柯布(John B. Cobb, Jr.)认为:"中国在生态文明建设的道路上不断取得进步,给全球生态文明建设带来了希望之光。"中国向世界展示了环境保护和经济发展并行不悖,他指出:"中国提出走向生态文明这个伟大的主张,是 21 世纪中国对世界作出的巨大贡献。"② 国际权威杂志《自然》刊文指出,人类正在面临前所未有的生态环境危机,但中国在生态治理中取得了巨大成效并且不断在全球性环境议题中贡献力量,其相信中国未来将在全球环境治理中逐步走向舞台的中央并发挥更大的作用③。原哈佛大学商学院教授、美国新经济运动领军人物戴维·科腾(David Korten)认为,中共十八大以来中国领导人提出的生态可持续发展的战略构想极富魄力与眼光,中国的生态文明建设提出一种新的环境政策目标框架,将给全球带来"新的启蒙"④。

---

① 《"为全球经济绿色复苏注入活力"——国际社会积极评价中国生态文明建设成就》,《人民日报》2021 年 9 月 1 日。

② 刘晓云:《国外高度评价新时代中国生态文明建设成就》,《红旗文稿》2020 年第 24 期。

③ Smriti Mallapaty,"China Takes Centre Stage in Global Biodiversity Push,"*Nature*,2020,(7795).

④ David Korten,"China and the Ecological Civilization",载于 David Korten 个人网站上,2016-12-20。

第二节　国际舆论中的中国形象影响因素

国家形象既是"他者"关于国家的抽象认知和感受，也和国家自身的软硬实力及其建构策略高度相关。美国经济学家肯尼思·艾瓦特·博尔丁（Kenneth Ewart Boulding）在《国家形象与国际体系》中指出，国家地理位置空间、国家对外的敌友关系、包括经济和军事能力等诸多要素在内的国家实力强弱等是构建国家形象的关键因素[1]。在国际舆论场上，中国国家形象的建构也和博尔丁所言的国家形象塑造限定因素高度相关。中国国际形象的国际舆论映射，既根源于中国日益崛起的综合国力，又受制于意识形态观念碰撞、国际格局的深刻变化等外在条件的影响。

一、意识形态的碰撞对立

"意识形态是阶级社会中，适合一定的经济基础以及树立在这一概念基础之上的法律和政治的上层建筑而形成起来的，代表统治阶级根本利益的情感、表象和观念的总和。"[2] 意识形态具有鲜明的阶级属性。意识形态不仅是一种"观念的上层建筑"，而且代表了一

---

① K.E. Boulding, "National Images and International Systems," *The Journal of Conflict Resolution*, Vol. 3, No. 2, 1959.

② 俞吾金：《意识形态论》（修订版），人民出版社 2009 年版，第 131 页。

定社会群体利益的思想观念，是作为阶级社会的维护意识而存在的。同阶级或社会集团基于各自利益的差异而持有不同的意识形态，秉持相同意识形态的群体会基于自身立场和利益而形成对于事物不同的价值判断和行为取向。由于社会利益存在分化和矛盾，因此不同意识形态立场的人往往会形成观念上的碰撞和冲突。

（一）"西方中心主义"与"普世价值"

西方中心主义（Western-centrism）又称为西方文化中心主义，主要是指以西方社会的视角去审视世界历史发展变迁和人类发展进步的观点。"历史上，不同人类文明曾长期处于孤立分散发展状态，各种文明大多只从自己的视角看世界，不同文明在彼此眼中均被视作'异类'。然而，当新航路开辟、'新大陆'被发现后，西方国家却依然把自己与世界割裂来看，西方中心主义的萌芽就此出现。"① 随着大航海时代的到来和西方凭借工业革命积累的先发优势，西方世界开启了资本主义的原始积累和全球殖民扩张的进程。在此过程中，伴随着军事征服的则是以英美为首的西方世界意识形态的对外宣扬和全球的传播。可以说，西方中心主义是随着殖民主义和帝国主义发展形成的一种虚构的、"普世性"的历史观和意识形态。该理论认为，西方文明是自己崛起的，有着相对于其他地区的"文明"和"优势"。西方中心论者认为，西方的文明是世界上最进步最典型的文明，西方以外的国家都是野蛮的，只能向西方学习并沿着西方

---

① 韩震：《西方中心主义遮蔽西方之乱》，《人民日报》2017 年 7 月 16 日。

的路径去发展。他们将西方视角置于宗教、种族、环境、文化假定的优越性之上，并在此基础上来解释世界。比如，在欧洲殖民扩张初期，他们用"尼格罗"这个词来解释非洲人，用肤色标准来取代文化差异，否定非洲各民族的历史与文化以及多姿多彩的政治制度，削弱非洲人在历史、政治、经济等方面独特性，甚至衍生出"白人优越论"的论调。由此观之，西方中心主义不仅充斥着傲慢与偏见，而且其基因里饱含着无数殖民地人民的血泪。

正是由于西方中心主义意识形态的发展，西方社会很多人都秉持着世界中心的立场，并认为西方是世界的中心，西方的发展道路代表了人类的发展方向。在此基础上，西方中心主义的一个典型表现就是以美国为代表的西方资本主义社会向全世界输出"普世价值"。价值是"从人们对待满足他们需要的外界物的关系中产生的"①，是主体基于自身需要而对客体产生的判断。而所谓"普世价值"，则是西方基于自身立场而将宪政等奉为超阶级、超国家、超时空的价值规范体系，认为全世界所有的国家和人民都要选择西方所建构的价值规约和理论话语。"广义上讲，'普世价值'是等同于西方模式、资本主义道路、资本主义制度的一种价值表达，其实质是以美国为首的西方国家鼓吹和推行的强迫性价值观念和话语体系，是'抽象人性论'的衍生品，充分反映了西方国家文化霸权主义和新殖民主义的野心。"②

---

① 《马克思恩格斯全集》第 19 卷，人民出版社 1963 年版，第 406 页。
② 王虎学、陈婉馨：《全人类共同价值与西方"普世价值"：界定、甄别与超越》，《治理现代化研究》2023 年第 1 期。

事实上，每个国家的发展国情不同，需要根据自身政治、经济、文化、社会、历史等多种因素综合考虑以选择自己的发展道路。正如恩格斯所言："我们拒绝想把任何道德教条当作永恒的、终极的、从此不变的伦理规律强加给我们的一切无理要求……相反地，我们断定，一切以往的道德论归根到底都是当时的社会经济状况的产物。"① 西方发展模式不具有普适性甚至会带来动荡不安，盲目推行西方"普世价值"的后果就是在非洲出现了大量"失败国家"（Failed States）。然而以美国为首的西方国家对此视而不见，依旧不遗余力向全世界输出自己的价值观和发展道路，对发展社会主义道路的中国指手画脚、说三道四，以西方意识形态裁剪评价中国的发展道路，并在国际社会对中国形象进行污名化。

（二）中国特色社会主义与大国担当

"当代中国的伟大社会变革，不是简单延续我国历史文化的母版，不是简单套用马克思主义经典作家设想的模板，不是其他国家社会主义实践的再版，也不是国外现代化发展的翻版。"② 在中国共产党的领导下，中国走出一条具有中国特色的社会主义发展建设之路。在坚持和发展中国特色社会主义的实践之中，中国共产党坚持理论创新，不断丰富完善中国特色社会主义理论体系，使之成为党领导人民进行改革建设的指导性意识形态。党的十八大以来，中国

① 《马克思恩格斯选集》第3卷，人民出版社2012年版，第471页。
② 《中共中央关于党的百年奋斗重大成就和历史经验的决议》，人民出版社2021年版，第67页。

特色社会主义进入了新时代。坚持和发展什么样的中国特色社会主义、怎样坚持和发展中国特色社会主义，成为新时代的重大课题。围绕这个重大时代课题，我们党在继续推进中国特色社会主义伟大实践过程中实现了理论创新，形成了习近平新时代中国特色社会主义思想。

在中国特色社会主义思想的指引下，中国共产党领导中国人民踏上了中国特色社会主义道路，进行中国式现代化建设。从世界现代化发展模式看，中国特色社会主义道路具有坚持中国共产党的领导，坚持以公有制为主体的社会主义市场经济体制，坚持和发展全过程人民民主等独特性。中国的发展实践证明，中国特色社会主义道路具有强大的生命力和有效性，是适合中国国情的道路。中国特色社会主义道路特别是中国式现代化的提出，打破了现代化理论和发展模式全球话语权长期被西方垄断的局面，跳出了"现代化就是西方化"的话语陷阱，实现了对西方现代化理论的超越，从根本上揭开了"现代化就是西方化"的幻象。中国特色社会主义取得的巨大成就，在理论和实践层面对以"西方中心主义"为代表的西方意识形态形成解构和冲击，必然会引起以美国为首的西方社会在意识形态层面的污名化和歪曲解读，对中国国际形象造成负面影响。比如，英国伦敦政治经济学院国际关系教授柯岚安（William A. Callahan）认为，中国式现代化道路的战略意图在于实现中华民族的复兴，这实质上则是中国在试图建构一个以中国价值观为核心的世界，"中国中心主义"将取代"西方中心主义"①。这种观点很明显是对中国发展模式的偏见，具有鲜明的意识形态立场和色彩掺杂其中。

实际上，中国的发展不仅无意于令中国成为世界的中心或者成为世界的霸主，而且还对世界具有强烈的正外部性。新时代以来，中国提出构建人类命运共同体的主张，致力于建设持久和平、普遍安全、共同繁荣、开放包容、清洁美丽的世界。新时代以来，中国在科技教育、减贫脱困、医疗卫生、防灾减灾、环境治理、野生动植物保护、疫情防控等领域积极开展对外合作与援助，彰显负责任大国的担当。坚决反对一切形式的恐怖主义，同近 20 个国家建有反恐政策对话机制，深入参与联合国、亚太经合组织、全球反恐论坛等多边机制框架下的反恐合作，遏制恐怖主义滋生蔓延。中国主张国际社会本着和平、主权、共治、普惠原则，通过有效的国际合作，推动建立多边、民主、透明的互联网治理体系，共建和平、安全、开放、合作的网络空间。中国在国际领域展现的责任感国际社会有目共睹，为全球治理体系的民主化、有效化、合作化贡献中国智慧和中国方案。然而，受制于意识形态对立的影响，以美国为首的西方国家对中国提出的人类命运共同体构想进行扭曲，严重损害中国的国际形象。比如，有海外学者认为，人类命运共同体的提出是中国"新霸权主义"的体现。

总之，不论是对中国道路的误读还是对中国全球治理理念的歪

① William A. Callahan, "China 2035: From the China Dream to the World Dream," *Global Affairs*, Vol. 2, No. 3, 2016.

曲，本质上都是基于意识形态对立戴上"有色眼镜"对中国形象的污蔑。在国际保守主义甚嚣尘上、封闭砌墙日益发展的今天，意识形态冲突与对立已经成为中国国际形象构建的重要影响因素之一。

二、中国国力的发展跃升

党的十八大以来，面对纷繁复杂的国内国际形势和各种风险挑战，以习近平同志为核心的党中央坚持观大势、谋全局、干实事，引领我国经济社会发展取得历史性成就、发生历史性变革，中国经济迈上更高质量、更有效率、更加公平、更可持续、更为安全的发展之路，中国政治、经济、军事、文化等各方面建设全面发展，综合国力显著提升。中国综合国力的持续发展跃升对中国国际形象的塑造具有重要意义，在一定程度上可以视为中国国家形象的支撑和依托。党的十八大以来中国综合国力的提升，不仅具有经济、军事等硬实力的壮大，也有文化软实力的发展。正如马克思指出："不论在法国或是在德国，哲学和那个时代的普遍的学术繁荣一样，也是经济高涨的结果。经济发展对这些领域也具有最终的至上权力。"① 硬实力和软实力交相辉映、相互促进，共同构筑起国际舆论场域中国国家形象建构的基本支撑点。

（一）硬实力的壮大

中国国际形象的塑造，首先根植于中国国家硬实力的提升。没

---

① 《马克思恩格斯文集》第 10 卷，人民出版社 2009 年版，第 598 页。

有国家硬实力的发展壮大，国家存续的基本条件就难以维系，更遑论国家形象的国际建构。正如习近平总书记所指出的："我们国家发展成就那么大、发展势头那么好，我们国家在世界上做了那么多好事，这是做好国际舆论引导工作的最大本钱。"① 党的十八大以来，面对世情国情深刻变化和新冠疫情的巨大冲击，在以习近平同志为核心的党中央坚强领导下，全国各族人民高举中国特色社会主义伟大旗帜，统筹推进"五位一体"总体布局和协调推进"四个全面"战略布局，牢固树立和贯彻落实新发展理念，适应把握引领经济发展新常态，坚持稳中求进工作总基调，按照党中央、国务院决策部署，同心勠力、迎难而上、开拓创新、砥砺前行，中国经济社会发展取得新的辉煌成就，决胜全面建成小康社会夺取新的重大胜利，中国特色社会主义伟大事业开创新的发展境界，为实现"两个一百年"奋斗目标和中华民族伟大复兴的中国梦打下了坚实基础，也为国际舆论场中中国国家形象的塑造奠定了基本底盘。

在经济建设方面，"党的十八大以来，中国经济实力跃上新台阶。经济总量由 2012 年的 53.9 万亿元上升到 2021 年的 114.4 万亿元，占世界经济比重从 11.3% 上升到超过 18%，我国全球创新指数排名从十年前的第三十四位提升到现在的第十二位"。② 在基础设施

---

① 《习近平关于社会主义文化建设论述摘编》，中央文献出版社 2017 年版，第208 页。

② 《党的十八大以来，我国的经济实力、科技实力、综合国力、国际影响力持续增强 中国式现代化建设取得新的历史性成就（中国这十年·系列主题新闻发布）》，《人民日报》2022 年 6 月 29 日。

建设方面，党的十八大以来中国的现代交通和通信设施全球领先。2021 年年末，我国累计建成并开通 5G 基站 142.5 万个，已建成全球最大 5G 网，5G 基站总量占全球比重达 60% 以上，5G 终端连接数占全球比重超 80%，均居全球首位；高铁营业里程达 4 万公里，较 2012 年增长 3.3 倍，已建成世界上最发达的高铁网，居世界首位；高速公路运行里程达 16.9 万公里，较 2012 年增长 0.8 倍，居世界首位①。在军事建设方面，"党的十八大以来，人民军队在习近平新时代中国特色社会主义思想和习近平强军思想引领下，坚决贯彻新时代政治建军方略，毫不动摇坚持党对军队绝对领导，固本开新、革弊鼎新、守正创新，重振政治纲纪，使理想信念更加坚定，政治生态更加纯正，备战导向更加鲜明"②。在政治建设方面，党的十八大以来，"我们坚持走中国特色社会主义政治发展道路，全面发展全过程人民民主，社会主义民主政治制度化、规范化、程序化全面推进，社会主义协商民主广泛开展，人民当家作主更为扎实，基层民主活力增强，爱国统一战线巩固拓展，民族团结进步呈现新气象，党的宗教工作基本方针得到全面贯彻，人权得到更好保障。社会主义法治国家建设深入推进，全面依法治国总体格局基本形成，中国特色社会主义法治体系加快建设，司法体制改革取得重大进展，社会公

---

① 《党的十八大以来经济社会发展成就系列报告：综合实力大幅跃升　国际影响力显著增强》，载于中国政府网，2022 年 9 月 30 日。

② 《新时代国防和军队建设成就综述之一：在党的旗帜下铸牢军魂》，《解放军报》2022 年 7 月 25 日。

平正义保障更为坚实，法治中国建设开创新局面"①。

新时代中国在上述硬实力方面取得的巨大成就引起了国际各界的广泛关注与讨论，也奠定了中国国家形象国际塑造的坚实基础。中共二十大召开之后，印度历史学家维杰·普拉萨德（Vijay Prashad）和三大洲社会研究所研究员翟庭君（Tings Chak）撰文，高度赞扬了中共十八大以来中国在经济发展、反腐败斗争等方面取得的系列历史性成就。作者认为，习近平在中共二十大报告中勾勒了将中国建设为"现代社会主义国家"的前进道路意义重大②。越共中央对外部部长黎怀忠在2022年表示，在以习近平同志为核心的中共中央坚强领导下，在习近平新时代中国特色社会主义思想引领下，中国胜利实现第一个百年奋斗目标，国际地位和影响力日益提升③。与上述观点类似的报道在国际舆论中还有很多，足见中共十八大以来中国硬实力方面取得的长足进展进一步塑造了良好的中国国际形象。

（二）软实力的提升

软实力概念由美国著名国际政治学者约瑟夫·奈（Joseph S. Nye，Jr）提出，他认为软力量是一个国家利用文化、意识形态、

---

① 习近平：《高举中国特色社会主义伟大旗帜　为全面建设社会主义现代化国家而团结奋斗——在中国共产党第二十次全国代表大会上的报告》，人民出版社2022年版，第9—10页。

② Vijay Prashad and Tings Chak, "China's Path to Socialist Modernization," *Counter Punch*，2022-10-28.

③《我驻外使领馆使团举行活动庆祝中华人民共和国成立73周年　多国人士盛赞中国十年发展成就　期待深化合作》，《人民日报》2022年10月3日。

制度等无形资源影响他国的能力。在 2004 年，约瑟夫·奈从文化、政治价值观以及外交政策三个维度对软实力资源进行分析①，进一步深化和丰富了软实力的概念框架体系。软实力的概念自提出以来就受到学界和政界的广泛关注，世界各国对于硬实力之外的"软实力"建设的重要性认知也进一步提升。

"文化软实力集中体现了一个国家基于文化而具有的凝聚力和生命力，以及由此产生的吸引力和影响力。"②党的十八大以来，习近平总书记高度重视文化软实力建设，不仅系统阐述了文化软实力的基本内涵、发展目标与建设路径，而且在文化软实力建设方面取得了前所未有的成就。新时代始终坚持以人民为中心的文化软实力工作导向，举旗帜、聚民心、育新人、兴文化、展形象，牢牢掌握意识形态工作领导权，建设具有强大凝聚力和引领力的社会主义意识形态，建设社会主义文化强国，激发全民族文化创新创造活力，更好构筑中国精神、中国价值、中国力量，为中国文化软实力的提升和国际形象的建构提供了丰厚的无形资源和文化养料。

在优秀传统文化对外宣传交流方面，京剧名家张火丁走进纽约林肯中心成功演出全本京剧《白蛇传》《锁麟囊》，上海昆剧团将汤显祖的"临川四梦"首次完整搬上舞台并开启世界巡演，所到之处

①　Joseph S. Nye, Jr, *Soft Power: The Means to Success in World Politics*, New York: Public Affairs, 2004, p. 11.

②　《习近平关于社会主义文化建设论述摘编》，中央文献出版社 2017 年版，第198 页。

盛况空前。2022 年 6 月，文旅产业指数实验室发布的报告显示，中国非遗相关内容在海外短视频平台的播放总量已逾 308 亿次，春节、中医针灸、京剧等位于关注榜前列。一些非遗传承人、文化机构、非遗爱好者等在海外许多社交平台分享中国非遗的相关内容，这些社交媒体用户参与度高、互动性强，使得非遗视频产生的影响呈指数级增长①。在文化教育交流方面，党的十八大以来的十年来，中国同 181 个建交国普遍开展了教育合作与交流，与 159 个国家和地区合作举办了孔子学院（孔子课堂），与 58 个国家和地区签署了学历学位互认协议。深入实施共建"一带一路"教育行动，加强同共建国家教育领域互联互通，中国建设了 23 个鲁班工坊，启动了海外中国学校建设试点②。在优秀电影走出去方面，一批新时代的优秀影视作品走出中国面向全球观众上映。《山海情》《大江大河》作为"国剧出海"的代表，已先后在全球 50 多个国家和地区播出，《山海情》仅在 YouTube 平台便取得了超过 1300 万次的播放量。《万里归途》《流浪地球》等多部优秀中国电影在全球上映，实现了口碑和票房的双丰收。比如，2022 年 10 月 28 日，中国国庆档票房冠军《万里归途》正式在澳大利亚、新西兰、新加坡、英国、爱尔兰、比利时、卢森堡上映。2023 年春节档的《流浪地球 2》实现了全球同步上映，截至 2023 年 4 月，《流浪地球 2》在北美票房突破 500 万美元，全球

---

① 《中国非遗走向海外，深化文明交流互鉴》，《人民日报》2023 年 6 月 13 日。

② 《教育"朋友圈"扩大！我国已与 159 个国家和地区合办孔子学院》，载《北京日报》App，2022 年 9 月 20 日。

除内地市场外总票房达 1400 万美元。

　　除了上述列举的新时代中国软实力发展成就之外，党的十八大以来中国软实力建设在其他方面也取得了重要进展，限于篇幅原因本书就不作过多展开。但毋庸讳言的是，新时代中国软实力的增强已然成为中国国际形象建构的无形资产，引起了国际社会的讨论与关注。俄罗斯科学院远东所资深研究员奥莉加·博罗赫（Olga Borokh）和该所首席研究员亚历山大·洛马诺夫（Alexander Lomanov）共同发表了论文《从"软实力"到"文化实力"》，文中指出中华传统文化中的哲学思想得到了越来越多外国人的关注和认可，他们希望通过学习汉语来了解"天下"的概念，因此汉语等教材在国外的需求量很大，而且中国武术、医学、药物、烹饪、儒家文化这些有关传统遗产的书籍在国外一直都非常受欢迎。这说明中国文化软实力的增强①。正如马来西亚新亚洲战略研究中心主席翁诗杰（Tan Sri Ong Tee Keat）指出，一个更加自信、国际话语权不断提升的中国正在崛起，积极主动为人类面临的共同问题提供解决方案是中共领导下中国治理的特点②。

三、国际格局的深刻变化

　　党的十八大以来，世界格局深刻调整。当今世界正处在大变革

---

① 凌霞：《国外学者赞扬中国文化软实力》，载于求是网，2019 年 12 月 16 日。

② Tan Sri Ong Tee Keat, "Beginning of the new long march," *Bernama*, 2022-10-29.

大调整之中，和平与发展仍然是时代主题，求和平、谋发展、促合作已经成为不可阻挡的时代潮流。世界多极化不可逆转，经济全球化深入发展，科技革命加速推进，全球和区域合作方兴未艾，国与国相互依存日益紧密，国际力量对比朝着有利于维护世界和平方向发展，国际形势总体稳定。同时也应该看到，世界仍然很不安宁。霸权主义和强权政治依然存在，局部冲突和热点问题此起彼伏，全球经济失衡加剧，南北差距拉大，传统安全威胁和非传统安全威胁相互交织，世界和平与发展面临诸多难题和挑战。特别是近年来，百年变局和世纪疫情交织叠加，俄乌冲突仍在持续，国际局势出现深刻复杂变化，世界进入新的动荡变革期，全球治理的不稳定不确定性也愈加凸显。国际环境是国际舆论形成的外部条件和限定场域，国际格局的深刻变化对于国际舆论中的中国形象塑造具有重要影响。

（一）国际局势的复杂演变

党的二十大报告对当前国际局势的复杂深刻变化作出重要判断。"当前，世界之变、时代之变、历史之变正以前所未有的方式展开。一方面，和平、发展、合作、共赢的历史潮流不可阻挡，人心所向、大势所趋决定了人类前途终归光明。另一方面，恃强凌弱、巧取豪夺、零和博弈等霸权霸道霸凌行径危害深重，和平赤字、发展赤字、安全赤字、治理赤字加重，人类社会面临前所未有的挑战。"[1] 当前

① 习近平：《高举中国特色社会主义伟大旗帜　为全面建设社会主义现代化国家而团结奋斗——在中国共产党第二十次全国代表大会上的报告》，人民出版社 2022 年版，第 60 页。

国际格局和国际体系正在发生深刻调整，全球治理体系正在发生深刻变革，国际力量对比正在发生近代以来最具革命性的变化，在世界范围呈现出影响人类历史进程和趋向的重大态势。

在国际力量对比方面，伴随全球化进程的不断深入，以中国为代表的新兴市场国家和发展中国家在全球实力不断增强，世界经济版图发生的深刻变化前所未有。发达国家和发展中国家在国际分工体系中的地位角色发生重大转变，发达国家经济增长乏力，新兴经济体和发展中国家在世界经济中占据越来越大的份额，世界经济重心加快"自西向东"位移。2023 年全年中国国内生产总值（GDP）1260582 亿元，按不变价格计算比上年增长 5.2%，高于全球 3% 左右的预计增速，在世界主要经济体中名列前茅，对世界经济增长的贡献率有望超过 30%，是世界经济增长的最大引擎，中国作为世界第二大经济体的地位得到巩固提升[1]。与此同时，美国、德国、法国、英国等资本主义国家陷入普遍的经济衰退，发达国家相较于发展中国家的领先水平进一步缩小。可以说，虽然发展中国家和发达国家在综合实力方面仍然存在一定的差距，但总体上来说世界格局"东升西降""南北平视"的趋势愈加显现。

在地区和平稳定方面，英国"脱欧"、法国"黄马甲"运动、美国大规模骚乱等"西方之乱"不断上演，其背后是国际金融危机深层次影响持续发酵，西方发达国家贫富差距不断扩大，催生政治极

---

[1]　刘志强、李心萍：《2023 年全年国内生产总值同比增长 5.2%》，《人民日报》2024 年 1 月 18 日。

化、民粹主义、种族冲突等问题，对发达国家内部的和平稳定形成一定的冲击。此外，世界范围内由于边境划界、资源争夺、宗教信仰等原因引发的地区冲突愈演愈烈，巴以冲突持续加剧、俄乌冲突继续升级、苏丹武装冲突不断发展、也门局势混乱不已、朝核问题逐渐失控、纳卡冲突摩擦不断，全球地区不稳定性进一步加强，对世界的和平与问题构成巨大挑战。

在非传统安全方面，全球范围内的经济安全、金融安全、生态环境安全、网络信息安全、资源安全、恐怖主义、武器扩散、疾病蔓延、跨国犯罪、走私贩毒、非法移民、海盗、洗钱等系列问题层出不穷，不仅危害世界人民的切身利益，而且成为国际格局深刻变化的不可控影响因素。以全球疾病蔓延传播为例，在艾滋病全球蔓延的同时，又出现非典、埃博拉病毒、甲流、新冠等传染性疾病，公共卫生安全频频告急。2020 年全球暴发的新冠疫情，对国家之间的经济关系和贸易格局产生巨大冲击，并且犹如"催化剂"加速世界百年未有之大变局的演变。所有这些不同于传统安全的、非军事性质威胁的"非传统安全"，对国家间力量对比、国家治理能力水平以及人们的国际观、安全观都会产生深远影响，深刻形塑着国际局势的发展变化。

在全球可持续发展方面，全球贫富差距不断扩大，发展失衡问题和可持续问题成为长期困扰全球发展的突出问题。在新冠疫情的冲击下，全球各主要经济体的增长态势明显放缓，全球经济增长放缓可能会破坏可持续发展目标的进展，特别是在局势脆弱的国家将进一步加剧冲突和对立。联合国经济与社会事务部 2020 年的《世界社会报告》（World Social Report）指出，基于性别、年龄、种族、族裔、移民地位、残疾和社会经济地位而出现的不平等现象在发达国家和发展中国家都普遍存在，这对全球稳定与繁荣、社会凝聚力以及人们对公共机构的信任越发构成挑战。此外，在撒哈拉以南非洲极端贫困人口继续增加，极端天气事件在全球范围内爆发的频率越来越高，这些都对全球的可持续发展构成严重挑战，也深刻影响着国际局势的演变和走向。

（二）中国方案的提出与贡献

在世界之变、时代之变、历史之变正以前所未有的方式展开，给人类提出了必须严肃对待的挑战的关键时刻，党的十八大以来中国始终坚持人类命运共同体的思想，高扬全人类共同价值，推动建设新型国际关系，明确中国的全球安全合作发展核心理念与原则，进一步展现了中国维护世界和平的责任担当。

党的十八大报告中提出，"要倡导人类命运共同体意识，在追求本国利益时兼顾他国合理关切"[1]。2013 年 3 月 23 日，习近平主席在莫斯科国际关系学院进行访问时发表了题为《顺应时代前进潮流　促进世界和平发展》的演讲。在演讲中他指出："这个世界，各国相互联系、相互依存的程度空前加深，人类生活在同一个地球村里，生活在历史和现实交汇的同一个时空里，越来越成为你中有我、

---

① 《十八大以来重要文献选编》上，中央文献出版社 2014 年版，第 37 页。

我中有你的命运共同体。"① 之后在坦桑尼亚、在博鳌亚洲论坛、在纽约联合国总部，习近平主席多次对"命运共同体"进行阐述，获得了诸多国家的广泛认可。2015 年 9 月 28 日，习近平主席出席第七十届联合国大会讲话中首次提出全人类共同价值的观点，为人类命运共同体建设赋予更加丰富的内涵。他指出，"和平、发展、公平、正义、民主、自由，是全人类的共同价值，也是联合国的崇高目标"。②2017 年 10 月，在党的十九大报告中，"坚持推动构建人类命运共同体"③ 成为新时代中国特色社会主义思想的基本方略之一。2022 年 10 月，党的二十大报告中对当前国际局势的判断是"世界之变、时代之变、历史之变正以前所未有的方式展开"④，并呼吁"世界各国弘扬和平、发展、公平、正义、民主、自由的全人类共同价值"⑤。党的十八大以来提出的构建人类命运共同体的主张，既是中国顺应时代大势、为世界谋大同之举，也客观上为塑造中国负责任大国形象奠定良好基础，成为在国际舆论中塑造中国良好形象的现实资源。

在提出全球治理的中国方案之外，中国还以切实行动践行中国

---

① 习近平:《习近平谈治国理政》第 1 卷，外文出版社 2018 年版，第 272 页。

② 习近平:《习近平谈治国理政》第 2 卷，外文出版社 2017 年版，第 522 页。

③ 习近平:《决胜全面建成小康社会　夺取新时代中国特色社会主义伟大胜利——在中国共产党第十九次全国代表大会上的报告》，人民出版社 2017 年版，第 25 页。

④ 习近平:《高举中国特色社会主义伟大旗帜　为全面建设社会主义现代化国家而团结奋斗——在中国共产党第二十次全国代表大会上的报告》，人民出版社 2022 年版，第 60 页。

⑤ 同上书，第 63 页。

方案、展现大国担当。中国坚定践行《联合国宪章》宗旨和原则，坚定维护世界和平与安全。认真履行作为联合国创始会员国和安理会常任理事国的责任和义务，支持联合国在全球治理中发挥的主导作用。中国全面参与联合国大会和安理会工作，坚持以客观公正立场处理国际事务，倡导以对话协商等和平方式化解分歧和争端。在新冠疫情蔓延全球的背景下，中国切实践行"将疫苗作为全球公共产品"的大国承诺，为全球抗疫作出重大贡献。中国将疫苗作为全球公共产品，为实现疫苗在发展中国家的可担负性和可及性作出中国贡献，以实际行动践行大国承诺，展现负责任大国形象。巴基斯坦国立卫生研究院执行主任阿梅尔·伊克拉姆（Aamer Ikram）表示，新冠疫情在全球持续蔓延，中国的抗疫经验对巴基斯坦有很大帮助。中国最早承诺将新冠疫苗作为全球公共产品，最早支持疫苗研发知识产权豁免，最早同发展中国家开展疫苗生产合作，为破解"分配赤字"、弥合"免疫鸿沟"作出了重要贡献，展现出令人钦佩的国际担当[1]。

综上所述，国际格局的复杂深刻演变对于各国来说都是风险与机遇并存的事件，也将对各国国际形象的塑造产生不同的影响。中国积极迎接百年未有之大变局的挑战，在全球治理面临严重赤字的时刻提出中国方案、勇担时代重任，展现了负责任的大国担当，为在国际舆论中塑造良好的国际形象创造了有利条件。

---

[1] 《"中国对全球抗疫合作的重要贡献有目共睹"（国际社会看中国优化疫情防控措施）》，《人民日报》2022 年 12 月 20 日。

第三节 国际舆论中的中国形象塑造路径

国家形象作为一个国家综合实力的集中体现，表征着一个国家在国际社会的地位和作用，影响着国家的安全发展和切实利益。掌握了国家形象的塑造权力，有利于强化一国在国际社会中的话语权，掌握国家在国际竞争中的主动权，进而实现以较小的成本取得最大化的国家利益。中国是举世瞩目的大国，向世界展示立体、真实、全面的中国，逐步消除各种误解，维护国家形象和根本利益，是中国在实现中华民族伟大复兴征途中必须要着力攻克的难题。国际舆论场域的国家形象塑造是一个复杂且漫长的系统工程，受到多重因素的影响和制约，需要立足国际舆论复杂多变、思想多元的特点，有的放矢地从多个维度发力以促进中国国际形象的塑造。

习近平总书记指出："中国在世界上的形象很大程度上仍是'他塑'而非'自塑'，我们在国际上有时还处于有理说不出、说了传不开的境地，存在着信息流进流出的'逆差'、中国真实形象和西方主观印象的'反差'、软实力和硬实力的'落差'。"① 加强国际舆论中的中国形象建设是一个"内外兼修"的过程，我们既要"练好内

---

① 《习近平关于社会主义文化建设论述摘编》，中央文献出版社 2017 年版，第212 页。

功"，推动中国式现代化不断向前发展，全面提升中国的软硬实力，以扎实的治理绩效为中国国际形象塑造奠定雄厚的根基；同时也要摒弃"酒香不怕巷子深"的旧思维，树立"酒香也怕巷子深"的新观念，多管齐下、敢于斗争，积极采取多种策略开展对外宣传工作，向世界讲好中国故事。

一、加强国际议程设置能力

随着全球化的深入发展，国际议程设置能力已成为国家软实力的重要组成部分。中国作为一个崛起中的大国，其国际议程设置能力对于提升国家形象、增强国际影响力具有重要意义。增强议程设置能力，是在国际舆论场中扩大中国的"红色地带"、争取中间的"灰色地带"、挤压污蔑的"黑色地带"的重要手段。因此要着力提高我国参与全球治理的能力，着力增强规则制定能力、议程设置能力、舆论宣传能力、统筹协调能力。

党的十八大以来，以习近平同志为核心的党中央全面推进中国特色大国外交，推动构建人类命运共同体，中国在全球治理中发挥更大作用、作出更大贡献。面对复杂多变的国际局势变化和全球治理难题，中国深度参与人权保障、公共卫生、气候变化、抢险救援、维护和平等领域的规则制定、议程设置等事务，进一步提高了中国参与全球治理的能力，让世界听到更多中国声音，助力提升我国国际影响力、感召力、塑造力。比如，2023 年 2 月 21 日，中国正式发布《全球安全倡议概念文件》(以下简称《概念文件》)，系统阐释全球安全倡议的核心理念和原则，明确重点合作方向和平台机制。国际社会普遍认为，全球安全倡议为应对国际安全挑战提供了中国智慧和中国方案，展现了中国守护全球安全的坚定决心和责任担当。法国席勒研究所研究员塞巴斯蒂安·佩里莫尼（Sébastien Périmony）指出："全球安全倡议为破解人类安全困境贡献中国智慧，倡导通过对话协商以和平方式解决国家间的分歧和争端，有利于促进世界和平稳定。①制定发布《概念文件》是中方推进落实全球安全倡议的一项重要举措，也是中国加强国际事务中议程设置能力的生动体现，并产生了积极效果。

同时需要清醒地看到，当前国际话语权主要掌握在西方国家手中，西方媒体在国际舆论中占据主导地位。这导致中国的国际议程设置面临西方话语权的挑战，难以在国际舞台上充分表达自己的声音。尽管中国在国际事务中的影响力不断增强，但在一些国际议题上，中国的响应能力和行动效果受到一定限制。这主要源于国际传播能力的不足，导致中国的声音在国际舆论中难以得到有效传播和响应。中国在国际组织、国际条约等方面的参与度仍有待提高。这不仅限制了中国在国际议程设置中的影响力，也使得中国在国际事务中的决策权受到一定制约。因此，未来需要不断提高中国国际议程设置能力，积极参与到国际事务和全球合作治理中去，为塑造良好国际形象奠定良好的国际绩效基础。

---

① 《并肩守护地球家园的和平安宁》，《人民日报》2023 年 2 月 25 日。

（一）积极参与国际事务

中国已经是世界第二大经济体、第一大贸易国、第一大外汇储备国，许多重大国际事务缺了中国就无法得到有效解决，国际社会对中国参与全球治理的呼声愈来愈高。与此同时，中国的国家利益早已超出国界，开始向境外延伸，为了维护自身利益，参与全球治理的国内需求也在不断上升。可以说，当前中国积极参与国际事务对于维护中国的海外利益、提升中国国家形象具有重要作用。因此，在未来中国要通过积极参与到国际事务加强与各个国家和各类国际组织的沟通合作，以不断提升中国的国际议程设置能力。

第一，增强国际规则制定能力。要加强国内法与国际法的双向互动，在涉外立法中落实国际条约、履行国际义务，在国际上秉持共商共建共享原则，建设性参与和引领国际规则制定。要推动建设和完善网络、极地等新兴领域以及非传统安全方面的新机制新规则，深入推进"一带一路"建设，在深度参与、引领全球治理的过程中，不断提升议程设置和统筹协调能力。通过参与国际组织和多边合作机制，中国可以与各国共同制定国际规则和政策，推动全球治理体系的完善和发展。这种合作与交流有助于提升中国的国际形象，树立负责任大国的形象。

第二，积极承办大型国际活动。通过积极主办承办多边外交活动、开展主场外交外事活动，中国有机会在国际舞台上展示自己的实力和成就，增强国际社会对中国发展的认同感和信任感。这有助于提升中国的国际形象，增强国际影响力。近年来，中国通过组织召开亚太经济合作组织领导人非正式会议、二十国集团领导人杭州峰会、国际冬残奥会、亚运会、第31届世界大学生夏季运动会等重大国际活动，有效增强了全球治理规则制定权、议题设置权、话语阐释权。因而要积极合理承办大型国际活动，展现中国东道主的风采，增进世界对中国的了解、加强中国向国际社会的宣传。

第三，加强同其他国家的交流合作。国际议程设置能力的提升不仅需要自身能够提出恰当合理、符合期待的愿景和目标，而且需要国际社会有大批有识之士（包括但不限于国家、国际组织等）进行积极响应。因此，在加强国际议程设置能力建设的过程中，要积极发展同其他国家的友好合作关系以争取国际社会的更大支持，提升中国的国际影响力和感召力。中国积极参与国际事务可以促进与其他国家的交流与合作，增进相互了解和友谊，扩大中国对外交往的"朋友圈"，为增强议程设置能力、提升国际形象奠定国际社会的"群众基础"。

（二）积极承担国际责任

近年来，随着中国综合国力的不断提升和国际影响力的迅速发展，中国参与全球治理更加积极主动，一直在为维护世界和平与促进共同发展不遗余力地贡献自己的智慧和力量，积极提供与自身实力相匹配的国际公共产品。在经济、农业、医疗等领域，中国与世界各国分享经验、开展合作，同时积极参与联合国的维和行动，成为联合国安理会常任理事国中为联合国维和行动出兵最多的国家。中国积极承担国际责任的举动赢得国际社会众多有识之士的广泛赞誉，为塑造良好的国际形象注入充足的"正能量"。因此，在未来中国要继续在国际事务和全球治理中敢担当、善作为，积极为国际社会提供公共产品和服务，让负责任大国的形象更加稳固。

第一，共同应对全球问题挑战。随着经济全球化的深入发展，各国利益交融空前紧密，各种全球性问题也日益突出，迫切需要加强国际协作、合力应对挑战。中国在应对全球性问题和挑战的过程中，要勇于承担国际责任。应对全球治理挑战，必须坚持同心合力，大力弘扬和平、发展、公平、正义、民主、自由的全人类共同价值，倡导不同文明交流互鉴，是推动人类文明进步和世界和平发展的重要动力，为完善全球治理提供人文基础。在全球气候变化谈判、推动制定和落实 2030 年可持续发展议程等方面，中国既要立足本国国情，将落实联合国各项可持续发展议程与本国发展战略有机结合，积极履行自身的国际义务；也要致力于推动构建公平合理、合作共赢的全球问题与挑战治理体系，充分考虑发达国家和发展中国家不同的历史责任、国情、发展阶段和能力，促进共同发展。

第二，积极做好对外援助工作。对外援助是中国发挥负责任大国作用的重要体现。作为世界上最大的发展中国家，中国在南南合作框架下向其他发展中国家提供了大量力所能及的援助，帮助受援国减少贫困、改善民生，有力推动受援国经济社会发展，为缩小南北差距、促进南南合作和构建人类命运共同体作出巨大贡献，在国际上树立起负责任大国形象。在对外援助工作中，中国要始终坚持平等互信、合作共赢理念，探索创新援助路径，为发展中国家发展自强提供有益帮助。西方国家有些人故意抹黑中国，他们没有根据地指责"中国援助导致发展中国家陷入债务危机"，甚至将中国的对外援助与所谓"新殖民主义"联系起来。针对这些说法，中国必须在国际舆论场中讲好中国对外援助故事。中国的对外援助坚持不附加任何政治条件，始终尊重受援国的自主意愿和实际需求，坚持平等协商，不搞模式输出，致力于促进当地经济社会发展。

第三，大力维护国际公共安全。当今世界，各国安危与共、唇齿相依，维护国际公共安全事关各国切身利益，是包括中国在内的各国应尽的责任。中国要积极倡导共同、综合、合作、可持续的安全观，致力于同各国增进互信、弥合分歧、深化合作，努力走出一条共建、共享、共赢、共护的安全新路。中国要坚决反对一切形式的恐怖主义，积极开展国际反恐合作，并深入参与联合国、亚太经合组织、全球反恐论坛等多边机制框架下的反恐合作，遏制恐怖主义滋生蔓延。同时中国要一如既往继续坚定支持并加大参与联合国维和行动力度，坚持维和行动的基本原则，推动维和行动改进授权和规划，提升管理水平和能力建设，重视解决发展中国家关切，使维和行动更好发挥止战促和的作用。

二、着力构建中国国际话语权

国际话语权是指以国家利益为核心、就国家事务和相关国际事务发表意见的权利，是知情权、表达权和参与权的综合运用。正如习近平总书记指出的那样："要深刻认识新形势下加强和改进国际传播工作的重要性和必要性，下大气力加强国际传播能力建设，形成同我国综合国力和国际地位相匹配的国际话语权，为我国改革发展稳定营造有利外部舆论环境，为推动构建人类命运共同体作出积极贡献。"①

（一）构建立体丰富的对外话语叙事体系

第一，构建立体的话语网络体系。为了解决中国在国际舆论场上"有理说不出""说了传不开"和"传开叫不响"的窘境，需要以顶层视野来对国际传播的主体及其战略、资源、力量、战术等方面进行融合协同、统筹整合，将传统的国际传播体系迭代升级为具有中国特色的战略传播体系，搭建立体话语网络。第二，强化多元的话语叙事体系。要加快构建中国话语叙事体系，用中国理论阐释中国实践，用中国实践升华中国理论，打造融通中外的新概念、新范畴、新表述，更加充分、更加鲜明地展现中国故事及其背后的思想力量和精神力量。第三，加强中国特色话语的国际供给。增强中国国际话语权以构建中国国际形象的前提在于有丰富多元、行之有效的话语资源可以使用，这是加强中国国际话语权建设的前提和基础。生产具有中国特色的国际话语体系，必须从当代中国实践特别是新时代中国特色社会主义实践出发，生产出符合时代精神风貌、契合优秀传统文化、展现当代中国风采的国际话语以加强中国国际话语的有效供给。

---

① 《习近平在中共中央政治局第三十次集体学习时强调　加强和改进国际传播工作　展示真实立体全面的中国》，《人民日报》2021年6月2日。

（二）创新中国话语国际表达方式

第一，打造融通中外的中国话语体系。中国国际话语体系建设需要创新话语表达方式，实际解决的就是"怎么讲"才能让听众"听得懂"的问题。习近平总书记强调："要加快构建中国话语和中国叙事体系，用中国理论阐释中国实践，用中国实践升华中国理论，打造融通中外的新概念、新范畴、新表述，更加充分、更加鲜明地展现中国故事及其背后的思想力量和精神力量。"① 这就为我们构建中国特色话语体系指明了基本路径。第二，进行因地制宜的中国话语宣传。打铁还需自身硬，无论传播媒介特质如何演化发展，宣传报道的内容和质量仍是媒体受众群最关注的要点之一。国内媒体在开展中国国际宣传报道时，可以针对不同的宣传内容和宣传目标，灵活选择关于中国新闻的报道叙述逻辑和呈现策略，以更好地提高宣传工作的针对性和有效性。特别是要注意"到什么山唱什么歌"，对外宣传需要用外国人能够接受、理解、认同的方式去进行。第三，合理吸收借鉴西方的话语范式。西方国家以其先进的科学技术和强大的经济实力，在话语体系中占据主导地位，定义了一系列基本术语，形成了很多基本概念，业已成为社会生活的基本词汇。我们既要坚决反对任何国家对于特定概念拥有解释垄断权，并借机将自己的意识形态和价值观强加于人；也要尊重话语体系构建的自身逻辑和发展规律，坚决不走僵化封闭的道路，博采众长、为我所用，合

① 《习近平在中共中央政治局第三十次集体学习时强调　加强和改进国际传播工作　展示真实立体全面的中国》，《人民日报》2021 年 6 月 2 日。

理吸收借鉴西方的话语范式以建构自身的话语体系，创新中国特色的话语表达方式。

三、不断提升中国国际传播能力

习近平总书记指出："要加强国际传播能力建设，精心构建对外话语体系，发挥好新兴媒体作用，增强对外话语的创造力、感召力、公信力，讲好中国故事，传播好中国声音，阐释好中国特色。"[1] 为了改变中国在国际舆论场中"处于有理说不出、说了传不开的境地"[2] 的被动局面，国内媒体界、学界等各群体要准确把握新媒体时代社交传播的特点，不断提升中国国际传播能力。

（一）不断提升中国对外传播的质量

第一，着力打造具有中国特色的外宣品牌。首先，要明确品牌的定位和价值。中国的外宣品牌应该体现中国的核心价值观和文化特色，彰显中国的国际形象和发展成就。其次，要根据目标受众的需求和特点，确定品牌的传播内容和方式，以满足不同国家和地区的受众需求。在明确品牌定位的基础上，要创新传播内容，打造具有吸引力和影响力的外宣产品。第二，综合运用多种传播手段开展外宣活动。在新媒体蓬勃发展的时代，国际传播处在一个更为"自

---

① 《习近平在中共中央政治局第十二次集体学习时强调　建设社会主义文化强国　着力提高国家文化软实力》，《人民日报》2014 年 1 月 1 日。

② 习近平：《在哲学社会科学工作座谈会上的讲话》，人民出版社 2016 年版，第24 页。

由开放、多元平等、多向交互"的网络空间，数字化媒体有效解决了传统媒体时空受限、资源集中、成本高昂等问题。"推动传统媒体和新兴媒体融合发展，是党中央作出的重大决策部署，也是媒体格局、舆论生态、传播技术深刻变化的情况下，媒体生存发展、谋求未来的必由之路。"①具体而言，可以在互联网技术和融媒体的支持下，采用纪录片、短视频等方式，多渠道、立体化呈现中国的发展理念、价值追求、奋斗目标，向海外各界传播塑造良好的中国国际形象。

（二）建设国际传播的持续支持机制

第一，培养一支高素质的对外宣传队伍。早在 21 世纪初，时任中共浙江省委书记的习近平同志就认识到，"要提高办报水平，根本在人，在于建设一支政治强、业务精、纪律严、作风正的新闻队伍"。②高素质的新闻宣传报道队伍是推动新闻宣传工作有效开展过程中必不可少的力量，也是新闻宣传工作的具体操盘手，必须予以高度重视和接续培养。因此，在借助媒体界力量助力中国国际正面形象建设的过程中，要培养一支高素质的中国国际宣传报道媒体队伍，使其成为中国对外宣传工作的有效组织者、坚定执行者和发展促进者。第二，发挥智库在对外传播能力建设中的作用。2015 年 1

①　程庆民：《加强高素质专业化新闻队伍建设——为建设新型主流媒体提供坚强组织保证》,《人民论坛》2018 年第 12 期。

②　习近平：《干在实处　走在前列——推进浙江新发展的思考与实践》, 中共中央党校出版社 2006 年版，第 311 页。

月，中共中央办公厅、国务院办公厅印发《关于加强中国特色新型智库建设的意见》，指出"迫切需要发挥中国特色新型智库在公共外交和文化互鉴中的重要作用，不断增强我国的国际影响力和国际话语权"①。智库是党和国家科学决策、民主决策、依法决策的重要支撑，是国家治理体系和治理能力的重要内容，也是国家软实力的重要组成部分。当前，在构建中国对外传播话语权、提升中国对外传播能力建设的过程中，强化包括高校、民间智库在内的各类新型智库在其中发挥的作用是题中应有之义。特别是在单边主义、保护主义、封闭主义、零和思维仍大行其道的当今世界，迫切地需要中国智库更加积极地发挥自身主观能动性，推动中国与世界各地区、各国家、各领域的思想交流、情感联通和战略沟通。

---

① 《中办国办印发〈意见〉加强中国特色新型智库建设》，《人民日报》2015 年 1 月 21 日。

第六章　国际传播体系中的
中国对外传播

　　当今世界正面临百年未有之大变局。2017 年 12 月 28 日，习近平总书记在接见回国参加 2017 年度驻外使节工作会议的全体使节时指出："放眼世界，我们面对的是百年未有之大变局。"①2018 年 6 月，在中央外事工作会议上，他又强调："当前，我国处于近代以来最好的发展时期，世界处于百年未有之大变局，两者同步交织、相互激荡。"② 这一重大政治论断揭示出当今世界格局的深刻变化和中国发展的外部环境所面临的重大挑战。同时，国际传播作为技术、经济、政治、权力的核心交汇地带，既同步发生着巨变，也在影响着变局的规模、态势和走向。中国的对外传播既是国际传播的重要

①《习近平接见二〇一七年度驻外使节工作会议与会使节并发表重要讲话》，载于人民网，2017 年 12 月 29 日。

②《习近平在中央外事工作会议上强调——坚持以新时代中国特色社会主义外交思想为指导　努力开创中国特色大国外交新局面》，载于人民网，2018 年 6 月 24 日。

组成部分，又深刻地影响了国际传播形态的变化。

第一节　当前国际传播体系

党的十八大以来，新一轮科技革命和产业变革加速，世界格局加速深度调整，进入动荡变革期。国际传播作为世界格局的延伸，在技术要素、产业形态、政治规制和价值观念上均发生着深刻变革，与世界格局的变化共振。

一、国际权力格局对国际传播体系的影响

百年未有之大变局首先集中表现在国际权力结构的显著变化。其中最关键的变量在于世界主要国家之间的力量对比，总体趋势表现为"东升西降、南起北落、中国崛起"。其背后体现的是以中国、印度、巴西等为代表的新兴发展中经济体的稳定崛起和以西太平洋为核心的经济策源地形成。以经济实力这一常用综合指标衡量，2012 年，新兴市场和发展中经济体经济增长率为 6.2%，经济总量占全球份额约为 22%；2022 年数据分别为 4.1% 和 40.9%，总量低于发达经济体 18.2%[①]。同时，发展中国家在军事、科技、金融等领域也

---

① 其中 40.9% 的总量份额为 2021 年数据，按市场汇率换算，来源为国际货币基金组织。

在逐渐缩小与发达国家的差距。

在发展中国家与发达国家两大市场中，中国和美国的政治经济力量构成了两大市场竞合的主线。2013 年至 2022 年，中国经济总量占世界经济的比重从 12.3% 上升到 18% 左右。[①] 中国从 2011 年超越日本成为世界第二大经济体，超过美国的二分之一，2022 年达到美国的 70%。2022 年，中国数字经济规模为 4.1 万亿美元，达到美国同期规模的 63%。

与此同时，发达经济体不断通过技术进步与产业链供应链重构增强经济韧性和重塑竞争力，在新兴和发展中经济体的追赶下保持着相对优势，尤其在新冠疫情前后更加明显。总体来说，"东升西降""南起北落"发展态势正持续撼动"西强东弱""南弱北强"的现有格局。

国际权力结构的变化推动了国际传播格局的多元化和复杂化。发展中和新兴经济体的崛起撬动了传统国际传播格局中的霸权均衡，促使不同国家和地区更加积极地参与到全球话语权的争夺当中。这种变化对全球信息传播、文化交流和国际合作产生了深远的影响，同时将塑造未来国际传播格局的新面貌。

二、新技术对于国际传播体系的影响

与国际权力结构的变化同步，互联网作为后冷战时代以来最重

[①] 新华社：《GDP 十年翻番　我国经济实力实现历史性跃升》，载于中国政府网，2023 年 12 月 15 日。

要的传播媒介，以互联互通深度重构了全球传播秩序。同时，与两次世界大战和冷战以来资本主义大国内部新旧霸权更替和局部秩序调整迥异，互联网时代首次出现了少数发展中和新兴经济体试图超越媒介帝国主义引领的不平等国际传播旧秩序。宏观来看，传播领域从技术标准、基础设施、治理理念、市场主体到媒体话语呈现出全面的激烈博弈，中国、印度、巴西、俄罗斯等新兴国家高度重视互联网带来的快速发展契机，在发展壮大的同时，反对单边主义、霸权主义，致力于构建多边主义为基础的、更加公正合理的国际传播新秩序。从历史脉络来看，当前发展中国家的努力可视为 20 世纪70 年代"建立世界信息新秩序"运动的接续努力。

互联网超级平台的崛起，因其强大的政治经济影响力，业已成为国际传播秩序乃至国际秩序本身的最大变量，是当下的传播基础设施存在。截至 2022 年年底，全球价值超百亿美元的互联网平台共有 70 家，价值规模约 9.2 万亿美元，其中美国平台有 26 家，价值规模约 6.8 万亿美元，占据总体规模的 73.8%；中国为 28 家，价值规模约 2 万亿美元，占据总体规模的 21.6%。^①虽然受疫情影响经历了自 2018 年以来的首次下跌，但较 2018 年仍保持增长态势。同期，全球社交媒体平台用户超过 46.2 亿人，达到全球总人口的 58.4%。

新媒体技术的迅猛崛起正在深刻地改变国际传播的主体结构，信息的传播不再依赖于特定的中心化媒体，个人获取了更大的话语

---

① 中国信通院：平台经济发展观察（2023）。

权和参与度，传统的一对多传播模式正在被多对多的互动传播所取代①。既往国际传播主要由大型传媒机构和政府主导，而新媒体技术使个人成为信息的创造者和传播者，任何人都可以通过社交媒体、博客和视频平台表达自己的观点和见解②。如北京冬奥会期间，世界各地的运动员们在 TikTok 平台上视频分享了他们在奥运村里的生活，诸如冬奥村的豪华遥控床、可爱的冰墩墩等个体化的表达，都可以让海外的观众一窥奥运村里的真实生活，向世界传达中国举办冬奥会、发展冰雪运动背后的文化内涵和历史底蕴。

技术发展亦使得国际传播中涌现出全新的传播主体，如社交机器人，逐步使国际传播形成了人机混合协同的环境③。依托逐渐成熟的写作机器人和语音、文字识别技术，国际传播中涌现出大量的"机器人水军"④。这些机器人水军可进行批量机器写作，通过发布海量具有意识形态偏向性的帖文参与国际舆情引导，并进行评论、点赞、跟帖、回复等行为，高度参与网络讨论⑤，不仅将"标签"作为社交机器人行动中的重要工具，也通过大量部署意见领袖型社交机

---

① 尹金凤、胡文昭：《"增权"抑或"去权"：新媒介赋权视域下舆论引导的角色转换》，《河南师范大学学报》（哲学社会科学版）2018 年第 1 期。

② 戴骋、杨宇琦：《继承、放大与分化：新媒体时代话语权再分配的内在机理》，《湖北社会科学》2021 年第 5 期。

③ 陈秋怡、汤景泰：《协同网络、议程建构与真实性增值：国际涉华虚假信息的传播模式——以 COVID-19 为例》，《新闻记者》2023 年第 7 期。

④ 段鹏：《当前我国国际传播面临的挑战、问题与对策》，《现代传播（中国传媒大学学报）》2021 年第 8 期。

⑤ 栾轶玫：《人工智能对国际舆论的影响》，《对外传播》2018 年第 10 期。

器人来引导舆论，并通过打造新账号来建立意见领袖优势，影响着国际传播的整体环境①。

新媒体技术深刻地改变了国际传播的渠道，传统媒体如电视、广播和报纸逐渐让位于互联网、社交媒体和移动应用等新兴媒体形式。新媒体技术带来了海量的传播渠道，如社交媒体、视频分享平台、新闻网站、应用程序等。这使得国际传播的渠道更加多样化，消息能够覆盖到更广泛的受众。受众可以通过多种渠道获取信息，增加了信息的曝光度和传播范围②。中国外交部和中国驻外使领馆的社交媒体账号在国际社交媒体上发布政策宣传和国际事务动态，与国际受众建立联系。元宇宙也成为国际交流活动的虚拟渠道。中国企业如阿里巴巴已经在元宇宙中开设虚拟商店，支持全球用户购物。这一模式突破了地理限制，创造了全球化的销售渠道。

新媒体技术加速了国际传播信息的传播速度，超越了传统媒体需要经过编辑、印刷和分发等环节，新媒体技术使得信息可以即时发布和传播，实时更新国际事件和新闻③。这种即时性不仅加强了受众对国际动态的关注，还使得国际传播的内容更具时效性和紧迫感。人们可以随时了解来自世界各地的消息，从而提高了对国际事务的关注度和敏感度。5G 技术推动了高清视频和流媒体的普及，改变了

① 赵蓓、张洪忠、任吴炯等:《标签、账号与叙事:社交机器人在俄乌冲突中的舆论干预研究》,《新闻与写作》2022 年第 9 期。

② 李岭涛:《大数据应用在国际传播中的作用分析》,《电视研究》2021 年第 9 期。

③ 邢丽菊、赵婧:《新媒体与中国国家形象的国际传播》,《现代国际关系》2021 年第 11 期。

传统电视和电影业务。中国的流媒体平台如腾讯视频和爱奇艺已经在国际市场上推广了中国电视剧和电影，在 2020 年 4 月 12 日，中国音乐家谭盾与海外知名交响乐团的《武汉十二锣》云端音乐会，通过 3D、5G 技术在武汉、上海、纽约三地实现在线联袂演奏。

新媒体技术拉近了国际传播的地域距离，打破了时间、空间的障碍，消解了国家与国家之间的边界，进一步打破了文化和国界的藩篱[1]。通过社交媒体，人们可以与全球各地的人进行实时互动，了解不同国家和文化的观点和生活方式[2]。虚拟现实（VR）和增强现实（AR）等技术也为国际传播带来了全新的体验。人们可以通过 VR 技术亲身体验其他国家的文化、环境和活动，增强了文化交流和互相了解的机会。这种跨越地域的交流有助于增进国际间的理解和友谊，减少误解和偏见[3]。如《昆曲涅槃》是中国首部以世界非物质文化遗产为主题拍摄的 VR 纪录片，VR 技术对昆曲表演场景的全景呈现，令观者"亲临"江南水榭楼台，"置身"于带有江南地域特征的曲艺文化环境之中。有效地增加了海外受众多角度认知非遗内容的可能性，使其获得更加贴近中国非遗及其场景本来面貌的观感。

---

① 唐润华、刘滢:《重点突破：中国媒体国际传播的战略选择》,《南京社会科学》2011 年第 12 期。

② 唐润华、刘昌华:《大变局背景下国际传播的整体性与差异化》,《现代传播（中国传媒大学学报）》2021 年第 4 期。

③ 陈力丹:《掌握国际传播规律　构建对外话语体系》,《新闻爱好者》2022 年第 11 期。

三、全球风险对国际传播体系的影响

随着技术进步和全球化进程深度调整，人类进入全球风险频发的风险社会。自 2008 年全球金融危机以来，政治经济文化环境社会多重危机涌现、多重风险深度交织成为新常态。各国对风险和危机的态势感知及应对成为近年来国际格局变迁主要演进动力之一，继而影响全球传播格局和形态变化。

一是地缘政治风险。从当前地缘政治态势来看，全球传统安全威胁重新抬头，并且战争形态也将由于新技术应用而发生革命性变化。例如在俄乌冲突中，人工智能已被用于多模态数据分析，辅助决策、强化信息作战能力、加强战场态势感知等，无人机和"星链"等技术也让俄乌冲突成为"全程直播的现代战争"。地缘政治会促使各国进一步强化对市场采取各类干预措施，以构建安全为导向的公共政策，军费上涨和新技术扩散可能会引发新一轮全球军备竞赛，传播政策、传播设施等也将产生军事化倾向。其次，地缘政治风险会影响信息流动。在地缘政治紧张局势下，一些国家可能会采取措施限制或审查跨境信息流通。这可能包括封锁社交媒体平台、限制新闻网站的访问或加强对国际信息流的监管，升级情况下，还会导致网络攻击、信息泄露和基础设施破坏等。再次，地缘政治将加剧信息战和宣传活动。国家和政治实体可能试图操纵国际舆论，传播有利于自己的信息，打击敌对势力，以塑造国际形象。这可能导致信息的不准确性和虚假信息的传播，降低了信息的可信度。

二是经济下行风险。新冠疫情、俄乌冲突、巴以冲突、重大自然灾害等突发性全球公共危机，为全球带来持续的通胀和生活成本危机。供应链脆弱性上升，供给端承压；国民收入增速放缓，需求端不足，世界主要国家和经济体下行压力持续，衰退预期抬头。经济下行将对全球传播格局产生广泛而深远的影响。首先，经济下行会影响各国对媒体的支持和投入。一方面，基础设施有效投资不足，从而影响全球信息传播鸿沟的进一步弥合，甚至可能导致不平等状况的加剧；另一方面，政府投资会集中在人工智能、数字经济等少数有增长点的领域，加速推动数字媒体增长。其次，经济下行会对媒介生态造成结构性影响：第一，会进一步导致传统媒体的业务萎缩，造成缩减规模、削减成本和减少员工；第二，加剧媒体集中度上升趋势，少数大型媒体公司能够在竞争中生存下来，而小型独立媒体可能面临倒闭。这可能会威胁到媒体多样性和信息多元性；第三，用户可能更多地依赖数字媒体和社交媒体获取信息，可能会加速媒体行业的数字化转型。

三是技术溢出风险。技术进步的"双刃剑"效应将持续加剧。首先，持续强化的国家干预主义将继续通过产业政策和国家干预来强化技术部门，特别是人工智能、量子计算和生物科技等领域的研发投入将迅速增长，以实现亟须的突破。这一趋势将推动国际传播中的新兴技术应用和创新，影响全球的科技格局。当下，生成式人工智能即为此种技术的代表。其次，技术发展通常缺乏对其用途的充分监管，可能导致信息超载和混乱，降低信息的质量和可信度。

同时，不仅有网络犯罪问题，还有针对关键资源和服务的实体和虚拟攻击，可能影响农业、金融系统、公共安全、交通、能源以及通信基础设施等领域，这进一步提高了社会关键系统的脆弱性。而技术风险并不仅来自恶意行为，对大型数据集的专业分析也可能导致个人信息的滥用，削弱个人数字主权和隐私权。再次，技术的不平衡发展也可能加剧国际社会的社会不平等。那些有能力负担高昂研发投入的国家可能会在新技术领域取得领先地位，而无法跟进的国家则可能陷入技术差距。这将加剧全球的社会和经济不平等问题。

总体而言，地缘政治、经济下行和技术溢出等作为各类传统与新型风险交织的重要领域，对国际传播体系持续造成影响。

四、当前国际传播体系的特点

随着国际权力结构和动力结构的变革，国际传播权力再分配的矛盾日益突出，国际传播体系迎来变革的第三波浪潮。旧的国际传播秩序惯性强大但挑战日增，新的国际秩序酝酿萌发但尚未形成。具体而言，当前国际传播体系的特征又可总结为三个方面。

一是分化和极化同构，即西方价值观合法性及其话语生产能力走弱，发展中国家成功站定国际舞台，强化本国发展价值观和自主话语建构；由于价值观分化竞争，导致与政治经济权力紧密相关的民族、宗教、种族、性别等价值观及其话语生产走向对抗和极化，这集中体现在国际舆论和国际关系的对立和对抗中。例如"911事件"后，美国企图进一步加强全球传播秩序话语权，开启全球传播重组进程，近 20 年来，在国内和国外，区域化和全球化不同尺度全球传播能力，[①] 在此过程中持续面对民主走弱、经济下行、文化吸引力下降的压力。到 2016 年年底，以中国 CGTN 的成立为标志，五大联合国安理会常任理事国都建立起了对外传播机构。同时，中国"人类命运共同体"倡议，旨在通过重申和平、发展、公平、正义、民主、自由为核心的全人类共同价值，解构和超越基于西方本土经验的"普世化"霸权主义话语。[②]

二是"去中心化"与"再中心化"并存，即目前国际传播领域的规范仍具有较强的西方中心主义特征，但在传统国际规范变化和新型国际规范建立的过程中，发展中国家在全球传播事务上的影响力不断增大，随着数字经济发展呈现出"数字主义多样性"；但传播实践依旧是长在地缘政治中的"社会—技术复合体"[③]。2023 年首届人工智能安全峰会上，28 个国家签署《布莱奇利宣言》，以"加强国际合作"作为规范，力图发挥人工智能技术标准化联盟的功能，与此同时，美国"软治理"、欧盟"硬监管"和中国"平衡施策"代表着当下全球新技术治理的三种路径。

三是技术驱动的国际制度安排深度调整，即西方国家和非西方国家均不满现行国际传播秩序，前者谋求制度改良或另立新制巩固

---

① 姜飞：《国际传播百年未有之大变"局"——利益、边界和秩序的接力》，《新闻与写作》2021 年第 10 期。

② 赵月枝、姬德强：《国际传播新秩序与人类命运共同体》，载于人类命运共同体国际学术联盟网，2021 年 10 月 27 日。

③ 洪宇：《后美国时代的互联网与国家》，《国际新闻界》2020 年第 2 期。

权力，后者谋求制度革新或创设新制争取权力，催生国际制度的嬗变重构，斗争和博弈的核心落在传播基础设施的所有权、访问权和控制权。例如，在国际压力之下，美国于 2016 年将互联网域名管理权交给位于加利福尼亚州的非营利性国际组织"互联网名称与数字地址分配机构"（ICANN），并未交给联合国等传统政府间国际机构，同时设计了复杂的制度机制。同期，美国国会持续加强对该机构与中国政府关联的质询，意图限制中国互联网的发展。

第二节　党的十八大以来中国的对外传播

2012 年，党的十八大明确提出："中国将继续高举和平、发展、合作、共赢的旗帜，坚定不移致力于维护世界和平、促进共同发展。"[①] 在保障国家核心利益的前提下，我国深化和平发展战略，坚持与邻为善的周边外交关系，走平等互信、合作共赢的新型大国关系。2013 年 9 月和 10 月，习近平主席在"走出去"战略的基础上提出建设"丝绸之路经济带"和"21 世纪海上丝绸之路"的倡议，促进中国融入地区一体化，中国逐步形成全面参与国际社会，谋求共同利益，树立积极的、建设性的国际形象的战略目标。国际传播成为新时代党和国家的重要战略之一。

---

① 李兰芬：《文化立区：积聚城市发展内力》，《苏州日报》2007 年 7 月 2 日。

2013 年 12 月 30 日，习近平总书记在中共中央政治局第十二次集体学习时进一步提出了要建设"文化强国"，加强我国的"文化软实力"。在讲话中，习近平总书记强调一方面要"提高国家文化软实力"，注重我国国际话语权和国际传播能力的建设，创新对外传播的方式方法，"着力打造融通中外的新概念新范畴新表述"，努力发挥新兴媒体的作用；另一方面"要努力传播当代中国价值观念"，必须"加强提炼和阐释，拓展对外传播平台和载体"，"注重塑造我国的国家形象"，将我国的政治经济发展、文化社会教育建设和坚持和平、共同发展的大国形象展现出来。

2014 年 11 月，习近平总书记在中央外事工作会议上明确要求，"要提升我国软实力，讲好中国故事，做好对外宣传"[1]。2015 年，中国政府提出建设中国国际传播的"1+6+N"模式。其中，"1"指的是 CGTN，"6"指的是传统的六家央媒（新华社、人民日报社、中国中央电视台、中国国际广播电台、中国新闻社、中国日报社），"N"则泛指具备对外传播功能、从事对外传播事业的其他媒体机构与媒体平台。习近平总书记指出："我们党历来高度重视对外传播工作。党的十八大以来，我们大力推动国际传播守正创新，理顺内宣外宣体制，打造具有国际影响力的媒体集群，积极推动中华文化走出去，有效开展国际舆论引导和舆论斗争，初步构建起多主体、立

---

[1] 《中央外事工作会议在京举行　习近平发表重要讲话》，《人民日报》2014 年 11 月 30 日。

体式的大外宣格局，我国国际话语权和影响力显著提升。"①2017 年
《人民日报》推出英文客户端。"互联网 + 通讯社"开辟新的国际
传播渠道。如：2018 年新华社推出英文客户端。随着互联网的发展
电视逐渐与网络融合，形成了新的对外传播渠道。如：中国国际电
视台（CGTN）在国际社交平台上讲述中国扶贫故事、抗击疫情故
事、新疆发展故事等，促进国际社会对中国的理解与认同，有效提
升了中国文化软实力。党的十九大报告指出，要推进国际传播能力
建设，讲好中国故事，展现真实、立体、全面的中国；2021 年 5 月
31 日，中共中央政治局就加强我国国际传播能力建设进行第三十次
集体学习。习近平总书记在主持学习时强调，讲好中国故事，传播
好中国声音，展示真实、立体、全面的中国，是加强我国国际传播
能力建设的重要任务。党的二十大报告又强调"加强国际传播能力
建设，全面提升国际传播效能，形成同我国综合国力和国际地位相
匹配的国际话语权"。网络技术的快速发展迅速改变了传统国际传
播格局，为打破信息霸权，传播中国声音提供了新的途径。网络传
播渠道具有实时性、广泛性、便捷性、交互性和开放性等特点，有
助于打破各种传播平台之间的壁垒，在国际传播中具有比传统渠道
更大的优势②。中国依靠互联网技术发展，积极探索数字外交、网络

---

① 《习近平在中共中央政治局第三十次集体学习时强调——加强和改进国际传播
工作　展示真实立体全面的中国》，《人民日报》2021 年 6 月 2 日。

② 马胜荣、董梦杭：《专业化是网络媒体提升国际传播能力的基础》，《电视研究》
2010 年第 9 期。

社交媒体和传统媒体的新兴渠道传播中国声音。互联网与报刊相结合衍生出报纸网站、报纸客户端、入驻社交网站、联姻综合性门户网站等。当前，中国对外传播事业呈现出一个显著的特征：媒介融合、全媒体、云计算、人工智能、5G 与大数据等新技术正在融入我国对外传播实践体系与传播生态之中。不同层次和不同主体利用话语特点、特长、传播优势等形成对外传播合力，切实提升国际传播实效。

第三节　中国的传播体系在国际传播体系中所处的位置

互联网时代的国际传播体系由基础设施和传播节点构成。基础设施包括光通信设施、通信卫星、基站、手机、台式电脑、平板电脑、操作系统、浏览器、搜索引擎等；传播节点包括社交媒体和传统媒体等。在国际传播的基础设施和传播节点中，中国的国际传播处于什么样的地位？

一、基础设施

（一）光通信

目前，全球互联网的数据和信息的传输主要通过光纤光缆传输。《2024 年（第十八届）全球 / 中国光通信最具竞争力企业 10 强》竞争力报告[①]显示，在全球光纤光缆最具竞争力企业榜单中，10强企业由5个国家瓜分，分别来自美国（康宁）、日本（古河电工／OFS、住友电工、藤仓）、意大利（普睿司曼）、印度（斯德雷特）、中国（长飞、亨通、烽火、中天），中国企业占据半壁江山。对于全球光传输和网络接入设备最具竞争力企业10强榜单而言，共有来自6个国家的10家企业上榜，分别是：芬兰（诺基亚）、美国（讯远通信、英飞朗）、日本（日电、住友电工）、瑞典（爱立信）、德国（ADVA）和中国（华为、中兴、烽火）。其中，华为牢牢占据龙头位置，在各项指标排名中均表现出明显的领先优势。

在光纤光缆的传输中，全球95%以上的国际数据是通过海底光缆进行传输的，海底光缆已经成为当代全球通信最重要的信息载体之一。海底光缆是类似于电缆的组件，但包含一根或多根用于承载数据容量的光纤。海底电缆市场规模在2024年已经达到了182亿美元，[②]主要的公司包括阿尔卡特海底网络公司（法国）、SubCom（美国）、NEC（日本）、NEXANS（法国）、普睿司曼集团（意大利）、恒通集团（中国）、ZTT（中国）、NKT（丹麦）、康宁（美国）、希腊电缆（希腊）、住友（日本）、Apar工业公司（印度）、AFL（美国）、TFkable（波兰）、Hexatronic（瑞典）、SSGCABLE（中国）、OCC（日本）、1X（美国）、Tratos

---

① 《2024年（第十八届）全球／中国光通信最具竞争力企业10强》竞争力报告，载于网络电信网。

② 海底电缆公司：《海底网络（法国）和SubCom公司（美国）是关键参与者》，载于Markets & Markets网。

（英国）、泰韩（韩国），其中阿尔卡特公司在全球已部署了超过800000公里的海底光缆系统，是海底光缆行业的领军企业。此外，亚马逊、谷歌、Meta（原Facebook）和微软等科技巨头与内容提供商，正在海底光缆市场中扮演着越来越积极的角色，它们推动着海底光缆系统的新项目和路线调整。据统计，仅谷歌一家就在全球范围内投资了超过15条海底光缆。

（二）通信卫星

通信卫星是一种通过中继器来传递和放大无线电通信信号的卫星。它创建了地面发射站与接收站之间的信息通道，相关企业主体包含卫星制造商、卫星发射商、卫星系统运营及服务商、地面设备制造商等。目前卫星运营排名前三位的国家是美国（5176颗）、中国（623颗）、俄罗斯（181颗），其他国家（1175颗）。[1]如果按运营公司拥有的数量排名，排名第一的是美国太空探索技术公司（Space X）在轨卫星数量为3395枚（约占50%），其次为拥有502枚卫星的英国一网（OneWeb）公司和拥有195枚的美国行星（Planet）公司。[2]

2015年马斯克宣布Space X开展星链计划，用海量小型卫星向地面传递数据，远期计划部署发射42000颗卫星。该计划关注的轨道为各国并不重视的低轨道，该类轨道余量较大，故国际电信联盟（ITU）实行"先到先得"的规则，即先申请，先发射的规则。星链

---

① 参见《世界人口评论》，载于《世界人口评论》网。

② 参见视觉资本家相关报告，载于Visual Capiealist网。

计划主要解决两个问题：第一，通信覆盖问题。偏远地区、轮船、飞机等地的通信；第二，利用近地轨道解决远距离通信延迟问题，如地球两端的跨国通信。

（三）基站

基站即公用移动通信基站，是移动设备接入互联网的接口设备，也是无线电台站的一种形式。就基站的数量而言，2023 年 4 月发布的报告[①]表明中国的 5G 基站数量最多，为 229 万座，其次是欧洲（30 万座）、韩国（21.5 万座）、美国（10 万座）、日本（5 万座）。

（四）手机

2025 年 1 月数据表明，[②]手机市场份额排名前十位的分别是苹果（美国，27.32%）、三星（韩国，23.37%）、小米（中国，11.95%）、Vivo（中国，5.91%）、OPPO（中国，5.86%）、不知名的手机品牌（5.69%）、Realme（中国，4.12%）、摩托罗拉（美国，3.25%）、华为（中国，2.68%）、Infinix（中国，1.91%）。其中，美国公司 2 家、中国公司 6 家，韩国公司 1 家。

（五）个人电脑

2024 年第四季度个人电脑全球市场报告显示[③]，市场份额占前四位的公司分别是联想（中国，24.5%）、惠普（美国，19.9%）、戴尔（14.4%）、苹果（美国，10.1%）。

---

① 《2025 年 4 月 5G 市场半年度报告》，载于欧洲 5G 观察者网。

② 《全球移动供应商市场份额》，载于 Statcounter 网。

③ 《IDC 个人计算机设备季度跟踪报告》，载于 IDC 网。

（六）平板电脑

2025 年 1 月数据表明，[①] 平板电脑全球市场份额占前十位的分别是苹果（美国，52.85%）、三星（韩国，26.26%）、其他不知名的品牌（6.97%）、亚马逊（美国，5.74%）、小米（中国，2.7%）、华为（中国，2%）、联想（中国，0.92%）、Realme（中国，0.55%）、荣耀（中国，0.41%）。

（七）操作系统

Statcounter 发布的全球操作系统市场份额报告显示，[②] 截至 2025 年 1 月，全球排名前五位的桌面操作系统市场占比如表 6-1（鉴于前五位合计占据市场份额比例超过 99%，因此未列出前十位名单）。其中，除去无法识别的活跃操作系统之外，该市场被美国公司彻底垄断。

表 6-1　全球排名前五位操作系统一览

Windows	OS X	Unknown	Linux	Chrome OS
美国	美国	未知的、无法识别的操作系统	美国	美国
71.9%	15.02%	7.43%	3.72%	1.92%

全球排名前五位的平板操作系统市场占比如表 6-2（鉴于前五位合计占据市场份额比例超过 99.99%，因此未列出前十位名单）。其中，除去无法识别的活跃操作系统之外，该市场被美国公司基本垄断。

---

① 《全球平板电脑供应商市场份额》，载于 Statcounter 网。

② 《全球操作系统市场份额》，载于 Statcounter 网。

表 6-2　全球前五位平板操作系统一览

iOS	Android	Linux	Unknown	BlackBerry OS	Windows
美国	美国	美国	—	加拿大	美国
52.85%	47%	0.11%	0.03%	0.01%	0.01%

全球手机操作系统市场占比如下。其中，美国 4 家、韩国 1 家、印度 1 家，其他操作系统并无显著市场影响力。

表 6-3　全球前十位手机操作系统一览

Android	iOS	Samsung	Unknown	KaiOS	Windows	Linux	其他
美国	美国	韩国	未知的、无法识别的操作系统	印度	美国	美国	—
72.21%	27.32%	0.31%	0.1%	0.03%	0.01%	0.01%	0.01%

（八）浏览器

截至 2025 年 1 月，全球排名前十位的浏览器市场占比如表 6-4[①]，合计占据总市场的比例为 98.13%。前十位中，美国公司共 5 家，占据市场超过 93%，处于遥遥领先地位，韩国 1 家，挪威 1 家，俄罗斯 1 家，中国 2 家。

表 6-4　全球前十位浏览器一览

Chrome	Safari	Edge	Firefox	Samsung Internet	Opera	UC Browser	Android	Yandex Browser	360 Safe Browser
美国	美国	美国	美国	韩国	挪威	中国	美国	俄罗斯	中国
67.05%	17.86%	5.21%	2.54%	2.24%	2.11%	0.83%	0.55%	0.4%	0.3%

---

① 《全球浏览器市场份额》，载于 Statcounter 网。

（九）搜索引擎

全球排名前十位的搜索引擎市场占比如表 6-5（搜索活跃终端为全平台，含 Desktop、Tablet 和 Mobile）[①]，合计占据总市场的比例为 99.73%。前十位中，美国公司共 4 家，其中仅 Google 一家便占据市场超过 89%，处于遥遥领先地位，中国 2 家，韩国 1 家，德国 1 家，俄罗斯 1 家，越南 1 家。其中，在全球可进入的市场中，Google 搜索引擎几乎垄断了所有国家的搜索市场份额。

表 6-5　全球前十位搜索引擎一览

Google	Bing	Yandex	Yahoo!	Baidu	DuckDuckGo	Naver	CocCoc	Ecosia	Sogou
美国	美国	俄罗斯	美国	中国	美国	韩国	越南	德国	中国
89.78%	3.94%	2.74%	1.27%	0.71%	0.67%	0.29%	0.21%	0.1%	0.04%

二、传播节点

（一）社交媒体平台

目前，全世界有超过 50 亿人（约占全球人口的 63.9%，数据截至 2025 年 2 月）在使用社交媒体平台进行交流。[②] 全球社交平台按月活跃数排名（2024 年 4 月）[③] 为 Facebook（美国，30.65 亿人次）、YouTube（美国，25.04 亿人次）、Instagram（美国，20 亿人次）、WhatsApp（美国，20 亿人次）、TikTok（中国，15.82 亿人

[①]《全球搜索引擎市场份额》，载于 Statcounter 网。

[②]《全球社交平台》，载于 Statcounter 网。

[③]《按每月活跃用户数量统计的全球最受欢迎的社交媒体平台（截至 2024 年 4 月）》，载于 Statcounter 网。

次）、微信（中国，13.43 亿人次）、Messenger（美国，10.1 亿人次）、Telegram（阿联酋，9 亿人次）、Snapchat（美国，8 亿人次）、抖音（中国，7.55 亿人次）、快手（中国，7 亿人次）。大多数拥有超过 1 亿用户的顶级社交平台都起源于美国，但中国社交平台微信、抖音等服务也因本地环境和内容而在中国地区获得了主流吸引力。

（二）传统媒体

传统媒体指的是相较于互联网新媒体而言的传统媒体机构，包括报纸、广播和电视等。国际媒体指具有国际影响力的媒体。在互联网时代，国际媒体在网络平台上的影响力成为评价传统媒体国际影响力的重要标准。

（三）媒体集团

综合新闻媒体公司的市值排名而言[1]，截至 2024 年 8 月排名前十位的媒体集团及旗下代表性媒体见表 6-6。

表 6-6　全球排名前十位媒体公司一览

排名	公司名称	市值（美元 / 亿）	旗下主要媒体	国家
1	康卡斯特	1559.1	NBC、MSNBC、CNBC、SKY News	美国
2	汤森路透	736.6	路透社	加拿大
3	Naspers	327.8	DSTV、GoTV、Media 24	南非
4	Bell Canada Enterprises（BCE）	313.5	CTV、TSN、RDS	加拿大

---

① 《全球排名前十位的综合新闻媒体公司》，载于投资百科网。

排名	公司名称	市值（美元／亿）	旗下主要媒体	国家
5	Rogers Communication(RCI)	214.1	CityTV、Sportnet	加拿大
6	Warner Bros. Discovery(WBD)	187.1	CNN、HBO、Discovery、HGTV	美国
7	福克斯集团	178.7	福克斯新闻	美国
8	新闻集团	151.2	时代周刊、道琼斯、华尔街日报、太阳报	美国
9	纽约时报公司	89.7	纽约时报、纽约时报国际版	美国
10	Nexstar	49.9	ABC、NBC、CBS、Tribune Media	美国

从目前的国际传播体系来看，初级基础设施中西方国家占有优势，但这种优势地位受到了中国的挑战。中国在光通信、通信卫星、基站、手机、PC 机、平板电脑等互联网时代的基础设施上取得了显著的成绩，能够与西方国家一争高下；而在二级基础设施方面，西方国家（尤其是美国）仍然占据着显著的优势，非西方国家的影响力还不能与西方国家匹配。在俄乌冲突中，西方国家（主要是美国）凭借着在初级基础设施方面的优势，为乌克兰提供情报、网络信号等方面的支持，凭借着二级基础设施方面的优势，第一时间在社交媒体上对俄罗斯国家媒体的信息进行了封锁，可见西方战略传播的实施得到了基础设施的有力支持。

第七章　中国对外传播的体系研究

当今世界，信息传播的力量日益凸显，成为国家软实力竞争的重要领域。随着全球化的不断深入，国际传播体系的构建与完善，对于一个国家的国际形象和话语权具有决定性的影响。党的二十届三中全会明确提出了"构建更有效力的国际传播体系"的战略目标，强调了推进国际传播格局的重构，深化主流媒体国际传播机制的改革创新，这不仅是对我国国际传播能力提出的新要求，也是对提升国家文化软实力和国际影响力的重要部署。

在这样的大背景下，加快构建多渠道、立体式的对外传播格局显得尤为迫切。我们需要通过多元化的传播手段和丰富的内容供给，向世界传递中国声音，展现中国形象，让全球更准确地理解中国的发展道路、价值理念和文化魅力。同时，构建中国话语和中国叙事体系，是对外传播中的重要任务，它要求我们不仅要讲述中国故事，更要以中国视角、中国智慧解读世界，为全球治理贡献中国方案。

第一节　中国对外传播的多元主体

在全球化的今天，中国正以其独特的魅力和影响力在世界舞台上发挥着越来越重要的作用。中国对外传播的多元主体，从政府到专业媒体，从企业到高等院校，再到智库、社会组织以及民间个人，每一个主体都在以自己的方式，讲述着中国故事，传播着中国声音。

一、对外传播多元主体的具体构成

（一）政府

政府是对外传播的最重要主体，政府通过政府（外交）行为和解释政府（外交）行为形成舆论进而形成国家形象，达成有效的对外传播，最后促进国家外交目标的实现[①]。政府的对外传播行为可以按照领域划分为政治、军事、文化，经济和舆论等。政治领域包括国家首脑定期或不定期通话与峰会、首脑以下官员的外交往来、双边或多边对话等；军事领域包括合作军事演习、派遣维和部队、军事救灾活动、打击跨国犯罪等；文化领域包括传播政治观念的会议、承办国际体育赛事、熊猫外交等；经济领域包括签订政府间经贸合作协议、开展对外经济援助等；舆论方面包括学术交流会等。

[①]　刘小燕：《政府对外传播》，中国大百科全书出版社 2010 年版，第 3—4 页。

近年来，中国政府在各个领域积极采取行动，展现了开放沟通的姿态，取得了良好的传播效果，赢得了国际社会的赞誉。2013年3月，习近平主席在俄罗斯莫斯科国际关系学院首次提出"人类命运共同体"重大倡议；同年9—10月，习近平主席首次提出共建"丝绸之路经济带"和"21世纪海上丝绸之路"的构想；2017年5月，第一届"一带一路"国际合作高峰论坛在北京举行；2018年11月，首届中国国际进口博览会在上海举行[①]；2022年2月，北京冬奥会、冬残奥会举行，来自五大洲的31位国家元首、政府首脑和国际组织负责人来华出席开幕式，来自约90个国家和地区的近3000名运动员参加比赛[②]；2023年3月，在中方支持下，沙特阿拉伯和伊朗两国达成北京协议，中沙伊三方签署并发表联合声明，宣布沙伊双方同意恢复外交关系，开展各领域合作[③]。

政府的对外传播行为在本质上是政府议程和施政行为等内政外交信息以及价值观的扩散、接收、交互等有机系统的运作过程。这一过程是有组织、有计划甚至有规章制度予以确认的，应该用持续、动态、互动性的眼光去看待[④]。

---

① 李嘉宝：《新中国外交大事记》，载于人民网，2019年9月6日。

② 刘笑冬：《习近平会见国际奥委会主席巴赫》，载于新华网，2022年1月25日。

③ 成欣、王慧慧：《中东问题专家：促成沙特、伊朗复交展现中国大国担当》，载于新华网，2023年3月13日。

④ 刘小燕、崔远航：《政府传播研究的多元路径与未来方向》，《中国人民大学学报》2021年第5期。

（二）专业媒体

按媒介类别，中国的对外传播媒体可以分为印刷媒体、广播媒体、电视媒体以及网络新媒体这四类，四类媒体虽然有不同的使用场景，但是网络新媒体无疑成为越来越重要的力量。另外，从媒体产权、传者价值、受众属性和组织形态四个维度看，国有的专业媒体、机构媒体与民营的自媒体、平台媒体，共同构成了中国的"新新闻生态系统"①。

其中，包括传统党媒、市场化媒体及其新媒体延伸产品在内的国有专业媒体，是传播中国声音的主力军，成为他国了解我国国家政策、社会动态的重要渠道，也是国外媒体援引消息的主要来源②。例如，在2021年云南野生象群迁移事件中，以中国国际电视台（CGTN）为代表的国家媒体及时反应，迅速发声，持续追踪野生象群北迁的情况。CGTN组织中外专家会议探讨野生象出走原因，介绍政府的应急预案措施和大象损坏的民居的修补重建情况，通过这些报道让国际受众了解到中国的生物多样性和动物保护举措。路透社、英国广播公司等国际媒体也对此跟进报道，云南野生象群迁移事件成为具有国际关注度的热点话题。CGTN及时公开的报道和背后体现的"人象和谐"，有助于在国际舆论场上塑造可信可爱可敬的

① 张志安、汤敏：《新新闻生态系统：中国新闻业的新行动者与结构重塑》，《新闻与写作》2018年第3期。
② 陈虹、广嘉：《逻辑中的新型国际传播主体格局构建》，《上海市社会主义学院学报》2023年第3期。

中国形象。

　　专业媒体在国际传播舞台上能够持续深入表达，并在内容和形式上不断创新。比如中国网推出的《中国三分钟》，英文名称为"China Mosaic"，译为"中国马赛克"，寓意通过微小的"马赛克"为海外观众拼接出完整的中国。节目时长适应了新媒体时代碎片化的特征，内容涉及政治、经济、文化、社会、体育等多方面议题，介绍"中国式现代化"，回应"一带一路""中国的民主"等话题，让世界更了解中国。此外，澎湃新闻运作的"Sixth Tones"（第六声）通过差异定位，探索地方媒体的独特视角，报道诸如亚文化、少数群体、新兴潮流等议题，呈现出多维、真实、立体的中国。形式方面，北京冬奥会开幕前一周，CGTN针对海外Z世代年轻人，在Tiktok和抖音海内外社交平台发起"玩转冰雪"系列挑战赛，吸引年轻群体参与互动并关注赛事。并且在全世界首次实现在350公里时速的高铁列车上建设5G演播室以实现超高清信号的长时间稳定传输，还利用AR技术搭建的虚拟演播室在实景空间加入虚拟元素①。

　　新媒体时代，国际舆论的传播、渗透更加迅速，影响更为深远。随着我国日益走近世界舞台中央，国际舆论关注度日益增大，这也带来了更大的舆论压力和更为复杂的挑战。在多主体、立体式的对外传播格局中，相比其他主体，国有专业媒体往往被视为代表着国

———————
　　①《CGTN冬奥报道：一场思想＋艺术＋技术的自主叙事》，载于光明网，2022年2月22日。

家的主流价值观，拥有更多的公共资源和专业力量[①]，因此也承担着发出中国声音，宣示中国主张、中国方案的重要任务。

（三）企业

企业不仅是社会运行中重要的经济主体，也是对外传播的重要力量。企业项目的建立与推进和产品的生产与销售，不仅促进各国间贸易的交流，也蕴含着观念的表达。据中国汽车工业协会，2022年我国新能源汽车产销同比分别增长 96.9% 和 93.4%，连续 8 年保持全球第一[②]。近年来，上汽名爵、比亚迪、长城、吉利等中国自主汽车品牌在世界各地举办国际汽车展销会、汽车博览会，建设新能源智慧工厂基地，为当地消费者提供体验和试乘不同车型的机会，让用户在线下体验的过程中感知品牌实力及产品信息，提升了海外市场的品牌影响力、讲述着"绿色科技"的中国故事。

此外，企业可能成为话题本身。近年来欧美各国对中国企业的制裁，使华为成为国内外民众关注的焦点。2020 年 12 月起，导演竹内亮开始拍摄系列纪录片《华为的 100 张面孔》。这一作品的最大特点在于，通过外籍导演的视角以故事的形式呈现企业形象，突出个体、真实和情感表达。后期剪辑时他还保留了大量贴近生活的细节，以此增加纪录片的接近性。当下，企业在国际传播中的力量和角色

---

① 唐胜宏、韩韶君、彭琪月：《新技术条件下主流媒体引导舆论的意义重构与作用发挥》，《人民论坛》2021 年第 20 期。

② 王政：《我国新能源汽车产销连续 8 年全球第一》，载于人民网，2023 年 1 月 24 日。

越来越凸显，其作为一种中间形态能够更丰富、多元、可持续地推进体系化的国际传播[①]。

（四）高等院校

在国际传播的多元主体中，各级各类高等院校（以下简称"高校"）发挥着独特的优势。由于近年来中国经济、社会发展等方面取得了巨大成就，已经成为主要留学目的地国家。根据美国国际教学协会数据，2018—2019 学年全球十大留学目的地中，中国排在美国、英国之后，居全球第三位。2018 年，中国共接受了来自 196 个国家和地区的 492185 名各类外国留学生，比 2017 年增加了 3013 人，增幅为 0.62%[②]。另外，中国高校也积极实施"走出去"战略。自厦门大学马来西亚分校 2016 年 2 月首批招生以来，目前已经有老挝苏州大学、同济大学佛罗伦萨校区、北京大学英国校区、河北工业大学芬兰校区、西北工业大学哈萨克斯坦分校等多所高校实现了海外办学。通过海外办学，高校可以与当地的文化教育机构进行深入的交流合作，促进跨文化理解，有助于消除文化误解，增强文化包容性。同时，依托海外分校，还可以向世界展示中国的教育水平、文化特色和价值理念，提升国家形象，促进国际社会对中国的认知和认同感。此外，海外办学也可以为国家发展提供战略支持。例如，为共

---

①　张志安、孙玮：《多元主体参与国际传播的视觉实践——以〈华为的 100 张面孔〉和〈海外员工看中国〉为例》，《对外传播》2023 年第 1 期。

②　育娲人口研究：《中国教育和人口报告（2023 版）高等教育和留学篇》，载于携程网，2023 年 2 月。

建"一带一路"倡议培养所需人才，推动与沿线国家的合作交流。以老挝苏州大学为例，过去10年间，老挝苏州大学培养了300多名具有国际视野并通晓汉语的优秀专业人才，以及非学历汉语培训生近5000人，在推动中老两国公共外交、智库服务、经贸科技合作等方面做了大量工作。在此过程中，学校向下扎根，与当地建立起更紧密的文化联结。^①厦门大学马来西亚分校现有9个学院来自40个国家和地区的7300余名学生，在专业设置上，充分考虑了马来西亚人才需要，包括新能源科学与工程、金融学、国际商务等，帮助马来西亚解决了棕榈油提炼等关键性的技术难题。^②

与此同时，国内各大院校纷纷通过社交媒体开拓国际传播的新阵地。通过社交媒体平台，各高校可以向海外受众传播相关的信息，提升学校的知名度和影响力；同时加强与海外校友的联系，推动学校的国际化进程，与国外高校和研究机构、企业建立密切的联系与合作，推动学校的国际化进程。据北京师范大学联合中国日报网、光明网联合发布的《2022中国大学海外网络传播力建设报告》，清华和北大的头部效应凸显，与日韩高校相比已经具有一定的优势，与美国高校的差距进一步缩小。不同高校在不同的社交媒体平台上，各自形成亮点和特色：在google平台上，南京师范大学通过科研成

① 姚臻：《老挝苏州大学：十年深耕 擦亮"一带一路"的教育名片》，《中国科学报》2023年12月26日。
② 佘峥：《厦门大学马来西亚分校被誉为"镶嵌在'一带一路'上的璀璨明珠"》，《厦门日报》2023年10月4日。

果促进正向传播；Wikipedia 平台上，中山大学彰显历史底蕴，上海交大注重文化差异；X 平台上，浙江大学立足校园内容打造国际名片；Facebook 平台上，北京航空航天大学发扬航天特色，助力海外传播……高校是国家形象建设的重要组成部分。通过在社交媒体上展示高校的特色和优势，可以向海外受众展示中国的高等教育水平和文化魅力，有助于提升中国在国际舞台上的形象和影响力，为国家形象建设和国家影响力提升作出独特的贡献。

（五）智库

智库是一个源于美国的概念，全称为"思想库"（Think Tank），是一类特殊的研究机构，其主要职能包括进行政策研究、战略分析、提供专业知识和咨询等。智库通常由专家、学者、政策分析师等组成，它们在政治、经济、社会、科技、环境等多个领域提供深入的分析和建议。在美国，智库早已经被视为国家立法、行政、司法、媒体之后的"第五种力量"，不仅在国家政治体系与国家运行中发挥着重要的作用，也在国际传播和国家国际话语体系塑造中发挥着独特的作用。美国的强大，离不开其智库的强大。[1] 相较于美国，中国的智库建设起步较晚，但发展迅速。2015 年 1 月，国家出台了《关于加强中国特色新型智库建设的意见》，提出"到 2020 年，形成定位明晰、特色鲜明、规模适度、布局合理的中国特色新型智库体

---

① 张志强、陈秀娟、韩晔：《社交媒体时代中国智库国际传播机遇、现状与提升路径》，《中国科学院院刊》2024 年第 4 期。

系，重点建设一批具有较大影响力和国际知名度的高端智库"①。此后，以国家高端智库为代表的，各种官方智库、半官方智库和民间智库等智库形式在中国蓬勃发展。美国宾夕法尼亚大学发布的《全球智库报告2020》显示，中国2020年的智库数量已经高居世界第二，有八家智库入选"全球顶级智库百强榜单"，其中七家是国家智库单位。目前，我国已经分两批确定了29家国家高端智库建设试点单位名单，涵盖了党中央、国务院、中央军委直属的综合性研究机构、大学科研机构、国有企业、社会智库等各种类型。

智库作为对外传播的重要主体，以其独特的研究能力和专业视角，在全球话语体系中发挥着不可替代的作用。它们不仅是知识的创造者和传播者，更是国际议题的引领者和政策制定的影响者。智库通过深入研究，形成对国际形势、政策走向的独到见解。这些见解通过报告、文章、会议等多种形式传播，为全球提供参考和思考的视角。例如，布鲁金斯学会（Brookings Institution）发布的关于全球经济治理的报告，对G20国家的政策制定产生了直接影响。中国社会科学院作为中国最高学术机构和综合性智库，通过其广泛的研究项目和国际学术交流，为全球提供了关于中国社会、经济和文化发展的深刻见解。

智库还通过参与国际会议和论坛，直接在国际舞台上发声，引导公共议题。如国际危机组织（International Crisis Group）在冲突预

---

① 《中共中央办公厅、国务院办公厅：关于加强中国特色新型智库建设的意见》，载于中国政府网，2015年1月20日。

防和解决方面的研究，为国际社会提供了重要的决策支持。此外，智库在塑造国家形象和文化软实力方面也发挥着重要作用。通过智库的国际交流和合作，一个国家的价值观和发展理念得以传播。例如，中国国际问题研究院在共建"一带一路"倡议研究中，为国际社会提供了深入了解中国发展模式的窗口。

智库通过与媒体的合作，扩大了其研究成果的影响力。它们的观点经常被引用在新闻报道和评论中，从而影响公众舆论。例如，兰德公司（RAND Corporation）关于安全政策的研究，经常被国际媒体报道，成为公众讨论的热点。智库还通过国际网络和合作项目，构建起跨国界的研究和交流平台，促进了全球知识和经验的共享。这种合作不仅提升了智库自身的研究能力，也为解决全球性问题提供了多元视角和解决方案。

总之，智库在对外传播中的作用是多方面的，它们通过知识生产、议题引导、政策影响和文化交流，为构建开放、包容、平衡的国际传播体系作出了重要贡献。

（六）社会组织

社会组织，又称"民间组织""非政府组织"，泛指那些在社会转型过程中由各个不同社会阶层的公民自发成立的、在一定程度上具有非营利性、非政府性和社会性特征的各种组织形式及其网络形态①。中国非政府社会组织（NGO）的发展起步于20世纪80年代，

---

① 王名：《走向公民社会——我国社会组织发展的历史及趋势》，《吉林大学社会科学学报》2009年第3期。

在世界舞台上的发声始于 2007 年，在第十三届联合国气候变化会议（COP）期间，八家中国 NGO 联合发布研究报告，标志着中国 NGO 在气候和环境国际讨论中的崛起。

社会组织通过宣传环保知识、组织环保活动、促进国际环保合作等，对于推动全球环境保护事业的发展起到了积极的作用。比如，2022 年 11 月，中华环保联合会在第二十七届联合国气候变化框架公约缔约方大会（COP27）现场的新闻发布间举办"生物多样性保护与应对气候变化协同"新闻发布会。会上，代表们围绕气候变化与守护飞鸟、生物多样性金融工具和国际协作主题，面向现场参会机构和国际媒体进行了发布。2023 年 10 月，第十七届中国鸟类学大会在江苏省举办，来自全国各地以及欧洲、北美、澳大利亚、日本、蒙古等国家和地区的代表们分享交流近年来鸟类学研究的成果。

此外，社会组织还可以通过参与国际行动或国际援助、开展文化交流活动等方式，向海外传递中国的社会和文化信息。

（七）民间个人

在对外传播中，个体的流动和自发传播对文化沟通的促进作用不容小觑。以留学生为例，有学者通过调研发现真实体验有助于改善来华留学生对中国形象的认知 ①。2020—2021 学年，我国在册国际学生来自 195 个国家和地区，学历生占比达 76%，比 2012 年提高

---

① 宋海燕：《中国国家形象的"他者"传播：来华留学生的中介机制》，《新闻爱好者》2021 年第 8 期。

35%①。2019—2020 年度，中国仍然是最大的留学生来源国，有接近100 余万名学生在境外高等教育机构就读，前五大留学目的国为美国、澳大利亚、英国、加拿大和日本②。有学者认为，来华留学生群体是中华文化和城市形象传播的重要中介载体，能够在很大程度上影响国外受众对中国形象认知的真实性、客观性和全面性③。来华留学生在社交账号分享中国美食、旅行风景、文化体验活动、学习情况等，这些信息有助于促进与其相关的国外受众对中国形象的积极认知。

在用户参与和用户定义成为互联网时代显著表征的当下，我国公众自主拍摄的短视频在国外的社交媒体上受到许多关注，尽管语言不通，但视觉化的呈现能够让国外公众更清晰地看到今天的中国，深入了解中华优秀传统文化。2019 年，以中国乡村日常生活为视频内容的"李子柒 Liziqi"这样一个非官方账号在国际社交媒体网络中引起广泛关注。截至 2023 年 11 月 16 日，李子柒在 YouTube 平台的中国区排行第一，拥有 1780 余万粉丝。有研究发现，李子柒视频中引发热议的认知符号是传统中国文化符号，积极情感表达占据绝对主导，因为她的视频是日常生活视域所表征的人类共通情感和价

---

① 徐壮：《2012 年以来我国各类出国留学人员超八成回国发展》，载于新华网，2023 年 9 月 21 日。

② 全球化智库：《中国留学发展报告（2022）》，载于全球化智库网，2022 年 9 月28 日。

③ 舒笑梅、董传礼：《来华留学生短视频接受与中国国家形象认知》，《现代传播（中国传媒大学学报）》2021 年第 7 期。

值理念①。

在如今，个体智慧不再是孤立的生产要素，而成为社交网络中的直接生产力②。借助网络，每一个个体可以构建起自己的传播中心，成为个体在网络中生活的"基地"③。个体的叙述有着巨大的能量，去中心化的社交媒体提供平台基础，各类表达展现出丰富多维的话语空间。另外，个体不断更新的日常也使得其影响具有持续性，更加"润物无声"。个体基于不同动机言说的"日常生活"，主观上或许并未关涉对外传播的雄心，但客观上正开拓出一条真正达成"民心相通"的有效路径。

习近平总书记指出："国之交在于民相亲，民相亲在于心相通。"④重视这股力量，发展以个人为主体的对外传播模式，或许是展示中国的"日常生活"，讲好"中国故事"的重要着力点。

二、对外传播多元主体的比较

政府、媒体机构、企业、高等院校、智库、社会组织和民间个人七类对外传播主体，在影响力大小、渗透难易度、与当地民众结

---

① 辛静、叶倩倩：《国际社交媒体平台中国文化跨文化传播的分析与反思——以YouTube 李子柒的视频评论为例》，《新闻与写作》2020 年第 3 期。

② 喻国明、马慧：《互联网时代的新权力范式："关系赋权"——"连接一切"场景下的社会关系的重组与权力格局的变迁》，《国际新闻界》2016 年第 10 期。

③ 彭兰：《"连接"的演进——互联网进化的基本逻辑》，《国际新闻界》2013 年第12 期。

④ 习近平：《在"一带一路"国际合作高峰论坛开幕式上的演讲》，载于人民网，2017 年 5 月 14 日。

合度方面各有不同，各自发挥着优势与劣势。本书结合相关材料，将不同主体对外传播特征整理如表 7-1。

表 7-1　不同主体对外传播特征比较

主体	影响力大小	渗透难易度	与当地民众结合度	优势	劣势
政府	大	难	低	力量大；多领域的行动与言说，更全面	投入产出比低；单向传播为主，互动性低，效果有限
媒体机构	较大	较难	一般	专业性强；持续性和稳定性好	难以撼动西方媒体优势地位
企业	较大	较易	高	观念蕴含在产品中传播，更易被接受	易受外部因素影响
高等院校	较大	较易	一般	学科、人才和文化资源储备丰富、专业性较强	观念重视不足，资源投入程度低
智库	较大	一般	一般	专业知识强、独立视角、国际合作多	资源限制、传播渠道偏窄、可能有文化差异
社会组织	一般	一般	较高	公益性；与解决公共问题的实践结合紧密	"依附式"自主；发展程度低
民间个人	较低	容易	高	更容易相互理解，"民心相通"	分散性、不稳定性

（一）政府

政府方面的对外传播，在四个层面上展开，一是政府自身的行为，二是有赖于政府的解释，三是需要借助第三方的解释与配合，四是需要适宜的内外环境①。本书将第三方看作其他主体的对外传播行为，在后文进行讨论。

政府的行动直接影响到一国乃至多国，通过各类政策对经济、社会、外交关系等产生的影响无疑是五类主体里最大的。但是有时政府虽然积极传播自己，却不能很好地与当地民众结合。比如，在全国省级文化和旅游新媒体国际传播力指数榜单中排名第一的安徽省，其文化和旅游厅利用用户名 @Anhui_travel 在 TikTok、YouTube、Facebook、Twitter、Instagram 中都注册了账号，截至 2023 年 2 月，安徽文旅海外新媒体系列账号累计阅读量超 2 亿人次，粉丝总量超 45 万人②。但是有研究指出，在 @Anhui_travel 发布的帖子中看不到"人"的存在，用户看到的只是类似传统大众媒体中宏大的叙事视角，缺乏代入感。并且对用户的评论只有 39% 的回复率，内容多为感谢词，互动性不强③。政府对外传播时以单向传播为主，同时要注重形象的严肃性，因此和受众的互动性低，传播效果有限。除此之外，出于种种原因，政府的传播往往会被一些海外受众作出负面解读。

（二）媒体机构

作为专业的传播机构，媒体是对外传播的主力军之一。专业媒体能够对一个议题进行集中发布和追踪报道，并且可以运用多种媒

---

① 刘小燕：《政府对外传播》，中国大百科全书出版社 2010 年版，第 75—76 页。

② 安徽省对外交流与合作处：《再登榜首！安徽文旅新媒体国际传播力指数排名全国第一》，载于安徽省文化和旅游厅网站，2023 年 2 月 24 日。

③ 牧文苑：《地方政府部门国际传播能力建设路径探究——基于 Instagram 账号 @anhui_travel 的分析》，《青年记者》2023 年第 8 期。

介语言和渠道。比如在 2021 年的"云南野生象迁徙事件"中，通过率先报道和持续深入地解释，中国媒体占据了点赞量前 30 的相关报道的 80% 和观看量前 30 的报道的 63%[①]。

但是中国媒体并非国外受众了解中国新闻的主要来源，一项对美国、德国、俄罗斯、印度和日本民众进行的调查显示，五国受访者通过本国传媒了解中国资讯的平均值为 80.7%，通过其他国家媒体的为 17.6%，通过中国传媒的仅为 8.65%[②]。

虽然在特定事件上，我国媒体的报道具备"破圈"乃至主导话语的可能，但是从整体来看，我国媒体在国外传播的渗透能力还比较有限。

为了更好地与当地民众结合，加强与所在国媒体的合作或许是一个重要方式。中央电视台中文国际频道的国际传播项目《亚媒看中国》无疑在这方面进行了一次有益的尝试，该项目邀请了包括日本、俄罗斯、印度、老挝、巴基斯坦、菲律宾、尼泊尔、柬埔寨、越南等十余个亚太国家的主流媒体来华进行联合报道和采访，外媒也通过本地电视台和社交媒体播出电视新闻报道和图文报道[③]。

---

① 田方、戴运财：《YouTube 平台中国生态文明形象媒介传播效果评估研究——以"野象北迁"新闻报道为例》，《未来传播》2022 年第 4 期。

② 关世杰：《中华文化国际影响力调查研究》，北京大学出版社 2016 年版，第 392 页。

③ 孟滨、陈颖、王岚昕等：《国际传播项目的模式策略——以央视〈亚媒看中国〉国际媒体合作为例》，《新闻战线》2018 年第 15 期。

（三）企业

企业作为生产活动的参与者，不仅通过传媒进行传播，而且其产品乃至构建的平台本身就成为传播影响力的来源。依据企业的不同特性，传播效果也有所区别，但是在一些领域，企业在传播渗透率和与当地民众结合度方面都表现良好。比如独创深肤色影像引擎、考虑到当地天气和用户习惯的智能手机提供商深圳传音控股，2022年在非洲智能机市场的占有率超40%，非洲排名第一；在巴基斯坦和孟加拉国市场占有率均排名第一；在印度智能机市场占有率排名第六[①]。字节跳动开发的 TikTok 在海外也取得了一定成果，2017年下半年正式上线后，在2019年12月全球月活用户就从一年前的2.7亿人提升至5亿人，2021年月活用户更是突破10亿人[②]。中国新能源汽车在全球市场的发展优势也传播了"自主创新""智能科技"的中国工业形象。例如，在上汽集团出品的《出海》纪录片中提及，上汽宁德基地可实现两万多人和三千多台设备同时施工，并首次实现在欧洲市场量产符合欧盟环保法规要求的产品。掌握电池、电机、电控等全产业链核心技术的比亚迪，2012年就在英国设立分公司，2013年在美国开始独立投资建造新能源项目工厂，在欧美市场取得一定成就并继续拓展亚太市场。

---

① 传音控股：《2022 年年度报告》，载于新浪网，2023 年 4 月 26 日。

② 刘逸夫、刘思义：《字节跳动国际化发展案例研究》，载张新民、王分棉、杨道广主编：《企业海外发展蓝皮书：中国企业海外发展报告（2022）》，社会科学文献出版社 2022 年版，第 326—346 页。

一项针对国内 53 个城市来华留学生的研究发现：在政府传播主体、企业传播主体、媒介形象和境外游客传播主体中，企业传播主体对来华留学生规模的正向影响最大。企业品牌的国际化传播、员工的跨文化适应、产品的全球流动，都会进入到城市的国际传播活动情境中[①]。

但是企业传播也存在一定劣势。首先是企业品牌海外媒体的传播影响力比较有限，比亚迪、奇瑞、长城、吉利等车企在 Facebook、X 等媒体平台上的粉丝数量和互动率较低。其次是企业比较容易受到所在国政策的限制。2020 年特朗普政府多次针对 TikTok 出台禁令，印度则对包括 TikTok 在内的中国 59 款 App 永久封禁，2022 年美国国会投票禁止联邦雇员在政府拥有的设备上使用 TikTok，加拿大还有欧盟也随即跟进[②]，2024 年 4 月，美国国会以"国家安全"为由，通过了《保护美国人免受外国对手控制应用侵害法》，授权美国总统全面禁止 TikTok 等"外国对手"控制的社交媒体用于美国所有设备。[③] 同时，近年来 TikTok 在东南亚的商业化也频频受阻[④]。另外，2019 年美国商务部将华为及其子公司纳入"实体清单"，并继

① 范明：《城市国际传播对来华留学生的影响研究——基于 53 个城市样本的实证分析》，《城市观察》2023 年第 5 期。

② 杜知航：《TikTok 监管风暴继续　美参议院草案拟要求美国政府处理中国 App》，载于财新网，2023 年 3 月 9 日。

③ 朱凌：《刚刚！美众议院通过 TikTok 法案》，载于科创板日报网，2024 年 3 月 13 日。

④ 关聪：《TikTok 在马来西亚被要求整改　东南亚商业化遇阻》，载于财新网，2023 年 10 月 13 日。

续新增清单内的中国企业①。外部因素对企业的影响使其对外传播在一定程度上稳定性不强。

（四）高等院校

总体上，高等院校在进行国际传播时能发挥独特的影响力，但这种影响力的大小具体取决于多个因素。首先是院校的声誉和知名度。知名度和声誉较高的高校在开展国际传播时更容易引起关注和认可。截至2023年6月，清华大学Facebook账户、X账户分别拥有粉丝数442万人和75.8万人；北京大学Facebook账户粉丝数414万人，每天更新3—6次，大多以视频形式出现，包括学生活动、文化传播、校园风景等丰富多彩的活动。其次是学科和师资力量。具有一流学科和师资力量的高校在开展国际传播时更有说服力和吸引力。同济大学土木工程学科连续多年位居全球第一，2015年设立了土木工程国际博士生项目，目前已具有完整的课程体系，采取全英文授课。2017年和2018年，成功获得面向"一带一路"国家的土木工程国际博士生培养项目，以更好地服务于"一带一路"沿线国家的土木基础设施建设，培养高层次国际化人才。此外，影响力大小与高校国际交流合作传统和重视程度密不可分。通过学生交换、教师互访、技术输出、合作研究等项目，制定和实施个性化的国家交流合作战略和政策，积极推动国际交流合作，提升学校的国际传播影响力。如福建农林大学的菌草技术通过援助和国际合作现已传播

---

① 杜知航、罗国平：《美商务部将中海油纳入"实体清单"》，载于财新网，2021年1月15日。

到 106 个国家，在 16 个国家建立菌草技术培训示范中心和基地，与 40 多个国家的政府、科研机构、企业等建立合作关系。中国地质大学（北京）充分结合学校特色和学科优势，加强跨国地质实习的交流合作。学校的北戴河、周口店实习基地有来自俄罗斯、美国、韩国等高校地质系学生的实习活动。跨国地质实习以地质野外实地考察，小组互动交流活动等多种形式，结合实习地国家的地质概况和人文历史，以生动活泼的形式开展交流，开创地学教育与国际接轨及教育全球化的新途径，培养研究型、开拓型、国际化地质人才的重要步骤。

除了影响力优势外，高校为主体的国际传播，还具有渗透力强、与当地民众结合度较高等优势。来华留学生在中国长期生活，熟悉中国历史、地理、社会、经济、文化等方方面面，了解中国政治制度和外交政策，理解中国社会主流价值观。他们回国以后，往往就是在当地传播中国文化和形象的主力军。中国高校的海外校区，学科设置和人才培养方向基本都能结合当地经济社会发展的最迫切需求，同济大学佛罗伦萨校区是中国高校在发达国家创办的第一个分校，设立的土木工程、交通运输工程、车辆工程、建筑学、海洋科学、环境科学与工程、德语等专业，既是同济大学的王牌专业，也满足了意大利经济社会发展的迫切需求。甚至在选址方面，都有深入的考虑——校区基于佛罗伦萨海外基地丰厚的艺术、建筑、设计创新类等教育教学资源，结合其人文社科及设计创新教育优势，形成独特的人文艺术类海外教育及实践教学模式，有着"通识教育基地"和"创新实践教学基地"的双重定位。

但是，以高校作为主体的国际传播，在实践中仍然有不少需要改进的方面。以海外社交媒体平台为例，比较有影响力的基本集中于北京大学、清华大学、复旦大学、浙江大学等少数头部高校。总体上，我国"双一流"高校海外社交平台建设尚处于起步阶段，注册账号少、平台面狭窄、发布信息少、内容质量不高。同时，对于图片、短视频等当下最流行、传播效果和渗透率最高的视觉化元素运用不足，很多尚停留在传统文字传播阶段；通过讲故事来传递价值观的能力也相对薄弱。从传播内容看，大多数高校国际传播内容同质化明显，主要集中在传统文化、学生活动等主题，缺少对中国现代化、高科技、最新研究成果和建设成就的全方面展示。从表现方式看，宣传色彩偏重，内容和叙事都比较单调，缺乏有效的讲故事能力，也缺少共情传播的理念。从传受互动看，高校国际传播停留在单向传播阶段，以社交平台为例，缺少投票、问答、评论互动等双向交流，导致我国高校在各平台传播内容的点赞量、转发量、评论量都偏少，相当程度上影响了传播的"触达率"。

这些劣势后面，本质上是高校对自身作为国际传播主体地位的认识不足。现阶段，很多高校尚未树立起国际传播的战略意识，缺乏主动传播的动力，仅仅把来华留学生招生和培养当成完成国家的任务和要求；开设海外社交平台账号也仅仅停留在"解决有无"的问题，缺少系统性规划和整体性思路，没有意识到留学生工作、高校国际传播工作在国家整体国际传播和形象建构中的独特意义和价值。理念上重视程度不够，直接导致了在实践中的掣肘，比如在资源配置方面，与西方发达国家相比，中国高校国际化建设方面的资金、人员、渠道投入都相对较少，人员的专业化程度远远不够，有些高校甚至没有专门的人员负责该项工作；在网站、社交媒体账号等方面的运营和维护方面，投入力量非常有限，形成了很多"门面账号"。

（五）智库

智库在对外传播中扮演着特殊而重要的角色，它们的优势和劣势共同塑造了其在国际舞台上的影响力和作用。

智库的优势首先体现在其专业知识和研究深度上。智库聚集了一批专业研究人员，他们在特定领域具有深厚的专业知识和研究能力，能够提供基于严谨研究的政策建议和分析。例如，美国的布鲁金斯学会（Brookings Institution）在经济政策研究方面享有盛誉，其发布的经济政策分析报告经常被各国政府和国际组织引用，从而影响全球经济政策的讨论和制定。其次，智库的独立性也是其一大优势。许多智库标榜其研究的独立性，这有助于它们在国际传播中树立客观、中立的形象。此外，智库还具有议题设置能力，能够通过发布研究报告和组织会议，引导国际社会关注特定的议题和问题。例如，欧洲政策研究中心（CEPS）在欧盟政策研究方面具有重要影响力，其研究成果经常引发对欧盟政策的深入讨论。智库的国际网络和合作关系也是其优势之一。智库通常与全球其他智库、学术机构、政府部门等建立了广泛的合作关系，这有助于它们在国际传播中快速有效地分享信息和观点。例如，全球化智库（CCG）通过与国际伙伴的合作，促进了关于全球化、人才流动和国际合作的讨论。

与此同时，智库在对外传播中也存在一些劣势。首先是资源限制，与大型媒体机构相比，智库可能在资金、技术和人力资源方面存在限制，这可能影响其研究的广度和深度，以及对外传播的效果。其次，智库的传播渠道可能相对有限。虽然智库可以通过学术期刊、政策简报、媒体评论等渠道传播其研究成果，但相较于主流媒体，其传播渠道和受众覆盖面可能较为有限。相较于知名媒体品牌，智库的知名度和公众认知度可能较低，这可能影响其传播效果和影响力。此外，智库在进行国际传播时可能面临文化差异和误解的挑战。不同国家和地区的受众可能对智库的研究成果有不同的理解和反应，智库需要克服这些差异，以实现有效的跨文化传播。

中国的智库在对外传播中扮演着日益重要的角色。例如，中国社会科学院作为中国最高学术机构和综合性智库，其发布的《中国社会蓝皮书》系列，不仅为国内政策制定提供了参考，也为国际社会了解中国社会变迁提供了窗口。此外，中国智库的研究往往与国家发展战略紧密结合，如中国国际问题研究院在共建"一带一路"倡议研究中，通过发布多语种报告，增强了该倡议在国际社会中的理解和接受度。同时，中国智库的国际网络和合作关系广泛，它们与全球其他智库、学术机构、政府部门等建立了合作关系，这有助于它们在国际传播中快速有效地分享信息和观点。

　　但是，与国际知名智库相比，中国智库在国际传播方面，还存在着诸多不足，主要有：在思想上，对国际传播重视程度明显薄弱，惬意于国内发展生态与影响力，在国际传播方面涉猎较少；在战略上，体制内的主要智库的运行模式为行政化管理的思维取向，仅有极个别社会智库追求国际化发展；在行动上，受限于缺乏发展认知、战略规划、传播措施、传播内容和传播人才等，少有国际化的传播行动与传播作为，主要体现为国内智库入驻国际社交媒体平台数量少、发文积极性不高、议题不够广泛、用户交互程度不高、不屑参加国际思想交锋论坛、较少发出中国声音等。[①]这些无疑影响了我国智库国际影响力和传播力的发挥。

　　（六）社会组织

　　社会组织的对外传播是以自身为核心构建起立体的、圈层化的网络。社会组织可以在组织的活动中搭建人际传播渠道、通过具有公共性的活动被当地媒体报道实现大众传播、深入当地进行社区传播等[②]。

　　1985 年成立于南京的爱德基金会是国内较早开展国际人道主义援助的机构，并在境外设有办公室。爱德基金会在菲律宾、朝鲜、肯尼亚、尼泊尔等地开展人道主义援助，累计筹集资金超过 2000 万

　　① 张志强、陈秀娟、韩晔：《社交媒体时代中国智库国际传播机遇、现状与提升路径》，《中国科学院院刊》2024 年第 4 期。
　　② 宋奇、李智：《人类命运共同体视域下社会组织的国际公共传播研究》，《现代传播（中国传媒大学学报）》2022 年第 12 期。

元人民币，受益人口超过 25 万人^①。比如 2015—2017 年，爱德基金会持续向埃塞俄比亚提供援助，帮助缓解当地在旱灾后遭遇的粮食不足和水资源匮乏问题。中国乡村发展基金会与中国残疾人联合会 2021 年起一同帮助土库曼斯坦开展助残减贫工作，为当地一些工厂进行残疾人便利设施安装并更新设备，为管理人员及残疾雇员进行相关专业培训等^②。这些社会组织的行动往往直接面向国外民众，以解决公共问题为目标，且具有实在可感的益处，所以能够更好地与当地民众结合。

孔子学院在对外传播方面被称作中国文化"最妙的出口品"。一项对美国、日本、俄罗斯、泰国、黎巴嫩 5 个国家 16 所孔子学院的调查发现，52% 的受访者在学习汉语后对中国的态度变好了，并且越了解中国文化，越喜欢中国文化并且更乐于体验中国文化^③。

但目前中国尚未具有较高国际影响力的国际性社会组织。根据《国际组织年鉴（2021—2022）》，全球的国际组织总数为 74250 个，其中非政府间国际组织 66425 个。这 6 万多家中只有 40 多家是中国背景的。

---

① 爱德基金会：《爱德基金会荣获"中国社会组织走出去"十大最佳案例》，载于爱德基金会公众号，2023 年 11 月 20 日。

② 中国残疾人就业创业平台：《中国残疾人联合会与中国乡村发展基金会土库曼斯坦助残减贫项目实地工作圆满完成》，载于中国残疾人就业创业平台公众号，2023 年 12 月 30 日。

③ 吴瑛：《中国文化对外传播效果研究——对 5 国 16 所孔子学院的调查》，《浙江社会科学》2012 年第 4 期。

在"依附式自主"[1]是当前中国社会组织发展特征的情况下，社会组织的官方背景导致参与国际事务时，官方色彩浓厚，观点或者态度的表达经常是官方政策的延续，较难取得国际社会非政府组织的认可[2]。此外，对外传播项目资金大多来源于国家，许多对外传播项目以委托公司的方式操作且缺乏效果验收，民间制作公司一般未能打破条框进行创作，而是生产出千篇一律的形象宣传片[3]。

（七）民间个人

民间个人虽然由于缺乏系统性的有效支持，具有分散性和不稳定性，对外传播的影响力不及前述的组织与机构，但是渗透率和与当地民众结合度都较高。前述对于美国、德国、俄罗斯等五国的调查显示，五国受访者通过在本国的中国人了解中国的均值为24.5%，还有18.2%是通过在中国的本国朋友[4]，高于通过他国媒体的17.6%和通过中国媒体的8.65%。人与人的接触往往更容易联结起心与心的沟通，留学生在这一过程中起到不容忽视的作用。有研究发现，随着学生来华时长的增加，留学生对中国整体的关注范围随之扩大。感兴趣的中国形象从古老的、传统的、乡村的维度转向现代的、进

---

[1]　王诗宗、宋程成：《独立抑或自主：中国社会组织特征问题重思》，《中国社会科学》2013年第5期。

[2]　郭金峰：《浅谈我国民间对外传播》，《对外传播》2020年第5期。

[3]　郭镇之：《民间力量参与国际传播的问题及对策》，《对外传播》2020年第5期。

[4]　关世杰：《中华文化国际影响力调查研究》，北京大学出版社2016年版，第392—393页。

步的、科技的维度①。

互联网让海外民众有了更多接触中国民众的可能，并且社交媒体平台能够容纳更丰富的媒介表达形式。网络文学也是向海外传播中国故事、促进文化交流的重要路径。截至 2022 年年底，中国网络文学海外市场规模超过 30 亿元，累计向海外输出网文作品 16000 余部，海外用户超 1.5 亿人，遍及世界 200 多个国家和地区②。

习近平总书记在主持十九届中共中央政治局第三十次集体学习时指出："要深入开展各种形式的人文交流活动，通过多种途径推动我国同各国的人文交流和民心相通……要采用贴近不同区域、不同国家、不同群体受众的精准传播方式，推进中国故事和中国声音的全球化表达、区域化表达、分众化表达，增强国际传播的亲和力和实效性。"③在全球化波浪式前进和媒介技术持续深入变革的当下，理想的对外传播状态应当是由政府、传媒、企业、非政府组织以及公民个体等共同组成国际传播的多元主体，内容拓展到各个方面，整合外交、对外贸易、对外宣传等多方力量合力塑造国家形象，实现国家利益。④只有发挥多元主体在不同场景中对外传播的优势，

① 舒笑梅、董传礼：《来华留学生短视频接受与中国国家形象认知》，《现代传播（中国传媒大学学报）》2021 年第 7 期。

② 中国作家协会网络文学中心：《2022 中国网络文学蓝皮书》，载于中国作家网，2023 年 4 月 12 日。

③ 胡智锋、刘俊：《主体·诉求·渠道·类型：四重维度论如何提高中国传媒的国际传播力》，《新闻与传播研究》2013 年第 4 期。

④ 《习近平主持十九届中共中央政治局第三十次集体学习》，载于"学习强国"学习平台，2021 年 6 月 1 日。

才能真正做到"民心相通"，讲好中国故事，传播好中国声音，展示真实、立体、全面的中国。

第二节　中国对外传播的平台与网络

一、对外传播的重点网络平台

随着网络技术的发展和对外传播理念的革新，中国国际话语体系的构建离不开网络平台的构建。为了提高对外传播力和国际影响力，中国各类媒体纷纷"借船出海"，在国际舞台上传播中国声音。目前中国已经形成了包括官方媒体、社交媒体、视频平台、各类新闻客户端和其他各类网络平台等多层次多元性的对外传播网络。这些传播平台具有不同的特点和影响力，在对外传播中发挥着不同的作用。

官方媒体是中国推动建立国际传播新秩序和构建国际话语体系的主要力量。官方媒体主要包括中央广播电视总台（CMG）及其下属的中国国际电视台（CGTN）、新华社、人民日报、中国日报等，它们作为中国官方媒体，具有很高的权威性和影响力。随着互联网和移动网络的发展，官方媒体逐步构建了覆盖全球的网络，在多个国际社交平台开通账户，吸引了数千万粉丝，逐渐形成了广播、电视、报纸、互联网的全方位、多角度"走出去"矩阵，对外传播网络不断延伸和完善①。官方媒体是中国信息发布的第一平台，成为对外传播中国事件的权威信息来源，也是很多外国媒体了解中国的重要信息来源。官方媒体的对外传播内容涉及面广，涵盖了政治、经济、外交、科技、文化、社会等方方面面，对于直接展示中国的国际事务态度和立场、传播中国观点、维护国家舆论安全起到根本性作用，其对外传播的话语奠定了中国对外传播的基调。

社交媒体成为塑造国家形象，提升国家话语权的新兴力量。中国的社交媒体如微信、微博、抖音等都走出国门，在全球都有较大的用户群和影响力。社交媒体凭借着更强的互动性和参与性，充分激活个体在传播过程中的力量。大量国内用户包括各类媒体通过这些平台发布有关中国的各类信息，包括文化、旅游、科技、经济等各个领域，以日常生活和娱乐的方式塑造一个更为丰富多彩、立体多元的中国形象。国际友人也可以利用此类平台表达他们对于"陌生"中国的理解和认知，以"他者"的视角丰富中国形象的传播，也让中国重新观察和认识"他者"眼中的中国②。同时社交媒体的交互性特质让中国可以与海外用户进行互动，了解他们的需求和反馈，以实现精准传播。

视频平台汇集大量中国内容。常见的在线视频平台，如腾讯视频、爱奇艺等，是海外用户观看视频和了解中国的重要平台。在线

---

① 巩育华：《中国主流媒体"走出去"之路》，《群言》2020 年第 11 期。
② 钟坤靓：《海外社交媒体平台对中国国家形象的塑造——以 TikTok 为例》，《今传媒》2023 年第 1 期。

视频平台在国际化上进入到全新的阶段，从过去工具类、硬件类的产品和投资转向强调内容类、服务类产品，将中国优质视频内容系统地推向世界。这些平台提供大量中国的电影、电视剧、综艺节目等影视作品，便于海外用户了解中国的文化、历史和社会现状。出于商业性的考虑，视频内容既有知识性内容，又有趣味性内容，为海外观众提供了更多的选择性，有利于海外用户针对性了解中国某一方面，对于提升中国对外传播深度有积极意义。

各类新闻客户端是了解中国时事热点的便利渠道。腾讯新闻、今日头条、搜狐新闻、网易新闻等新闻客户端提供最新的新闻资讯，包括国内外政治、经济、文化等各个领域的新闻。通过这些平台，海外用户可以及时了解中国的发展动态，对于中国的社会发展有着更细腻地了解。

近年来，随着更高水平的对外开放，一些企业、机构等也纷纷走上国际舞台，并搭建自己的网络平台，如企业、机构的官网、官号、官微等。这些网络平台一般只关注于自身的信息传播，如所获荣誉、机构内的大事情等。这些平台虽然旨在构建自身的形象，但是海外用户仍能透过这些平台一窥中国的形象。尤值得一提的是，中国智库的影响力也关乎中国国际影响力与国际话语权。

总的来说，中国已经初步构建起多主体、立体式的大外宣格局，这些网络平台共同构成了中国对外传播的全方位体系，通过多种形式和内容向海外用户传递中国的声音和形象。

二、对外传播网络平台的困境

目前，中国已经建立起相对系统的对外传播网络平台，中国声音基本可以覆盖全球主要国家和城市，同时兼顾线上、线下两个舆论空间。但是当今的舆论格局仍然呈现"西强我弱"的局面，中国对外传播的话语容易被西方舆论宣传所覆盖。面对纷繁复杂的国际形势和智能化、数据化传播技术的涌现，国际政治、经济等多方面的要素不断被数字化、信息化，进一步放大了中国对外传播的网络平台的不足之处。

（一）优质内容生产不足

中国对外传播的受众是国际受众，评判中国对外传播内容优质与否取决于国际受众的评价。所谓的优质，是站在国际受众角度认为的优质，而不是中国人的自我想象。目前，优质内容生产不足主要体现在三方面，第 是对国际热点问题关注不够；第二是对涉及中国的国际纠纷态度谨慎；第三是针对不同国家和地区受众的报道不足。

目前中国对外传播尤其是官方媒体对外传播主要围绕中国的自身成就展示，而对国际新闻报道相对较少，尤其是对于一些西方媒体关注的热点问题。曾有学者抓取 2020 年每月 50 条新华社在 X（原推特）上互动频率最高的报道共计 600 条有效样本信息后研究发现，其中中国国内新闻有 557 条，占全部报道比例的 93%；国际新闻有 43 条，占全部报道比例的 7%①。中国常常在国际社会普遍关注的一些报道主题上"失语"，导致中国的立场和态度并不能准确快速传递给国际受众，这给西方媒体提供了抹黑、歪曲中国的空间。国际舆论中心长期掌握在西方媒体手中，他们的报道立场直接影响国际受众对国际新闻的认知和态度。在国际事务中如果涉及西方普遍关注的人权、民族、宗教等热点问题，中国应该主动发声，否则就相当于把话语权和议程设置的方向拱手转让给了西方。②中国的对外传播不能局限于中国自身的情况，作为一个具有国际影响力的大国，中国需要考虑国际媒体和国际受众的需求设置议程，积极回应他们所关切的主题和感兴趣的话题，拓展中国对国际舆论的传播力、引导力、影响力和公信力。

同时，中国对外传播各个平台，尤其是官方媒体，对于一些涉及国际争端的敏感话题慎之又慎，常常丧失"先机"。

中国媒体对外传播的内容常常关注本国政策和成就，占位通常较高，内容相对集中于政治、经济、科技和外交领域。这类内容语气严肃，有时无法引起国际受众的共鸣，仅是作为了解中国的一个渠道。而其他平台的内容则相对细碎，但是具有特殊性，更适合作为娱乐品。中国对外传播的信息基本还是来源自国内，较少关注国

---

① 邬茜：《新华社 Twitter 账号国际传播报道与国家形象研究》，西北大学硕士论文，2023 年。

② 相德宝、张人文：《借助社交媒体提升中国媒体的国际影响力》，《对外传播》2014 年第 6 期。

际新闻，报道单调。从内容看，中国散布在世界各个国家或地区的对外传播平台往往是趋同的，并没有考虑当地受众的关注点和兴趣点。

（二）对外传播中的"水土不服"

中国与国际，尤其是与西方国家在文化上、思想上有着极大的差异，如果只按照中国的习惯和思路来对外传播容易陷入自说自话的尴尬境地。比较典型的几类差异如报道中的宏大叙事、互动性重视不足、内容形式单一等。中国对外传播常常喜欢宏大叙事，尤其是官方媒体的对外传播往往带有浓厚的官方色彩和强烈的政治倾向进行重大题材报道，报道往往呈现出相同认知框架和诠释框架，对于同一事件的报道与解读，其语气措辞大同小异。在强调微观叙事的西方社会，民众更喜欢从普通人的视角来观察社会的变迁和国家的发展。叙事视角的平民化、传播内容的趣味化、语言表达的亲民化是国际受众喜闻乐见的报道模式。如何在国家政策的宏大背景下，采用小切口、微视角、新表达的叙事方式是调试中国对外传播"水土不服"的关键。

目前中国的对外传播形式仍然停留在"阅读—评论"这一传统模式，并没有摆脱传统的新闻输出的大众传播模式。这一状况对于发展迅速的社交媒体而言，显然不适应。2024 年年初，美国有 2.39 亿社交媒体用户，占总人口的 70.1%。社交媒体在美国人日常生活中扮演着重要角色，不仅用于娱乐和社交，还被广泛用于获取新闻和信息。例如，Facebook 是美国最受欢迎的社交媒体平台，2024 年年初拥有 1.909 亿用户，占总人口的 56%。YouTube 和 TikTok 则因其视频内容而受到用户的青睐，分别有 2.39 亿和 1.48 亿用户。[①] 路透社研究所的一项研究显示，57% 的 "Z 世代" 表示他们每天与新闻的第一次互动发生在社交媒体平台上[②]。汇集点赞、评论、转发、弹幕等多种表达受众态度的社交媒体和短视频平台逐渐成为舆论战的主阵地。这类平台与传统的报纸、门户网站等平台不同，社交媒体具有选择性，公众开始掌握一定新闻接收的主动权。在海量的社交平台信息上增强中国的辨识度，提升国际受众的黏性，需要中国转变对外传播形式。在传播方式发生极大变化的情况下，受众的阅读习惯也随之变化。传统的文字、图片等方式已经无法和智能化、数据化的互联网场景匹配。中国对外传播仍然以图片、文字和视频的为主，这极大影响了国际受众的体验感。同时还可以主动出击，充分利用这类平台的交互特质，向国际受众提出开放性问题，针对国际受众关心的话题进行个性化内容生产，引发更多用户关注，及时调整传播战略。

（三）对外传播渠道窄、传播覆盖率低

除了最有名的抖音国际版（TikTok）在国际应用非常广之外，其他的平台尤其是主流媒体的海外落地和覆盖情况相较于国内是远

---

① DIGITAL 2024：THE UNITED STATES OF AMERICA，载于 datareportal 网站，2024 年 2 月 22 日。

② 《注意力只能持续 8 秒，数字传播如何 "收割" Z 世代?》，载于德外 5 号微信公众号，2021 年 8 月 3 日。

远不够的。以中国国内最大的官方媒体之一《人民日报》来看，《人民日报》借助国际社交平台上线英文客户端，人民日报英文客户端累计下载量超 500 万次，海外用户占比达 71%。而国内数据则比国际数据大得多，人民日报客户端用户自主下载量达 2.73 亿次，人民日报法人微博粉丝数超过 1.4 亿人，人民日报微信公众号用户订阅量突破 4100 万人，人民日报抖音账号粉丝数超过 1.4 亿人，人民日报快手账号粉丝数超过 5400 万人。截至目前，人民日报社全媒体覆盖用户总数超过 11 亿人。[①] 而新华社的数据相对好一些，2022 年新华社英文客户端总下载激活用户超过 1560 万，海外社交媒体账号总粉丝量达 2.7 亿。但与国内数据而言，仍然差距巨大。2022 年，新华社社交媒体账号总粉丝量超过 8.6 亿，新华网各终端日均访问人数接近 1 亿次，新华社客户端下载量 4.4 亿次[②]。相对稍好的是作为中国国家英文日报的《中国日报》，全球累计下载量超 4000 万次，脸谱土账号粉丝数超 1 亿人[③]。与此同时，西方在国际传播中取得先发优势，又多年布局国际话语空间，中国的对外传播有相当一部分依赖 X（原推特）、脸书（Facebook）等西方社交媒体平台。而西方社交媒体平台对我国账号打压、限制，限流、禁止推广、封禁账号

---

① 《人民日报社社会责任报告（2021 年度）》，载于人民网，2022 年 5 月 31 日。2022 年的年度社会责任报告并无海外版数据，因此采用 2021 年年度社会责任报告。从 2022 年度报告国内数据来看，2021 年和 2022 年变动幅度不大，可做参考。详见《人民日报社社会责任报告（2022 年度）》，载于人民网，2023 年 5 月 31 日。

② 《新华通讯社社会责任报告（2022 年度）》，载于新华网，2023 年 5 月 30 日。

③ 《中国日报社会责任报告（2022 年度）》，载于中国日报网，2023 年 5 月 31 日。

等手段屡屡出现，进一步压缩了中国对外传播的渠道。中国对外传播体系虽经过一段时间的建设已经初具规模，但仍亟须完善以突破西方话语控制体系。

（四）美国制造意识形态对立

美国制造意识形态对立和文化价值观争论中，中国的外交形势备受掣肘，连带着中国对外传播的建设也颇受挤压。从历史上看，欧美等国家不断赋予并强化"西方"象征进步与文明的观念，由此建构起西方话语霸权。短期来看，西方主流价值观难以改变。现今"西强东弱"的国际话语权力格局也没有明显改变，中国对外传播构建自主话语体系无可避免地受到西方的打压。

由于文化和意识形态的差异，西方媒体对中国存在潜在的误解和偏见，给他们想象中的中国不断标签化、污名化，因此他们往往倾向于报道中国的负面新闻，歪曲、抹黑中国的发展，这导致中国在国际舆论场上经常处于被动局面。随着中国国际地位上升和国际影响力的扩大，西方媒体更是妖魔化中国，不断建构、鼓吹"中国威胁论""新殖民主义论"等。近年来，西方国家在国际舆论场上对中国展开攻击越来越重，频率越来越快。当前形势下以欧美为代表的西方国家对我们展开的话语攻击直接加大了我们塑造国际形象、扭转话语地位的难度[1]。

人工智能技术也加剧西方媒体对中国对外传播的打压。依托大数据、云计算、新闻写作机器人等人工智能技术，西方媒体杜撰大

---

[1] 段鹏：《当前我国国际传播面临的挑战、问题与对策》，《现代传播（中国传媒大学学报）》2021年第8期。

量虚假内容充斥国际舆论空间。推特上还有大量"机器人水军"通过简体中文、英文和日文等多种文字发表推文,宣扬"疆独""港独"和"藏独"思想及言论,借以批评我国民族政策,并为其分裂中国的行径制造舆论氛围,混淆国际视听[1]。

除了上述四个方面外,中国对外传播平台仍要面临诸多其他困难,也难免不会遇到"黑天鹅事件"。比如,中国对外传播的网络平台基本上是各自为战,没有拧成一股绳,劲不往一处使。中国官方媒体持续加强国际传播能力建设,同时一些活跃在社交媒体的个体账户也凭借"中国风"频频出圈,因此开创"官方、精英、民间多层次话语圈同频共振"[2]是构筑国际传播战略体系必备的横向思维。但当下中国的国际传播格局,仍主要由大型主流媒体担纲主角,其他部门的参与性则较低[3],民间话语缺失。如何充分利用上述诸多网络平台,凝聚中国对外传播合力,形成上下联动、合纵连横的对外传播体系是一个值得关注的问题。

三、对外传播的网络平台建设与突破点

基于上述分析,中国对外传播的网络平台建设未来重点可以从

---

① 赵爽、冯浩宸:《"机器人水军"发展与影响评析》,《中国信息安全》2017年第11期。

② 史安斌:《推动国际传播上升为战略传播》,载于环球网,2021年6月5日。

③ 段鹏:《当前我国国际传播面临的挑战、问题与对策》,《现代传播(中国传媒大学学报)》2021年第8期。

以下方面进行突破：

（一）精准把握受众特点

海外受众不是一个模糊的整体，而是在不同文化环境下拥有不同需求的人群。基于此，中国的对外传播不能一概而论，想要在海量的国际信息中提升中国音量，就必须锁定目标受众，把不同国家和地区受众的兴趣点、关注点、疑问点和共情点作为切入口[①]，在精准把握受众的基础上进行传播内容和传播方式上的探索。考察海外受众的兴趣点，满足其好奇心，这样的内容往往更容易达到更好的传播效果，如不少海外观众对中国传统文化有着浓厚的兴趣，在YouTube 上拥有千万海外粉丝的李子柒用视频的形式展现中国乡村生活，传播中华传统饮食文化，契合兴趣，收获好评。同时还应聚焦海外受众的关注点和疑问点。关注点和疑问点是帮助其理解当今中国的重要入口，用全面、容易理解的报道回应关切，用理性的声音诉说真相对疑问进行针对性解答，有的放矢地还原一个真实的中国。此外，还应该抓住"共情点"，引发情感共鸣从而增进认同感。除了在诸如新冠疫情这样全人类共同挑战的报道中展现中国人民与世界人民的守望相助[②]，还可以从各国人民共同的兴趣入手来引发共鸣。如中国乡村篮球赛事"村 BA"邀请到美国球星、NBA 球员来到贵州台盘村，与球迷互动，与球员切磋。在体育赛事的交流中引入"他者"视角，利用国际球星本人的真切表达来削弱跨文化传播

———————

[①②]　张雨辰：《新型主流媒体对外传播如何精准施策》，《青年记者》2022 年第 15 期。

中的语言障碍和心理区隔，作为外国人的亲身体验有利于引发海外受众的共振①。

（二）提升对外传播内容质量

提升内容质量，传播有品质、有特色的内容才能在竞争激烈的国际舆论场中占取一席之地。生产优质内容首先是要把握好"中国特色"，深入挖掘中国的文化、历史、社会等资源，找到自身特色与受众兴趣的契合点，采用丰富多样的形式来展现，打造具有吸引力和感染力的内容产品。同时，内容生产应具备国际化视野，结合国际社会的关注点，向国际行业顶尖生产水准看齐，努力提升对外传播产品的生产能力。如主流媒体应该在全球突发事件中积极设置议题，主动发声，抢首发、敢亮剑、争独家，让世界听到中国声音。除此之外，在进行对外传播时还应注重健全叙事话语体系。一方面实现"信息模式"与"故事模式"的有机平衡，既要展现中国政治、经济等重要领域的基本面貌，也要诉说中国社会中一个个鲜活动人的故事。另一方面要根据传播内容、传播情境和传播平台特点来选择"软语态"与"硬语态"②，既可以有严肃严谨的表述来传达中国的价值主张，也可以有亲切活泼的话语来展现中国的人情味和鲜活性。

---

① 杨军、朱兴鑫：《中国乡村体育赛事"燃爆"海外的启示意义》，《对外传播》2023年第11期。

② 段鹏：《当前我国国际传播面临的挑战、问题与对策》，《现代传播（中国传媒大学学报）》2021年第8期。

（三）加强接触点管理

在信息爆炸、交互性强的融媒体时代，信息传播呈现出明显的双向性和动态性。因此，中国的对外传播需要转变原有的单线程叙事，要加强与海外用户的接触点管理，以接续的信息流塑造海外用户对中国的理解和认知。加强接触点管理关键在于找出重要的关键接触点，中国对外传播的网络平台尤其是官方媒体，先要盘清哪些是受众规模大、互动性强、容易二次传播的账户、频道等，在关键接触点发力，才能事半功倍，提升传播影响力。

加强接触点管理还需抓住信息传播的时效性。传播的时效性不仅在于第一时间，还在于持续影响。信息传播非常容易产生首因效应，有大量的研究表明用户接收信息的第一印象，在对信息内容的认知过程中扮演了非常关键的因素。因此，事关中国国家主权和国家利益的信息，中国对外传播平台，尤其是官方媒体一定要抢占先机，主动出击，在第一时间向海外用户表明中国的态度和立场。在一些敏感话题上，一些社交媒体平台和商业媒体平台更具有灵活性，中国要加强在社交媒体、商业应用上的管理，充分利用好如抖音等社交媒体等与海外用户接触更频繁的平台。在国外媒体纷纷发声后，中国对外传播平台仍可发挥信息生产优势，对相关信息进行精加工，全方位、持续输出信息流，深化海外用户对中国的正确认知。

加强接触点管理还需注重海外用户终端体验。用户获取信息具有极强的路径依赖，平台的页面设计、内容安排模式等，会影响到用户的信息消费中的选择，甚至会将某些行为固化为人们的习惯①。中国对外传播要关注内容各环节、各要素之间的关系，使得信息传播的各环节和要素环环相扣。麦克卢汉曾提出"媒介是人体的延伸"，新闻媒介必将向着更方便快捷的方向发展，在终端设计上要更符合海外用户的使用习惯。

大量海外华文网络新闻媒体是中国对外传播不可忽视力量。随着中国迈向高水平的对外开放，大量海外华人、华侨华裔遍布世界各个角落，与中国有着很强的羁绊，华文媒体也一直是华侨华人与中国沟通交流的重要纽带和桥梁，具有融通中外的优势。大量海外华文网络新闻媒体是海外华人、华侨华裔以及对中国感兴趣的国际友人共享、互动、交流的信息平台，并在海外形成了一定的影响力。中国对外传播可以加强与这类华文媒体的互动，加强与海外华侨华裔的联系，以这些已经融入海外生活的华侨华裔为窗口，帮助世界真实、立体、全面地认知中国。

（四）技术支持

在新媒体技术层出不穷的大背景下，中国对外传播平台要加强对智能媒体技术的开发和应用，依托云计算、虚拟现实、智能硬件以及大数据等技术增强对外传播的精准度。一方面通过大数据、云计算等技术做好各个国家和地区海外用户画像，实时精准分析海外用户的需求，个性化定制用户信息；另一方面通过 AI 写

---

① 彭兰:《导致信息茧房的多重因素及"破茧"路径》,《新闻界》2020 年第 1 期。

作等方式依据算法和资料迅速生成内容，以满足海外用户对中国的信息需求，消解反华媒体的恶意抹黑，持续引起海外用户对中国的关注。

虚拟现实技术可以在传统文字、声音、视频的基础上对虚拟场景进行真实地还原，让用户体验更加真实。中国的对外传播可以采用 VR 这类新兴技术，充分发挥可视化、全息化的技术优势，实景还原中国的历史、文化等，让海外用户沉浸式体验真实的中国。同时还可以对平台终端进行交互设计，将中国现在真实的画面进行还原，可以增强互动性、趣味性，提高海外用户的参与度与关注度。

（五）加强与海外媒体合作

最了解本国用户的一定是本国媒体。中国对外传播可以加强与海外媒体的交流合作，借力海外社交网络，不断扩大知华友华的国际舆论朋友圈。中国对外传播充分利用中国对外传播的信息生产优势和海外媒体的传播优势，探索多元化的合作模式，将中国的对外传播话语通过海外媒体"翻译"成海外用户听得懂、愿意听的话语，形成复调宣传。中国对外传播还可以加强与线上、线下意见领袖的互动，通过与粉丝基数大、影响广泛的个人形成良好的互动，"借嘴发声"，增强中国对外传播的可信度。

（六）创新传播方式

当今国际传播平台化特点日趋明显，平台多种多样，因此在进行对外传播时，应当注重根据传播平台机制和用户特点来制定针对性传播方案。如在社交媒体平台上，可以发布即时性和互动性强的内容，与受众交流，扩大传播影响力。打造良好的国际形象还应该积极利用多种形式，拥抱新技术，如短视频的形式更适合移动端传播，能够增强内容的感染力；虚拟现实（VR）和增强现实（AR）能使受众身临其境，产出具有创新性的产品；人工智能（AI）能够进行定制化服务，为受众带来精准的个性化体验。

第三节　打造具有国际影响力的媒体集群

一、媒体国际影响力的含义与构成要素

党的二十大报告中，明确提出："推进文化自信自强，铸就社会主义文化新辉煌"，要"增强中华文明传播力影响力。坚守中华文化立场，提炼展示中华文明的精神标识和文化精髓，加快构建中国话语和中国叙事体系，讲好中国故事、传播好中国声音，展现可信、可爱、可敬的中国形象。加强国际传播能力建设，全面提升国际传播效能，形成同我国综合国力和国际地位相匹配的国际话语权。深化文明交流互鉴，推动中华文化更好走向世界"。2021 年 5 月 31 日，习近平总书记在十九届中共中央政治局第三十次集体学习时的讲话也强调："要深刻认识新形势下加强和改进国际传播工作的重要性和必要性，下大气力加强国际传播能力建设，形成同我国综合国力和国际地位相匹配的国际话语权，为我国改革发展稳定营造

有利外部舆论环境，为推动构建人类命运共同体作出积极贡献。"①
一个国家的媒体，如果能在国际传播中发挥重要的影响力，不仅可
以提升本国的国际形象，还可以为国家发展、经济社会建设提供有
利的外部环境。因此，理解媒体尤其是社交媒体时代的国际影响力
含义及其构成要素，对于提升当下媒体的国际影响力具有重要的意
义和价值。

在传播学领域，媒体的影响力是学者们长期关注的议题，梳理
相关研究后发现，学界对媒体影响力的内涵主要从三个方面进行构
建："效果说"侧重媒体的传播效果；"方式说"侧重媒体如何产生
影响；"综合说"综合概括了传播效果和传播过程。② 持"效果说"
的学者，一般将媒体的传播效果等同于媒体影响力，强调媒体对受
众认知、态度、行为等方面的作用。如郑保卫等提出，党报的影响
力，是指党报所具有的对群众思想及行动产生影响和引导作用的能
力，通常体现在日常对民众思想、行动和生活的影响中。③ 持"方
式说"的学者，侧重从传播过程考察媒体影响受众和改变受众的能
力。如陆小华认为，媒体的舆论影响力，是指通过信息选择、处理、
提供及分析、判断、见识等手段……从而实现影响人们的认识与行

---

① 《习近平在中共中央政治局第三十次集体学习时强调　加强和改进国际传播工
作　展示真实立体全面的中国》，《人民日报》2021 年 6 月 2 日。

② 强月新、夏忠敏：《当前我国主流媒体影响力的调研与分析》，《新闻记者》
2016 年第 11 期。

③ 郑保卫、李晓喻：《影响力　公信力　亲和力——新媒体环境下的党报应对之
道》，《新闻与写作》2013 年第 2 期。

动的能力。① "综合说"则结合了上述两种观点，如喻国明认为媒体影响力的本质特征是媒体作为资讯传播渠道对其受众的社会认知、社会判断、社会决策和社会行为打上的属于自己的那种"渠道烙印"。② 此外，有学者认为媒体影响力分为狭义和广义，"狭义的媒介影响力主要是指媒介影响目标市场消费导向或目标人群消费行为的能力，广义的媒介影响力则是指媒介对一定范围内主流社会（影响面）人群在政治、经济和文化等社会各个方面的思想或行为产生影响的能力"③。

由于"媒体影响力"并不是一个严谨的学术概念，不同学者根据自己的理解产生了各自阐释，表明学者们对影响力产生本质的不同理解与关注点。随着互联网的发展，信息传播技术、方式和速度也发生了翻天覆地的深刻变化。在这样的背景下，媒体影响力也必然呈现出新的特点和趋势。具体到"媒体国际影响力"，从可以检索的文献看，较少有学者进行专门的定义。受"综合说"启发，我们认为，媒体国际影响力是指媒体在跨国界、跨文化、跨领域等层面传递有效信息、塑造国家形象、引导国际舆论的能力和效果。一个具有国际影响力的媒体机构，不仅能够为本国受众提供全面的国际信息，还能够影响国际社会对于本国的认知和态度。媒体国际影响

---

① 陆小华：《传媒运作的核心问题》，《新闻记者》2005 年第 1 期。

② 喻国明：《影响力经济——对传媒产业本质的一种诠释》，《现代传播》2003 年第 1 期。

③ 冯锐、李闻：《社交媒体影响力评价指标体系的构建》，《现代传播》2017 年第 3 期。

力，具体体现在信息传播的权威性、政治制定的高度参与性、文化
交流的桥梁作用、强大的跨国合作能力、国际舆论的强引导能力等
方面。

已有研究认为，媒体影响力构成可以从"量"和"质"两方面
来理解："量"是指媒体所能接触到的受众数量，具体包括电视节目
的收视人口与收视率、报纸杂志的阅读人口与发行量、电台栏目的听
众数量和收听率、网站的访问者数量和点击率等，反映了媒体覆盖面
的大小，即影响力的广度。"质"是指媒体的公信力和受众的专注度，
反映了受众对媒体的信任与依赖程度，即媒体影响力的深度。[①]

那么，媒体国际影响力的构成要素又有哪些呢？受"量"与
"质"的观点启发，我们认为媒体国际影响力的构成要素，至少可以
包含以下五个方面：

第一，传播内容。内容是传播的核心要素。媒体国际影响力的
产生，必须依托高质量的内容。从受众角度定义的高质量内容，包
括真实性、准确性、及时性、针对性、公正性、有深度、接近性等
多方面要求。

第二，传播渠道。传播渠道是媒体国际影响力产生的关键要素，
是内容传播的"通路"。媒体需要利用互联网、电视、广播、报纸等
各种渠道，尤其是互联网渠道，及时高效地将信息传递给全球受众。
利用移动互联网的特点，媒体要重点运营和维护自己的网络平台和

---

① 蓝燕玲:《解析"媒体影响力":内涵、价值与提升》,《新闻界》2013 年第
12 期。

社交媒体账号，扩大在普通民众中的影响力，增强"触达率"。

第三，媒体间的国际交流合作。全球化时代，媒体间需要进一步加强跨国交流与合作，通过共同协作报道国际重大事件、分享新闻资源和经验、联合策划大型报道等，实现1+1>2的效果。媒体间的国际交流，同时也是跨文化交流的重要体现。通过这样的交流，加强与其他国家地区受众的黏合度和覆盖率，扩大国际影响力。

第四，受众反馈。要提升媒体国际影响力，必须重视受众反馈，进入到互联网时代，这一点尤为重要，也为监测与跟踪受众反馈提供了极大的便利性。媒体需要通过受众调查、受众评论和留言、点赞数、转发数等方式，评估报道内容在国际受众中的实际到达情况和产生的效果，便于及时调整，提供更有针对性的内容和服务。

第五，技术支持。数字技术与新媒体技术运用是当今提升媒体国际影响力的关键性因素之一。媒体需要紧跟时代潮流和技术发展趋势，运用大数据、人工智能等先进技术提高信息采集、分析、传播的效率和准确性。通过技术手段，实现对用户需求的个性化分析、提供、响应，从而提升媒体的影响力和竞争力。

二、媒体国际影响力的生成方式

媒体国际影响力的生成是指媒体通过一系列的行为和策略，在国际上产生影响力和话语权的过程。这个过程涉及多种因素，包括内容创新、优化传播渠道、强化国际合作、技术创新、国际化人才培养等方方面面。同时，媒体国际影响力的生成也是一个长期建设的过程，需要国家顶层设计，媒体制定具体的实施规划和路径，持续不断的投入，不断优化与完善。

（一）传播主体：多元主体同频共振

如前文所述，国际传播中存在着政府、媒体机构、企业、高等院校、社会组织、民间个人等多元主体。过去，提到"国际传播"或"对外传播"，我们首先想到各种大众媒介。从中国的实践看，国际传播能力建设重点的确也是以新华社、《中国日报》、央视央广、中国国际广播电台等为代表的主流传媒。但是，我们稍早一项针对1033例外国在华留学生和外国游客的问卷调查表明，通过中国的广播电视和网络媒体来获取中国信息的仅占19.94%和25.27%，而通过他们各自本国印刷媒体、广播电视、网络获取中国信息的比例，高达78.9%、29.91%和79.63%。同期针对美国708名美国大学生的问卷调查表明，接触过中国广播电视和网络媒体的均为1%左右，几乎可以忽略不计。这些都表明，仅靠单一的主流媒体国际传播，对国外普通民众的效果相对有限。与此同时，调查还发现，通过人际交流、中国产品和服务接触中国信息的受访者比例，分别有37.89%和42.13%。这就启发我们，在媒体国际影响力的生成中，要特别注意与企业、个人、高校、社会组织等多元主体的结合。以商品和服务为例，相比主流媒体传播，相对更具体鲜活。因此在中国商品／服务、人员交流中，从产品外观设计、包装到人员服饰、打扮等细节，都可以有意识地注入更多中国文化元素。比如知名企业回力鞋业推出的海外专属鞋类产品，将不同系列的鞋款命名为"少林精神""螳螂""龙尘""猴爪"等，极具中国特色，且通过全球社交平台推广，被世界各地青年人所喜爱，成为欧美潮人竞相购买的"尖货"。重视中国商品／服务和人员交流的传播价值，对于无法亲身体验中国的受众，尤为重要。比较在华与在美两类受访者发现，对于在华受访者，信息来源更加多样，尤其是有对中国的现实接触与感知。但对于无法亲身体验的海外公众，中国商品／服务、人员交流，或许是仅有的与中国发生联系的日常途径，必须高度重视。这方面其实早已被发达国家娴熟运用。以可口可乐为例，无论是包装还是广告，都把春节、北京奥运、中国明星代言等在地元素用到了极致，麦当劳的仙侠元素海报、耐克以中国风金边勾线为基调，集合了祥云、凤羽、牡丹等中国元素的印花系列运动鞋……这些做法真真实实影响到了普通中国百姓，值得我们学习。

（二）传播内容：以中华文化为主的融合互鉴

近年来，我们在主流媒体国际传播中，注重凸显中国文化和中国特色，这是彰显文化自信、体现中华文化价值的表现。2023 年的最新数据，我国以 57 处世界遗产位居世界第一，其中文化遗产 39 项、自然遗产 14 项、自然与文化双遗产 4 项，似乎中国不缺文化资源。2009 年 9 月《中国日报》iOS 客户端登录苹果应用商店；2016 年年底，CGTN 全新起航成为国际传播旗舰平台，目前已拥有英语新闻、英语纪录、西班牙语、法语、阿拉伯语和俄语等六个频道；以旗舰媒体和六大央媒为先导的"1+6+N"国际传播立体化格局初步形成，表明中国对国际传播非常重视。尽管如此，我们的调查发现，中国文化软实力总指数得分，在华人员为62.25，刚过及格线，在美人员得分仅为52.46，离及格线还有一定差距，尤其是文化资源力、文化传播力的得分格外低。这就迫使我们认真思考，我们认为的有价值的文化资源，对国际受众真的有强大的吸引力吗？我们认为的"文化资源"，对于今天的国际受众来说，是不是真的"文化资源"？比如，以文化遗产、太极拳、茶道、功夫等为代表的传统中国元素，以移动支付、社交工具为代表的中国现代元素，对外国人到底有多大的吸引力？所以，在进行国际传播时，不能站在本国立场想当然地理解文化资源，要经过受众调查，进行传播内容的"供给侧改革"。迄今为止，中国在国际传播方面的建设重点是硬件投入与渠道拓展。但硬件只是基础，渠道所承载的传播内容、传播方式才是效果实现的关键。下一阶段中国的国际传播，重点应该从"渠道"转移到"内容"上来。在具体内容设计上，要更多考虑到国际受众的文化背景与理解方式，遵循促进文明交流互鉴的原则，"各美其美，美人之美，美美与共，天下大同"。以湖北广电与B站联合打造的《非正式会谈》为例，每期节目都邀请10位来自不同国家的常驻嘉宾和主席团成员，围绕当下年轻人关注的热点话题开展讨论，嘉宾从各自立场出发进行对话，在多元、包容的思想碰撞中，开拓视野、消除偏见、启发新思，在交流与互动中，解析与输出中国主流价值观、展现中国当代风貌。①

---

① 邹静、曹曦晴、赵欢：《地方主流媒体开展国际传播的策略分析》，《当代电视》2022年第5期。

（三）传播渠道：全方位渗透式传播

长期以来，我们主要通过"造船出海"打造主流媒体的国际传播力。目前，新华社在境外设有包括 7 个总分社在内的 182 个分社，人民日报在国外设立了 39 个分社，CGTN 开办 6 个电视频道、3 个海外分台、1 个视频通讯社和新媒体集群。这些对形成中国对外传播的基础性架构无疑具有极其重要的意义。从国家战略的角度，"造船出海"非常必要，能把传播自主权完全掌握在我们受众，突出了国际传播的自主性。但是，"造船出海"的成本很高，周期也较长，针对一些"轻量级"的活动，我们也需要"借船出海"——与境外媒体的合作，实现较好的传播效果。具体而言，"借船出海"又有多种形式，如与海外华文媒体的合作。据《世界华文媒体发展报告（2023）》，目前华文媒体遍布全球 73 个国家和地区，亚洲和美洲的规模最大，欧洲和大洋洲数量接近。在媒介形态上，报纸占比最大，占 46%，新媒体占 28%。网站是世界华文媒体保有率最高的新媒体传播渠道。世界华文媒体在主要社交媒体平台的布局已基本完成，全球超过 4 亿用户在脸书、X 平台（原推特）、微博、微信等主要社交媒体平台持续关注华媒讯息。[①] 海外华文媒体在传播中华文化方面具有独特而明显的优势，他们具有非官方的色彩，在当地具有广泛的读者和良好的影响力，对当地社会文化有着深入了解和独特视角，能更精准把握当地受众的需求。同时，海外华文媒体与中国

---

① 韩洁、金旭：《世界华文媒体发展报告（2023）》成都发布，载于中新网搜狐号，2023 年 10 月 24 日。

有天然的亲近性，他们乐于传播来自中国的信息和中华文化。在实践层面，已经产生了诸多成功案例。如中国新闻社打造的新媒体平台——华舆新闻，就是一款专门为海外华人打造的新闻资讯客户端，由中新社联合匈牙利《新导报》、南非《华侨新闻报》、韩国《世界侨报》、埃及《中国周报》、西班牙《欧侨讯播报》、俄罗斯《龙报》、尼日利亚《西非华声报》、美国《亚省时报》、加拿大七天文化传媒和美国《芝加哥华语论坛》十家海外华文媒体共同建设，是一个与海外华文媒体共建分享的新媒体集群平台，目标受众为海外侨胞、新移民、留学生及在境外的中国游客等。

"借船出海"还体现在与海外主流媒体的合作，形式多种多样。首先是内容合作。中国媒体与海外主流媒体在新闻报道、专题制作等方面共同推出高品质的内容。如新华社与路透社、法新社等海外主流通讯社建立了广泛的内容合作。路透社是最早与新华社建立合作关系的西方大通讯社，自1957年签署新闻合作协议以来，双方在新闻交换、图片代理等方面合作取得丰硕成果。其次是广告合作，通过互相投放广告来扩大传播影响力。如中央广播电视总台与美国时代华纳集团在对方媒体平台上互相投放广告。此外，还有资本合作、人员合作等多种合作形式。早在2014年，上海东方传媒集团（SMG）旗下尚世影业宣布，和华特迪士尼影业签署一项多年期合作协议，双方资金和制作团队投入各占一半，致力于合作开发全球大片，推动中美电影的深度合作。根据官网显示，截至2023年11月，已有来自亚洲、非洲、欧洲、南美洲、北美洲、大洋洲共109个国家的 240 家媒体加入"一带一路"新闻合作联盟，首届国际传播"丝路奖"共征得来自全球 80 个国家和地区的 4485 个作品和对象参评，为期 4 个月的中国亚太新闻中心 2023 项目，邀请了近 70 个国家的媒体人士一起来华采访交流，取得了巨大的成功。

与此同时，要进一步重视 Facebook、YouTube、X、TikTok 等海外社交媒体平台传播。早在 2017 年年初，人民日报海外社交平台账号粉丝量及关注订阅数就达到了 3370 余万人，新华社海外社交平台账号粉丝及订阅量突破 2200 万人，中央电视台海外社交媒体账号粉丝及关注数 5335 万人。2022 年，"大美山东"海外社交媒体账号粉丝量突破百万人，页面累计阅读量超 2.17 亿人次，实现点赞、转发、评论等互动量超 900.97 万人次。据统计，目前全球社交媒体用户超过 42 亿人，约占全球人口的三分之一。在西方传统主流媒体沟通语境下，中国主流媒体借助海外社交媒体平台，创新中华文化走出去的国际传播战略，讲好中国故事，有望实现国际传播领域的弯道超车。

（四）传播方式：突出情感叙事

习近平总书记在 2018 年 8 月全国宣传思想工作会议上强调："就是要推进国际传播能力建设，讲好中国故事、传播好中国声音，向世界展现真实、立体、全面的中国，提高国家文化软实力和中华文化影响力。"①研究显示，针对国际受众的传播，信息内容中"软

① 《习近平：举旗帜 聚民心 育新人 兴文化 展形象 更好完成新形势下宣传思想工作使命任务——王沪宁主持》，《人民日报》2018 年 8 月 23 日。

新闻"的作用远大于"硬新闻"。① 这是为什么呢？内容上，硬新闻中过多的政治化表述使中国媒体看上去更像冷冰冰的"宣传机器"，软新闻中有关中国文化、生活方式、历史地理、风土人情等元素，对外国人的感召力更强。形式上，硬新闻的表达方式过于官方和严肃，往往热衷于宏大叙事，而软新闻采用的修辞手法更多，语言表达上更为生动活泼。相比较而言，软新闻在国际受众中更能产生"共情效应"，进而被感召、吸引、认同，实现软实力效果。因此，在主流媒体国际传播中要在"讲好中国故事"上花大力气做文章，特别注重硬新闻的"软化"：通过具体的人物故事，讲述抽象的政策；通过短视频、VLOG（视频博客）等活泼形式，使传播内容更有趣、更接近当地公众的信息接收习惯；避免只有枯燥的政策和数字，关注一个个鲜活的中国人，以小见大；邀请目标国公众所熟悉、高度认可的人物，参与节目制作和中国故事讲述……总之，要尽量通过"润物细无声"的方式使传播信息"软化"。

三、提升媒体国际影响力的实施路径

2016 年 2 月 19 日，党的新闻舆论工作座谈会上，习近平总书记将"联接中外、沟通世界"作为党的新闻舆论工作的一项重要职责使命，强调"要加强国际传播能力建设，增强国际话语权，集中

---

① 陶建杰、尹子伊：《中国文化软实力：国际评价、传播影响与提升策略》，《现代传播》2020 年第 7 期。

讲好中国故事，同时优化战略布局，着力打造具有较强国际影响的外宣旗舰媒体"。2019 年 1 月 25 日，十九届中共中央政治局第十二次集体学习的地点放在了媒体融合发展的第一线，采取调研、讲解、讨论相结合的形式进行，参观了人民日报数字传播公司、"中央厨房"、新媒体中心等。习近平总书记指出："我们要把握国际传播领域移动化、社交化、可视化的趋势，在构建对外传播话语体系上下功夫，在乐于接受和易于理解上下功夫，让更多国外受众听得懂、听得进、听得明白，不断提升对外传播效果。"①

随后，围绕提升媒体国际影响力、打造具有较强国际影响力的媒体集群这一命题，我国的主流媒体正在不断实践与突破。2014 年，广西人民广播电台在东盟国家陆续开办固定电视栏目；2015 年，新华社成立海外社交媒体运行指挥中心；2018 年，中央广播电视总台组建成立，国际电视、国家广播以及新兴媒体实现融合发展；2019 年《中国日报国际版》正式创刊，在全球多个国家和地区出版发行。人民日报、新华社、中央广播电视总台等央媒推出多语种新闻和移动客户端。截至 2022 年 6 月底，人民日报所属海外网聚合 50 家海外华文网站，日均页面浏览量达到 6600 万次；海客新闻移动客户端用户超过 800 万人。截至 2022 年 6 月，新华社所办的中国新华新闻电视网（CNC）、新华网、新华社客户端"一台一网一端"等对外传播终端，在海外社交媒体上总粉丝量超过 2.8 亿人。截至 2021 年

---

① 习近平：《加快推动媒体融合发展 构建全媒体传播格局》，《求是》2019 年第 6 期。

年底，央视网多终端全球覆盖用户超过 18 亿人次，互联网电视用户数超过 2.2 亿人，手机电视累计用户数超 2 亿人。①

结合已经取得的巨大成绩，以及近年来国外受众、国际传播呈现的新特点，提升媒体国际影响力，下阶段需要从以下方面进行重点突破。

（一）制定明确的战略规划

制定明确的战略规划对打造具有国际影响力的媒体集群至关重要。首先要分析市场环境和竞争态势。尽管近年来我国主流媒体无论是规模还是实力都取得了长足的进步，但与西方主流媒体相比，差距仍然不小。在传播基础能力上，英语是国际语言，据互联网总部发布的信息，2023 年在全球访问流量达到 1000 万次的网站中，英语占 60.4%，汉语仅占 1.4%，排名第十，低于俄语（8.5%）、西班牙语（4.0%）、土耳其语（3.7%）、波斯语（3.0%）、法语（2.6%）等语种。欧美国家的人均社会发展水平也在我国之上；宣传手段上，西方媒体擅长讲故事，早已经形成了官方媒体、民间媒体、社交媒体等多维格局，产生了相对一致的共同价值观。据《国际媒体网络传播力报告》显示，全球主流媒体的影响力榜单中，美国纽约时报 97 分、英国路透社 96 分、澳大利亚天空新闻台 84 分位列前三。在中国媒体中，排名最高的 CGTN 以综合得分 72 分位列第 27 位，新华社、人民日报等分别位列第 36 位、50 位。其次是明确目标定位和

① 中国网信：《习近平总书记指引新时代我国网络国际传播纪实》，载于上观新闻网，2022 年 8 月 31 日。

发展方向，具体包括确定国际传播的核心理念，品牌价值、市场定位和发展目标等。围绕"讲好中国故事、传播好中国声音"这个核心定位，设计具体而明确的品牌战略、分区域战略和发展目标。这个环节，特别要注意"外外有别"，要针对目标国家／区域的特定受众，有所细分。尤其要重视针对发展中国家的国际传播，这些国家与中国所处的发展阶段相似，中国立足自身国情探索现代化所形成的"中国经验"，对绝大多数发展中国家都具有较大的启发与借鉴，能引起他们强烈的共鸣，中国的文化、外交政策、政治和经济制度等，能在广大发展中国家中形成巨大的影响力、号召力，实现较好的传播效果。最后，还要制定可行的实施计划。包括确定关键性的发展阶段、以年度为单位制定重点实施方案等。通过详细的落地计划，可以确保战略规划能最终实施和有效执行。

（二）利用新技术强化内容创新

传媒行业归根结底靠内容取胜。内容是媒体的核心，创新是内容的灵魂。打造有国际影响力的媒体集群，必须强化包括新闻报道、专题策划、节目制作等在内的内容创新。要注重内容的原创性和深度，密切关注全球热点问题和话题，引导国际舆论。CGTN法语频道与法国前总理拉法兰（Jean-Pierre Raffarin）合作，推出高端访谈系列特别节目《走近中国——拉法兰见证40年巨变》，从拉法兰视角巧妙呈现中国改革开放成就；CGTN英语新闻频道《走近中国》栏目美籍主持人罗伯特·库恩（Robert L. Kuhn）积极客观介绍中国观点，更有利于海外受众了解并理解中国道路、中国制度。2020年新冠疫情暴发，西方媒体对于中国防疫抗疫报道依旧戴着有色眼镜和双重标准。在这个特殊背景下，《这就是中国》制作了包括《中国抗疫的世界意义》《防控中的经济保卫战》《我们亚洲：共建人类命运共同体》《全球抗疫中的中国担当》《中国抗疫中的科技力量》《疫情背后西方的傲慢与偏见》等内容，从公共卫生体系、科技、经济等视角出发，探讨中国的制度优势。[①] 近年来，新民晚报在加强国际传播能力建设方面作出积极努力，形成了以"老外讲故事"系列为代表的内容创新品牌。"老外讲故事"以文字、海报、视频的全媒体形式推出，连续三年推出了 3 个 10 亿流量级别的爆款。从 2021 年 4 月第一季《百年大党——老外讲故事》平地起惊雷，到第二季《老外讲故事·海外员工看中国》的现象级爆款，到第三季《老外讲故事·另眼观盛会》的守正创新，再到第四季《"一带一路"促共赢》《老外讲故事》系列产品在迭代与革新中努力讲好中国故事，用实际行动加强中国国际传播能力建设。

在国际传播中，要特别重视大数据、人工智能等新技术。大数据分析可以帮助媒体更好地了解受众需求和信息偏好，从而制定更加精准的内容策略和传播方案。通过对不同国家和地区受众数据的分析，发现受众的兴趣点、阅读习惯和信息获取方式，从而提供更符合受众需求的内容。我们的调查也发现，针对中国文化软实力资源，周边国家与非周边国家呈现明显的差异。过去我们常常认为周

---

① 陈丹：《〈这就是中国〉背后，看中国媒体如何提升话语权》，载于腾讯新闻网，2021 年 4 月 23 日。

边国家和中国地理上接近、再加上有着长期的历史文化人员交流，民众对中国文化的好感也会显著高于其他国家，但恰恰是"距离产生美"。这促使我们思考，"熟悉"与"认同"是两码事——熟悉未必认同，不熟悉也未必不认同。针对周边国家的国际传播，要跳出原来的框架，寻找差异性、带来新鲜感或许是比较好的办法。而大数据技术为这种差异性战略的制定和实施，提供了最基础的支撑与保证。人工智能技术可以帮助媒体进行自动化的内容生产，个性化的推荐和智能化编辑，利用虚拟现实和增强现实技术，可以打造沉浸式的内容体验，让受众更深入了解报道和节目内容，提供内容的互动性和观赏性。2020年第三届中国进口博览会期间，上海广播电视台正式推出虚拟主播申芃雅，目前也已在B站等视频平台正式入驻。申芃雅以土生土长的上海小囡形象出现，不仅爱好阅读、看展、唱歌、跳舞、晒照，也是一枚小吃货，最爱奶茶、烤肉、糍饭团，给受众带来全新的体验。央视网于2019年上线了智能翻译功能，实现批量多语种内容输出。AI技术的应用不仅打破了不同国家语言沟通的隔阂，也让海外观众更加贴切地了解内容。央视网还在海外社交平台直播中通过智能翻译功能实现了直播产品的英文同步解说，广受海内外受众的欢迎。在采集生产阶段，AI热点挖掘产品"智闻"编辑可快速捕捉国内外媒体、社交的热点话题，预测未来的可能热点，辅助选题编排，更迅速更准确地策划真正满足用户需要的内容报道。依托智能标签、智能翻译、智能剪辑系统，还可根据多种业务场景，快速自动生成面向不同用户的短视频进行分发。这其中，智能 AI 技术起到了不容小觑的作用。[1]

（三）媒体与其他多元主体的跨界合作

在国际传播中，除了媒体之外，还有政府、企业、高校、社会组织、民间个人等多重主体，如本章第一节所述，各类主体在国际传播中，各有优劣。只有互相合作，才能规避劣势，更好地发挥优势。在国际传播的诸多主体中，媒体与企业和高校的合作，条件相对比较成熟。2023 年 10 月，央视与华为签署鸿蒙生态合作协议，加速推进鸿蒙原生应用开发，双方将共同深耕技术和服务，共赴新生态、共享新机遇。2021 年，新华网就已与岚图汽车合作，拍摄完成公路题材大型微纪录片《新 219 国道》，通过镜头展示中国汽车高端智造。2022 年，人民日报媒体技术公司与国资委新闻中心签署战略合作框架协议，双方在信息发布与传播推广方面展开深度合作，发挥人民日报全媒体平台（中央厨房）的协同优势，协助国资系统对外宣传；同时，还将在多领域实现资源共享、信息互通，共同打造全媒体内容产品或栏目等。在国际传播中，主流媒体与企业的合作形式多样，媒体可以通过报道企业的新闻、活动和产品，提高自身的知名度和影响力，企业则可以通过媒体平台和渠道，扩大自身的品牌价值。尤其是依托于"中国产品 / 服务"的对外传播中，主流媒体和重点企业相互借力，围绕着共同的目标，讲好中国故事，把中国产品和服务中所蕴含的现代化元素，传播到全球各地。

---

[1]《国际传播新时代，央视网如何依托智慧技术赋能传播能力革新？》，载于广电独家搜狐号网，2020 年 4 月 13 日。

　　媒体与高校的合作也具有广阔的前景。媒体与高校合作可以促进知识的传播和文化交流。高校拥有丰富的文化学术资源和研究成果，媒体则具有广泛的传播渠道。通过合作，媒体可以将高校的学术成果和文化特色传播到全国更广泛的受众，促进国际间的知识共享和文化交流。高校对媒体的支持，则体现在人才培养、决策咨询、技术支撑等多方面。2021 年 5 月，中央广播电视总台与复旦大学成立"中央广播电视台总台——复旦国际传播研究院"，是总台首次与高校开展全面战略合作，双方将发挥各自优势，在推进媒体融合发展、人才联合培养、新闻传播研究尤其是国际传播研究、实习实践基地建设等各个方面实现资源共享、优势互补，开展广泛合作。2023 年 5 月，中央广播电视总台与中国人民大学合作共建"新时代国际传播研究院"，旨在共同打造全球舆论生态与区域国别传播战略研究体系、全球民意与舆情追踪调研体系、国际传播人才培养体系、国际交流对话体系等，继续讲好中国故事、传播好中国声音，着力推动重塑全球舆论生态。在国际传播中，媒体与高校的合作具有重要的价值，双方可以通过建立合作机制和平台，确定合作内容和形式、加强人才培养和交流以及拓展合作领域和深度等多种方式共同推动知识传播、文化交流和国际合作的深入，为实现"讲好中国故事、传播好中国声音"的目标形成合力。

（四）加强主流媒体的品牌建设

　　如果说，一国的主流媒体是该国文化软实力重要构成的话，那么主流媒体自身品牌则是媒体软实力的构成要素。在国际传播中，一家媒体之所以有影响力，除了报道的内容、时效、深度等"硬指标"外，还有媒体品牌所代表的媒体公信力。BBC（英国广播公司）、纽约时报、英国卫报、CNN（美国有线电视新闻网）、彭博新闻社、路透社、美联社、泰晤士报……无一不具有极高的品牌价值。需要强调的是，媒体品牌与其所在国的综合国力密不可分。早在2017年年底CGTN成立一周年之际，察哈尔学会高级研究员龙兴春就曾撰文指出："如果说19世纪是英国的世纪，然后有了BBC；20世纪是美国的世纪，是诞生CNN的沃土，可以说是形势比人强；21世纪中国的崛起就是CGTN产生的原因，形势加人强，CGTN的成长可能会是中国崛起结的果。"在中国已经成为世界第二大经济体、在国际事务中发挥越来越重要作用的今天，中国媒体中产生一批具有全球影响力的品牌，时机已经成熟。在国际传播中，加强主流媒体的品牌建设是提高媒体竞争力和影响力的重要途径，可以从以下方面入手：首先，明确品牌定位，主流媒体在国际传播中要确定目标受众、内容类型、重点渠道，这样有助于树立独特形象，提高受众的认知度和忠诚度。纽约时报长期以来具有公信力和权威性的品牌价值，彭博社作为全球最大的财经资讯平台，提供最权威的财经评论，多次入选"世界品牌500强"榜单和"胡润世界500强"榜单。其次，以优质内容支撑品牌建设。品牌根植于质量，对于媒体来说，优质内容就是最重要的质量来源。主流媒体提供包括新闻、评论、专栏策划等多种形式和题材的优质内容，提高用户黏性和忠诚度。再次，利用互联网优势，加强与受众的互动。通过社交媒体、在线论坛等方式与受众保持持续的沟通交流、提高受众的参与度，同时为主流媒体提供反馈和改进的意见，形成内容生成的闭环。此外，还可以通过公益性活动、人才培养、各种交流合作等多种形式，着力提升媒体的品牌价值。

第八章　中国话语对外传播的效果研究

　　传播效果是新闻传播学界长期以来的关注对象，也是中国话语对外传播过程中的重点问题。近年来，我国越来越多的媒体与官方机构在国际社交媒体平台上开设认证账号，积极推进国际传播。"一带一路"倡议、中国式现代化、人类命运共同体等中国话语在国际社会上的影响力越来越大。例如，近年来，中国在世界各地积极宣传"人类命运共同体"的理念，在与美国、巴西、巴拿马、韩国等国的民间和外交场合都明确提及"人类命运共同体"。在国际合作方面，中国提出了"中非命运共同体""澜湄国家命运共同体""中国—东盟命运共同体""中国—拉美命运共同体""亚洲命运共同体""网络领域命运共同体"等概念，积极推动区域和国际合作，并在减贫合作等领域积极推广"人类命运共同体"的主张。许多国家的政府、政要以及国际组织都对"人类命运共同体"的理念发表过明确赞同的意见。随着全球性问题的不断增多，越来越多的人认识到，各国之间需要更多的合作和共同努力，才能够应对全球性挑战，实现全球治理的共赢。

不过，尽管我国对外产出了许多高质量内容，但国外受众对我国的认识仍然存在较大的认知偏差。因此，若想实现优化形象、输出文化、传递价值、构筑认同的目标，不仅需要关注"做了什么"还要关注"效果如何"，即从效果研究视角反哺中国话语对外传播的策略。党的二十届三中全会审议通过了《中共中央关于进一步全面深化改革、推进中国式现代化的决定》（以下简称《决定》）。《决定》明确指出，加快构建中国话语和中国叙事体系，全面提升国际传播效能。效果研究历史悠久，在前人探索与理论关照下该领域主要围绕"效果测量"与"成因分析"这两个核心问题展开研究，随着信息传播技术的发展迭代这两个问题也变得愈发复杂。首先，传播效果源于人类传播行为所普遍具有的目的性，即借助媒介对他人的观念、态度、情感、认知、行为等造成短期或长期的影响[①]，这些传播的影响结果与传播目的相符合的程度便是传播效果。随着学界对效果研究的发展与深入，其经历了子弹论、有限效果论、适度效果论、强效果论等几个主要理论阶段，至今效果强弱之辩仍未有定论。以上各阶段的争论和研究，可归结为"效果测量"与"成因分析"这两个核心研究方向：前者关注这些传播要素产生的刺激或影响的程度，后者考察这些要素与刺激对于达成传播目的解释力和影响力。进一步而言，效果研究的复杂性在于以上两大研究方向的认识论与

---

① Valkenburg, Patti M., Jochen Peter, and Joseph B. Walther, "Media Effects: Theory and Research," *Annual Review of Psychology*, Vol. 21, No. 1, 2016.

方法论会随信息传播技术与媒体平台共同演化。效果是什么？如何
认知效果？效果涉及哪些维度？需要哪些工具方法进行分析？这些
问题与效果研究所依托的知识体系和工具技术密切相关，并且随着
信息技术发展而不断更新。例如，媒介平台发生着全方位的变化，
媒介自身的运作逻辑与价值取向也正经历着改写和重塑。在传播主
体、渠道、技术多元发展的复杂背景下，媒介平台内部与平台间的
合作竞争出现了更多的不稳定变量。对于学界和业界而言，如何对
比、评价传播活动各方面表现以及其社会影响力成了重点与难点。
不同的媒体平台各自开发出差异化评价指标与排序算法以应对各自
的需求，单一数值标准（如：阅读量、播放量、收视率等），又或是
抽象的、概念化的指标，均无法适应当下复杂多变的场景需求，这
使得传播效果评估标准之间失去了可比性，导致传播效果评估陷入
了众说纷纭的困境。由此可见，从单一路径效果研究并不困难，但
如何整体、全面、多维、合理地评价整个传播过程中各环节表现与
最终形成的各方面效果，如何对比多对象、多维度间的效果差异，
成了学界、业界分析现实传播活动的难点。

　　多维度评估指标体系辅以综合性评估方法是解决上述难点的重
要途径。其优势在于可以依托于成熟理论将评估对象合理地拆解为
多个部分、环节、层次进行模块化分析，从而对评估对象的不同方
面构建一套评估指标体系，最终通过计算各维度指标来评估对象之
间的相对差异，或综合多个指标对评估对象进行排序。如今不少商
业化媒体平台已经建构了用于评估媒体、账号、网站影响力的排名

系统，也有很多研究者在经典理论的指导下构建出了多套科学严谨的指标体系。然而，不同学科之间以及学术与应用之间，都存在一定的方法"鸿沟"。例如，学界与业界显然遵循着两套不同的构造逻辑：一方追求与现实数据、商业需求相适应；另一方则追求理论完备性与合法性。这认识论与价值观上的差异映射在具体的方法论上，使得"理论"与"应用"的研究流程间产生了隔阂。而如何使传播效果综合评估方法在不同语境下互相借鉴、融合成了方法论研究的重要发展方向。

正如效果研究会随传播技术共同演化，传播效果的综合评估也受到社会化媒体影响与其平台技术同步发展，评估过程所要面对的场景、环境、主体、渠道、内容都愈发复杂与多元化。早在 20 世纪 90 年代的计算机中介通信研究（Computer-Mediated Communication，CMC）就已经指出媒介形式带来的变化会影响社会的信息交换模式[①]。而随着网络 2.0 时代的到来，信息生产者与消费者的定位不再固化，人人都有可能成为新型的"产消者"（托夫勒，1996），这无疑为效果评估带来了更多不确定性[②]。评估对象、背景、目的不断变化，意味着评估系统内部的要素、权重也必须随时更新。显然，固化的指标系统或评估系统是无法一劳永逸地服务于评估实践的，但

---

① Walther, Joseph B., "Computer-Mediated Communication: Impersonal, Interpersonal, and Hyperpersonal Interaction," Communication Research, Vol. 23, No. 1, Feb. 1996.

② ［美］阿尔文·托夫勒：《第三次浪潮》，黄明坚译，中信出版社 2006 年版，第 4 页。

针对每一类特定场景去重新构造指标系统的成本又过高。为此，本书希望在对现有相关研究的理论与方法进行综述与整合后，提出一套同时具备灵活性与泛化能力的内容传播效果综合评估系统。

第一节　传播效果综合评估体系与方法回顾

一、传播的效果与影响力：评估对象之辨

在效果研究中作为主要研究对象的"效果"和"影响力"是一组容易被混淆的概念，两者均可描述信息传播对受众思想、态度、行为等方面的影响与操控，但若对这两个概念的历史语境与学科背景进行考究，便可发现其中的差异。

传播效果主要指那些通过媒体信息传播产生的可测量的结果，例如在广告信息影响下受众的购买决策行为发生了改变等。从概念产生的历史背景来看，传播效果作为相对原始的概念与传播学的诞生、发展存在紧密联系。早期的相关研究可以追溯到 20 世纪初期一战时的大众传播背景下，学者们使用心理学、修辞学、政治学等方法进行的宣传、劝服等研究[1]。研究发现信息传播的效果除了表现在改变个体层面的认知、态度、行为以外，还会对受众的环境认知、

---

① Ryfe，David Michael，"History and Political Communication：An Introduction，" *Political Communication*，Vol. 18，No. 4，Oct. 2001.

价值理念、社会规范等社会层面产生深远影响。简而言之，传播效果概念的产生时间较早、内涵较为丰富，可以指代所有传播相关行为对于受众的影响结果。

传播影响力是指传播者通过媒介渠道与信息内容增强或改变受众观念的某种力量，这种力量会为受众的社会认知、判断、决策及相关行为打上特定的"渠道烙印"①。传播影响力作为学术概念被正式定义的时间较晚，在此之前影响力被视为一种修辞表达，例如在 1998 年的一项受众调查中影响力一词被用于描述宣传效果。直到 2003 年，影响力才在媒介市场经营等相关研究中被重新进行学术界定②，并被视作左右注意力经济的本质力量。从理论背景和使用语境来看，影响力最初回应的是传媒经营问题，而随着更多研究者加入探讨后，其概念内涵被进一步发展为媒体渠道对受众心理上或行为上的控制、说服、把握、影响能力③。从"影响力"这一概念在我国学术界的兴起与之概念内涵变迁的过程中可以发现，此概念是从媒介经营管理与注意力经济的相关讨论中延伸而来，具有较强的市场商业逻辑。在此语境下，媒体已不单只是宣传工具，而且承担着一定的商业、事业属性，并把盈利视为媒体的重要目标。最成功的媒体不一定是权

① 喻国明：《关于传媒影响力的诠释——对传媒产业本质的一种探讨》，《国际新闻界》2003 年第 2 期。

② 周翔、李静：《传播影响力：概念、研究议题与评估体系研究评述》，《中国媒体发展研究报告》2014 年第 1 期。

③ 郑丽勇、郑丹妮、赵纯：《媒介影响力评价指标体系研究》，《新闻大学》2010 年第 1 期。

威、官方、专业的媒体，而是能最大程度吸引受众观看阅读并控制其注意力的媒体，这种媒体往往可以带来更好的广告商业效益。这种媒介经营视角延续至今，"影响力"也随之成为当今媒介传播效果的代替词，被学界、业界广泛使用。简而言之，影响力这一概念为传播行为预设了一个潜在的主体（如媒体、渠道、用户），并描述了该主体在信息传播过程中对其他主体产生影响的权力或能力。

由此可见，"效果"和"影响力"在概念上存在部分的重合，但两者产生的背景和语境却存在较大差异，是不同历史时期、不同理论脉络下的产物。传播效果侧重于描述受众接收信息后的反馈和结果，传播影响力侧重于描述传播者或媒介渠道在传播活动中影响受众的能力。然而，在近些年的效果研究中，部分研究出于对评估系统完备性的追求而将影响力与效果纳入到同一评价体系当中，同时也有不少研究通过受众反馈数据来倒推分析传播主体的影响力。这意味着上述两个概念在效果研究实践中逐步融合，甚至被混用。本书认为有必要对两个概念进行区分，一方面效果这一概念的历史更为悠久，其概念内涵更为宽泛，更具统摄性；另一方面如今社会化媒体下的传播观念与模式已经有所改变，影响力所蕴含的传播权力观逐渐转向受众本位观，综合评估所需测量的维度与单位更加多元化。因此，效果这一概念更符合描述中国话语对外传播的研究对象。

二、理论与应用：传播效果的综合评估与排序问题

现有的传播效果评估研究已取得丰富成果，但由于这些研究学

科背景、评估场景、评估目标存在差异，导致其系统构建思路与实际操作标准未曾统一。对这些研究成果进行归纳整理发现，其评估方法差异可被归结为理论倾向与应用倾向两种流派。

第一类研究强调评估系统的理论性与全面性，即传统意义上的综合评估方法。这类研究关注如何在理论基础上对评估对象的概念、属性、要素、环节进行合理的划分、拆解，并基于此组建一套多层次、多维度、多指标的评估体系。例如，在传播影响力理论归纳的接触、接受、保持、提升这四个环节基础上，对媒体渠道与意见领袖的传播广度、深度、强度、效度构造四维因子模型，以及针对社交媒体的覆盖度、交互度、认知度、满意度、忠诚度构造五维影响力模型，由此演化出多套综合评估指标体系[1][2][3]。又例如，围绕突发事件、危机公关、网络舆情等问题以舆情传播理论为基础，将突发事件爆发至平息过程中的主体行为与反馈作为划分依据构建舆情热度评估体系[4]，或将舆情传播的主体、受众、传播、内容四个要素作为一级指标构建舆情监测系统，又或针对社交媒体健康信息传播

[1] 郑丽勇、郑丹妮、赵纯：《媒介影响力评价指标体系研究》，《新闻大学》2010年第1期。

[2] 冯锐、李闻：《社交媒体影响力评价指标体系的构建》，《现代传播》2017年第3期。

[3] 杨长春、王天允、叶施仁：《微博意见领袖影响力评价指标体系研究——基于媒介影响力视角》，《情报杂志》2014年第8期。

[4] 张一文、齐佳音、方滨兴、李欲晓：《非常规突发事件网络舆情热度评价指标体系构建》，《情报杂志》2010年第11期。

过程划分出曝光、触达、参与的三维指标体系①②。总体而言，这类评估研究大多围绕经典传播理论的"5W"模型，将传播过程按用户、平台、内容、互动等方面进行要素拆分，并在理论指导下构造评估指标体系。此类研究的科学性表现为评估系统对于理论的阐释度与契合度，追求将经典理论"模块化"，拆解为不同的模块、环节、层级指标，并以此分析客观现象。这类研究的缺陷也非常明显，它们忽视了从理论到实证之间的研究设计与测量操作过程。一般情况下，这些评估体系并不能即拿即用，而是需要使用者进行更为细致的操作化定义后才能开展实证分析。

第二类研究强调评估系统的效率与实用性，本书称之为排序评估方法。这类研究同样关注评估对象多个方面的属性特征，但最终目的是区分对象的强弱，通常方法流程是基于实际需求设计一套针对特定目标、数据的多维排序系统。例如，基于社交媒体的用户行为时序、话题参与及个人属性特征等因素构建影响力排序系统③④，以及针对热门话题、网站链接的排名算法。除学术研究外，也有许多媒体平台构建了直接服务于商业应用的评估榜单。这些评估榜单

---

① 陈新杰、呼雨、兰月新：《网络舆情监测指标体系构建研究》，《现代情报》2012 年第 5 期。

② 高承实、荣星、陈越：《微博舆情监测指标体系研究》，《情报杂志》2011 年第 9 期。

③ 马俊、周刚、许斌、黄永忠：《基于个人属性特征的微博用户影响力分析》，《计算机应用研究》2013 年第 8 期。

④ 刘威、张明新、安德智：《面向微博话题的用户影响力分析算法》，《计算机应用》2019 年第 1 期。

多用于分析不同媒体、平台、网站、企业在行业中的影响力与广告效果，例如清博大数据、百度指数、新榜指数、微信指数等。此外，还有不少研究对排序过程中的数学方法进行优化与创新，甚至使用一些大数据方法辅助评估研究。总体而言，这类研究或应用重视算法开发与工程完善，在方法运用上较为灵活、多元，并无固定的步骤与流程限制。其科学性立足于评估系统对数据与方法的合理搭配以及系统的整体效率，评估的最终目的则是获得评估对象的强弱排序或其得分结果应用到更深入的研究分析当中。然而，这类研究的问题在于过分追求评估排序结果，而缺少了对结果成因以及对象间差异的考察与解释，最终可能使研究落入"盲目排序"的陷阱当中①。

综上所述，理论倾向与应用倾向这两种流派的方法各有侧重，其根本原因在于评估研究的目的与场景之间存在差异：理论性研究追求尽可能从整体、综合的角度评价事物及其差异，而应用性研究则追求如何更快、更高效地获得区分度高的排名结果。在效果研究中，针对具体问题、特定情景下测量传播效果与分析成因并不困难，研究者可以通过控制环境、样本等变量以及设计实验、问卷、算法来获得结论。但同时面对多个对象进行整体性考察时，对象间的各类属性、多个环节以及复杂的传播环境、影响因素之间互相干扰，都会使单一的测量方式出现偏差，此时综合评估方法的优势便体现

① 苏为华：《我国多指标综合评价技术与应用研究的回顾与认识》，《统计研究》2012年第8期。

了出来[①]。笔者认为，中国话语对外传播的效果评估研究目的不仅在于得到一个简单的排序结果或提高排序的效率，而在于如何解释结果中的差异及其成因。因此，综合评估方法更符合本书的研究取向，但综合评估的理论与实践之间非常容易脱节，需要适当借鉴应用倾向的研究流派中的处理方法，对指标筛选、数据计算环节进行优化，这有助于评估系统与现实数据的对接。

三、主观与客观：综合评估方法的流程与路径

综合评估方法（又称综合评价法）源于统计学科和管理学科，被广泛应用于各学科领域的评估排序问题当中，处于学科融合的交界地带。综合评估方法的操作流程是根据评估目标将多个从不同方面描述评估对象的绝对数值，转化为无量纲化的相对指标，并通过特定的权重分配方法将这些指标整合为一个评估体系[②]。上述流程可归纳为如下几个核心步骤：确立评估目标、构建指标体系、选择赋权方法模型、收集数据与实施评估、评估结果计算检验。其中，"构建指标体系"与"选择赋权方法"是一个综合评估系统构建流程中最为核心的两个步骤：前者决定了该系统的整体性与科学性，后者决定了该系统目的性与针对性，且这两个步骤之间存在相互影响。

---

① 虞晓芬、傅玳：《多指标综合评价方法综述》，《统计与决策》2004年第11期。
② 胡永宏：《对统计综合评价中几个问题的认识与探讨》，《统计研究》2012年第1期。

目前学界虽然在综合评估流程上达成共识，但对于上述两个核心环节的具体实践路径却有着不同的看法，其主要表现在认识论层面"理论先行"的主观性路径与"数据先行"的客观性路径之间的差别。主观方法遵循自上而下逻辑，倾向于定性地选择指标与分配权重。其通常依据理论、专家经验或主观判断构造并筛选指标，并使用常见的权重分配方法如层析分析法（AHP法）、模糊综合判断等来分配权重。坚持主观路径的研究者普遍认为指标选取与权重分配本质上是指标评估"评什么"（目的）以及"怎么评"（方法）的选择问题，而这种选择必然带有主观价值判断。另一方面，客观方法则遵循自下而上逻辑，倾向于定量地选择指标与分配权重。例如，在计算数据的现实分布基础上通过判断指标之间的相关性与变异性来筛选指标，并用灰色关联度法、主成分分析等方法分配权重①。坚持客观性路径的研究者认为主观方法无法观察数据本身的固有特征，构建出的指标与权重无法对应现实世界中的真实情况，缺乏对数据客观分布的针对性。值得一提的是，有不少计算机领域与数据科学领域研究者试图使用某些机器学习算法来实现综合评估的指标确立、赋权、排序等流程，这类方法也属于"数据先行"的客观路径，但由于相关研究并未成熟，故不多做赘述。

随着综合评估研究的发展，研究者们逐渐意识到主客观思路各有优劣，且两个路径间存在互补的可能性。一方面，极致地追求客

---

① 林海明、杜子芳：《主成分分析综合评价应该注意的问题》，《统计研究》2013年第8期。

观很可能会损害了评估系统的全面性、代表性，这使得综合评估方法便失去原有价值，沦为某种不带目的的排序机器，最终失去对评估结果的解释力；另一方面，综合评估系统也不完全是理论的附属品，若不顾及数据本身的分布特征，盲目依据理论对指标体系进行无止境的分层、延展，最终只会导致评估系统中产生大量重复、冗余指标，增加数据膨胀的风险，影响评估结果的有效性①。因此，主客观方法并不是非此即彼的关系而是两种阶段性思路，合理地设计评估系统可以使得两种路径在评估的不同阶段中发挥作用，实现方法论的融合。

四、社会化媒体环境下的方法论变迁

传播效果综合评估研究已取得了诸多显著成果，但在社会化媒体复杂多变的传播环境与丰富多元的评估需求下也面临着更多的挑战。社会化媒体是指在网络 2.0 技术下产生的各类网络媒体应用所创建的虚拟交流空间，其颠覆了信息传播的基本模式，从传统点对点的单向传播模式逐步转向传播者与受众（用户）自主生产内容、组建虚拟社区的多向交流模式②。这意味着受众接收信息后的反馈行为变得更加重要且复杂，传播效果的评估与界定思路需要做出

---

① 李博：《多指标综合评价方法应用中存在的问题与对策》，《沈阳工程学院学报（社会科学版）》2010 年第 2 期。

② 王秀丽、赵雯雯、袁天添：《社会化媒体效果测量与评估指标研究综述》，《国际新闻界》2017 年第 4 期。

改变。

其一，传播效果评估系统需要将评估重心转移到线上，并对线上互动性与群体性指标进行挖掘细分。由于当前大量的信息传播都通过网络平台完成，受众反馈行为也主要集中在网络数据中，如阅读量、转发、点赞、关注等。这些线上的反馈行为可以进一步划分为主动反馈与被动反馈，前者通常被视为更稀缺、更有价值的效果指标。那么这些主动反馈是如何产生的呢？卡斯特（Manuel/Castells）认为互联网催生了新型的传播模式——大众自传播（Mass-Self Communication），并指出该传播模式下信息的传播者与接收者从线性、散射结构转变为网络结构，而网络社群中的群体性互动则呈现出强大自我组织、自我演化能力，这使其内容生产、传播导向、信息接收都更具自主性[1]。简而言之，社会化媒体中高质量的内容互动与内容二次生产、传播依托于新型传播模式，该模式中的群体性与互动性是受众主动反馈的重要基础。现有评估研究虽然将受众反馈视为核心传播环节之一，但却缺少从互动性与群体性角度对受众反馈进行细分，这将成为本书的关注重点。

其二，随着公众注意力周期缩短，评估研究需要重新思考评估的单位与时效性问题。评估单位是指评估结果的聚合单位，例如"某社交媒体账号的影响力评估"便是以账号为单位的评估；而时效性则是指评估结果可在何种时间跨度内保持有效性。这两个问题

---

① Castells, Manuel, "Communication, Power and Counter-Power in the Network Society," *International Journal of Communication*, Vol. 1, No. 1, Feb. 2007.

互相关联，因为评估的时效性与其评估单位有关：越是宏观的单位（如渠道、平台）评估结果时效性越长；越是微观的单位（如文章、账号）评估结果时效性越短。但这种假设仅在"传播效果常态化"的前提下成立，若考虑到社会化媒体中公众注意力周期缩短的宏观背景，便引申出新的问题：由于公众注意力在不同事件、领域间快速切换，对宏观单位的评估难以在特定领域奏效，而对微观单位的评估又需要增加其迭代频率以应对快速的信息流动与环境变换[①]。换言之，公众注意力周期缩减的同时也在增加综合评估结果的偏差。本书认为，舍弃"传播效果常态化"的前提假设，并在宏观与微观之间选择"议题"作为中观的内容单位可以适当地避免上述困境。议题及其衍生出的讨论空间好比一个"容器"，可以容纳公众注意力消长、内容信息更迭、传播主体流动、传播群体互动反馈等多个维度。以议题为评估单位的优势在于，无需考虑容器内部特定信息或个体的固有属性，只需测量其在容器内部的具体表现以及容器自身的生命周期。

其三，复杂多元的传播环境为综合评估方法的实施带来了挑战，如何提升评估的数据质量、平台互通性以及指标精炼度成为难点。当前传播效果综合评估的在实施层面上遇到的困境可以大致总结为如下几点：（1）数据量庞大，干扰项繁杂。从社会化媒体中获取的评估数据大多源于不同的媒介平台。当平台数量较多或评估时间跨

---

① 李永宁、吴晔、张伦：《2010—2016 年公共议题的公众注意力周期变化研究》，《国际新闻界》2019 年第 7 期。

度较长时，数据量便会成倍增长。若数据中冗余成分过多，有可能掩盖评估对象的重要特征；若数据中干扰项过多，则会使得评估结果出现偏差。（2）客观存在的指标繁多，难以筛选。综合评估的指标体系在设计理念上追求简化，但是社会化媒体中客观存在的数据种类庞杂，导致存在大量相关、重复指标。若处理不当，则有可能导致特征数值膨胀的风险。（3）跨平台数据难以统合。当数据涉及多个平台时，平台间的功能设计差异会产生大量异构数据，导致跨平台数据之间的概念、量纲难以整合。总的来说，对于传播效果综合评估的实施而言，数据清洗提纯、指标遴选、跨平台数据整合是不可忽视的重要流程。

本书将以议题作为评估单位构建传播效果综合评估系统，并在构建指标体系过程中深入挖掘互动性指标与群体性指标，以及在评估系统实操流程中完善数据质量优化、跨平台指标整合、指标体系精炼等工序。值得一提的是，本书的工作并非单纯地对指标"体系"进行更新，而是希望构建一套相对通用的"系统"流程。因为一套指标体系不可能放之四海而皆准，不断更新指标内容与权重也不能解决根本问题。我们真正需要的是一套关于如何科学合理地更新指标体系并将其与现实对接的系统与思路。该系统中既包含指标体系内容，也包含了前期数据挖掘、清洗、处理与后期指标遴选、合并、计算等工序，这两者都是评估系统的重要组成部分。

第二节　中国话语对外传播效果 综合评估的指标体系建构

中国话语对外传播本质上是关于内容的传播，那么针对该具体传播实践的效果评估也应回到内容效果研究的相关领域。根据上文对效果内涵范畴以及方法论变迁的阐述，社会化媒体语境下的内容效果评估绝不等同于内容分析。话语内容和尤其组成的议题仅仅是评估的单位和锚点，而非评估的最终对象和所有环节。在话语内容的基础上，还存在于与之相关多维传播要素，这需要从相关理论与假设中进行梳理，并且基于这些理论对中国话语对外传播的所有环节和相关要素构造指标体系。

中国在对外传播活动中使用的话语内容、结构、要素纷繁复杂，故需要在评估过程中使用某种中观的内容单元对其进行整合。根据上文理论回顾，在社会化媒体语境与公众注意力周期缩减的大背景下"议题"是更好的评估视点和容器。一个议题往往包含了关键性的事件人物、话语内容、观点态度。通过议题也可以更好地观察话语内容的热度消长和群体互动，这些都是内容传播效果中的潜藏要素。因此，关于话语传播及其效果的理论追溯与指标构建，需围绕议题展开。

一、话语传播的相关理论与假设

（一）议程设置与议程融合理论

议程设置（Agenda Setting）理论与自其发展而来的议程融合（Agenda Melding）理论是理解内容传播机制与效果的基础。早期议程设置理论认为大众媒介有能力影响受众对公关议题的关注，并通过媒体信息发布数量变化控制受众对于议题重要性的认知排序，即第一层议程设置[①]。随着理论发展，研究者发现议程设置除了影响受众对事物本身重要性认知以外，还会影响受众对议题属性、要素的重要性以及这些关键概念之间的关联模式的相关认知，即第二层属性议程设置与第三层网络议程设置。因此，议题传播后受众是否产生反馈，以及是否跟随传播者对此议题展开进一步讨论，是衡量议题效果的关键。而讨论声量越大、内容与议题越吻合，那么议题传播的效果就越显著。

但上述议程设置理论无法解释受众对议程的"逆向塑造"现象，议程融合理论便应运而生。议程融合理论认为议程为个体提供了某种接入社群的渠道，即承担了某种社会整合功能[②]，而个体也会有意

---

① Maxwell McCombs, and Shaw, Donald L., "The Agenda-setting Function of Mass Media," *Public Opinion Quarterly*, Vol. 36, No. 2, Jan. 1972.

② Shaw, Donald L., Maxwell McCombs, David H. Weaver, and Bradley J. Hamm, "Individuals, Groups, and Agenda Melding: A Theory of Social Dissonance," *International Journal of Public Opinion*, Vol. 11, No. 1, Mar. 1999.

识、有目的地选择议题内容，从而进入与自身关注事物相关、价值观念接近的社群中。换言之，围绕某个议题持续讨论所形成的讨论空间会激活一个社群，该社群代表了某种认知方式、价值倾向或阶层利益相似的共同体。社群中既包含传播者也包含受众，它们在社群内部的复杂信息交互行为决定了这个社群的活跃度与生命力。总的来说，议程融合理论的提出使得议程设置研究从传统的信息单向传播模式转向了多元化交互传播模式，并承认了受众的能动性，这使得相关研究的对象也从个体拓宽到了群体。

（二）议题互动中的主动反馈

议程融合理论认为议题形成的讨论空间中传播者与受众都具备能动性，因此传播过程中的反馈行为也变得更加复杂。一方面，在计算机中介通信理论视野下，以信息技术为载体的传播过程中传播者与接收者的定位被模糊化，有研究指出信息传播除了影响受众也会对作为传播者的一方形成影响，这种影响效果被称为"表达效果"（Expression Effect）[1]。表达效果的作用类似于选择性接触，即通过强化表达调节自我认知，使自身信仰、态度和行为保持一致性。另一方面，市场营销研究领域也同样关注用户、消费者与品牌的互动关系，并称之为"消费者参与"（Customer Engagement），参与度影响着用户的品牌认知与情感活动，并被视为衡量品牌价值与品牌营销

---

[1] Pingree，Raymond J.，"How Messages Affect Their Senders：A More General Model of Message Effects and Implications for Deliberation，"*Communication Theory*，Vol. 17，No. 4，Nov. 2007.

效果的核心要素之一①。"表达效果"与"参与度"这两个概念所归属的研究领域虽然不同，但都在强调信息传播过程中信息接收者反馈的主动性与能动性。本书认为，社会化媒体影响下的传播效果评估有必要从主动与被动两个层面对受众反馈进行细分：被动反馈意味着信息触达了受众，使得受众产生了某些与信息接收有关的行为，如阅读、点击等；而主动反馈则意味着信息不仅触达了受众，还激起了受众的能动性，使之产生进一步互动或表达的意愿与行为。

（三）网络社群与社会网络分析

议程融合理论视域下群体内部的复杂多元信息传播模式已成常态，剥离群体研究个体的思路不可取，如何通过群体性指标测量社群其部信息传播的结构特征成为评估重点。社会网络相关理论与方法所提出的网络群体指标是分析社群内部结构特征的重要路径。在社交媒体中，围绕议题展开的讨论中存在各类主体，他们受到特定内容的刺激，或是主动或是被动地发表意见、态度，形成网络互动。这种由议题所激活的网络社群会呈现出不同的性质与结构特征，这需要特定的理论与方法对群体性指标进行分析。社会网络理论为此提供了基础。当大型网络社群中的部分主体围绕着某个议题进行持续性的讨论并形成了某种相对稳定集中的态度或价值观念

---

① Hollebeek, Linda D., Mark S. Glynn, and Roderick J. Brodie, "Consumer Brand Engagement in Social Media: Conceptualization, Scale Development and Validation," *Journal of Interactive Marketing*, Vol. 28, No. 2, May 2014.

后，便在局部网络中形成了一个关系密度大于随机网络的临时性社群。若将社会化媒体中的信息传播理解为一个由传播节点与传播关系所构成的大型整体网络，那么议题所激活的临时社群则是整体网络中的局部网络，其又被称为"子群"（Sub-Group）或圈层。不同圈层会在网络结构上呈现出特征差异，可以通过社会网络分析方法对这种局部网络的规模、链接、分布以及分隔等特性进行分析[1]，从而挖掘不同议题所激活的社群性质、特征、互动能力以及群间差异。

（四）议题演化与生命周期

围绕固定议题的讨论不会无休止地持续下去，议题也存在所谓的生命周期。议题生命周期与时序演化研究是从纵向的"历时性"角度分析议题生命力与活跃度的重要视角。首先，议题生命周期问题源于对公众注意力演化问题的相关讨论。公众注意力被视为一种有限资源，由于信息过载与议题竞争，公众的注意力无法长期集中在同一个议题上，而是会在不同议题之间进行切换。因此，议程设置的过程也可以被理解为各种议题争夺媒体与公众注意力的零和博弈过程[2]。

然而，现有的传播效果或影响力评估研究中往往忽视公众注意

①　王秀丽、赵雯雯、袁天添：《社会化媒体效果测量与评估指标研究综述》，《国际新闻界》2017 年第 4 期。

②　Zhu, Jian-Hua, "Issue Competition and Attention Distraction: A Zero-Sum Theory of Agenda-Setting," *Journalism Quarterly*, Vol. 69, No. 4, Dec. 1992.

力的转移与消逝，而将效果与影响误认为是一种常态化的存在。对此，本书持有不同看法，即社会化媒体环境下的传播活动并非处于连续、平稳的状态，而是一个短暂的、动态化的、具有时效性的过程。所以，议题传播效果评估具有时效性与非常态化特征，而议题本身的演化、生命周期则是研究关注的重点。议题效果评估不仅仅要对当前舆论场中的状况进行横截面研究，也不仅仅是对当前传播环境的"常态化"呈现，还要从历时性的角度考虑公众注意力消长以及议题随时间的演化规律。

（五）话语传播效果的要素界定

在议程设置与议程融合理论视域下，议题的传播过程可以被理解为：围绕某个议题持续讨论所形成的讨论空间激活了一个关注事件类似、价值观念接近的社群，传播者与受众会进入该社群开展信息交换等互动行为。这为议题传播效果的界定提供了三种视角：首先，对于议题而言，其本身具有时效性，议题的生命周期以及该周期的演化模式有助于从宏观视角评估议题传播质量；其次，对于议题形成的讨论空间而言，其内部的传播者与受众都具有能动性，信息数量和受众的主动、被动反馈也都是以往效果评估研究的重要效果指标；最后，对于议题激活的社群而言，其规模与结构特征是评判议题传播效果的重要群体性指标。

基于以上理论阐释，本书定义了效果评估体系中的五个一级指标：曝光、触达、互动、社群、演化。每个一级指标代表了议题传播效果评估的一个核心维度，而每个维度下还包含了一系列二级指标。具体指标内容解释与操作定义将在下文中展开讨论。

二、中国话语对外传播效果评估的指标体系内容

（一）曝光指标

曝光指标衡量议题相关内容的数量与扩散程度。对于议题传播而言，信息的曝光数量是产生传播效果的必要条件，相关信息与传播者的基础数量越大意味着该议题被其他社交媒体用户发现并关注的概率越高。曝光度指标类似于传统影响力评估研究中的"广度因子"与"覆盖度"指标，其评估目的在于测量议题传播过程中传播的参与主体、内容数量及其传播行为所带来的扩散影响[①]。一个议题是否被有效曝光主要考虑如下因素：议题传播的数量，包括议题相关内容与传播者的基数，数量是议题形成声量以及议题传播产生反馈的基础条件；议题传播质量，包括议题相关内容中原创内容的比例、传播效率等，高质量的传播有利于议题后续"发酵"。曝光度下属的二级指标包括：（1）议题相关内容的总数量，统计各平台中涉及该议题的信息或文章的数量总和，例如微信公众号中相关文章数量、知乎中的相关问题数量等；（2）议题相关传播者的总数量，统计议题相关传播主体、用户的总数量；（3）议题的原创内容比例，统计各平台中内容唯一数量除以内容总数量；（4）议题的

---

① 郑丽勇、郑丹妮、赵纯：《媒介影响力评价指标体系研究》，《新闻大学》2010年第1期。

内容扩散效率，该指标计算议题相关传播者每人平均传递的内容数量。

$$
\begin{cases}
N_u = \text{唯一内容数量} \\
N = \text{内容总量} \\
U = \text{传播者数量} \\
\text{原创内容比例} = \dfrac{N_u}{N} \\
\text{内容扩散效率} = \dfrac{N}{U}
\end{cases}
$$

（二）触达指标

触达指标衡量议题相关内容在传播后多大程度上被受众所接收，并且转化为某种被动反馈行为。上文对议题讨论过程中反馈类型进行了细分，该维度主要测量被动反馈部分。被动反馈意味着信息触达了受众，并且引发了受众的关注、兴趣或认可。在接收信息后受众会产生反馈行为，例如某些平台对于阅读量、点击量的统计就属于受众的无意识反馈，又例如某些平台的点赞功能则代表了受众的有意识反馈。因此，触达指标的评估目的在于测量议题传播过程中接触到相关信息的主体数量以及这些信息触达后各类反应程度。触达度下属的二级指标包括：（1）触达内容总量，统计所有相关内容中接收到反馈信息的内容总数量；（2）触达内容比例，计算触达内容总量与相关内容总量的比值；（3）议题相关内容的阅读量，统计各平台中涉及该议题相关信息或文章被阅读、观看或点击次数，例如微信公众号文章下方的阅读量、微博文章的阅读量等；

（4）议题相关内容认可度，统计各平台中涉及该议题的内容所受到的认可性反馈，例如点赞等；（5）议题相关内容留存度，统计各平台中涉及该议题的信息被用户保存、收藏或下载的次数，例如微信的收藏数量等。

（三）互动指标

互动性指标衡量议题相关内容在传播并被接收后多大程度转化为主动反馈行为。主动反馈区别于被动反馈的关键之处在于信息接收者在受到信息刺激后是否产生二次传播行为、激发表达欲望行动或参与到后续相关讨论当中。若议题传播的影响使得受众呈现出强烈的表达与互动欲望，这表明该议题便具备了更强内容自产能力与二次传播能力。互动指标的评估目的在于测量议题传播过程中活跃度和参与度的整体水平与峰值表现。互动指标下属的二级指标包括：（1）议题参与度，统计议题传播过程中信息接收者参与相关讨论的数量，例如相关内容的回复数量或是评论区中的评论数量；（2）议题分享度，统计议题传播过程中信息接收者在受到并产生分享行为或二次传播行为的数量，例如转发数量等；（3）活跃率，统计所有已触达的信息中产生互动参与以及分享行为的比率；（4）互动频率，统计议题传播过程中单位时间内所有相关内容平均参与度与平均分享度；（5）互动峰值，统计议题传播过程中各单位时间下相关内容的参与量与分享量的最大值之和。

$$\begin{cases} E = 参与度 \\ S = 分享度 \\ R = 触达内容总量 \\ T = 单位时长 \\ N = 总时长 \\ 活跃率 = \dfrac{E+S}{2R} \\ 互动频率 = \dfrac{E+S}{2N} \\ 互动峰值 = \text{Max}\, \dfrac{E+S}{2T} \end{cases}$$

（四）社群指标

社群指标测量议题所激活的局部社群的结构特征。社会化媒体的传播具有网络结构，这意味着可以通过构造社群网络与网络指标对议题讨论参与者的规模、分布、链接、分隔等网络社群性质进行测量。上述几类社群结构特征分别代表了议题传播形成的不同效果：首先是社群规模，规模表示议题传播激活的社群中拥有的节点数量，即形成社群的体量大小；其二是社群密度，密度表示议题激活的社群内部主体链接的紧密程度与联通效率；其三是群内传播能力，这一结构特征表示社群内部节点多大程度具备媒介属性，传播能力也包括了横向与纵向传播能力，横向传播表示社群中的节点的中介性质强弱，纵向传播能力则表示社群中信息被传播的层级数量与深度；其四是社群集中度，一个社群的态度观点往往被社群中的意见领袖所调动，因此测量社群中意见领袖的集中程度表明了这个社群受控制的程度；其五是群际传播能力，这一结构特征表示了议题社群的信息流与其他议题社群的输出、输入能力，即多大程度上可以与外部群体产生链接。社群指标下属的二级指标包括：（1）社群规模，代表了议题所激活社群网络的规模大小，统计社群网络的度值与节点总数；（2）社群密度，代表了网络内部成员关系的紧密程度，密度越大的社群其内部集结能力越强；（3）群内扩散广度，代表了议题社群网络内部节点的媒介属性强弱，通过计算网络每个节点的平均中介中心性得出；（4）群内扩散深度，代表了社群网络内部节点的多级传播能力，通过计算议题相关内容在社群网络中传播的平均层级数量得出；（5）社群集结能力，代表了社群内部意见领袖对于社群观点态度的调动能力，通过计算社群前 10% 节点的度值占总度值比例得到；（6）跨群扩散能力，代表了网络补群的出圈能力，通过计算议题对应社群链接到其他社群连边占总连边的比例获得。

$$
\begin{cases}
N = \text{节点数量} \\[2mm]
L = \text{关系数量} \\[2mm]
\text{社群密度} = \dfrac{2L}{N(N-1)} \\[4mm]
\text{群内扩散广度} = \dfrac{1}{N}\sum_i \sum_j \sum_k \dfrac{g_{jk}(i)}{g_{jk}} \\[4mm]
\text{群内扩散深度} = \sum_j \sum_k \dfrac{g_{jk}}{N}
\end{cases}
$$

（说明：g_{jk} 表示任意节点 j 到 k 的最短路径，$g_{jk}(i)$ 表示 j 到 k 最短路径经过 i 点的次数。）

（五）演化指标

议题演化指标将议题视为生命体特征的对象，考察其演化周期与演化模式。话语内容的传播效果源于其对公众注意力的吸引，而公众注意力会在多个议题之间快速切换。因此单一议题的讨论与关注不会无止境地延续，这就赋予了议题生长衰败的生命演化特征。议题的生命周期可以根据公众注意力周期阶段划分为前问题阶段、公众意识议题阶段、议题解决阶段、议题兴趣消退以及后议题阶段。一般而言，议题传播效果强弱表现在前期爆发的增长速度、中期议论最激烈峰值高度、整体持续时长这三方面。演化指标的意义在于，通过"历时性"的时间序列计算方法评估上述议题演化特征。议题演化指标下属的二级指标包括：（1）爆发时间：爆发力指标代表议题到达峰值所需的时长，通过计算议题从出现到升值热度峰值所需的时间占据其生命周期的比例得出；（2）爆发速率：议题爆发速度代表了议题在到达峰值之前的增长速度，通过计算议题峰值热度除以议题爆发时间获得；（3）议题峰值热度：峰值表示议题热度最高点的讨论量；（4）保持能力：保持能力代表了在峰值过后的持续性时间越久说明议题的持续性越强，通过计算议题从峰值衰落致消逝所花费的时间得出；（5）生命周期：通过计算一个议题出现至结束的完整存在的时间得出。

$$\begin{cases} T_s = 开始时间点 \\[4pt] T_m = 峰值时间点 \\[4pt] T_e = 结束时间点 \\[4pt] H_m = 峰值热度 \\[4pt] 生命周期 = T_e - T_s \\[6pt] 爆发时间 = \dfrac{T_m - T_s}{T_e - T_s} \\[10pt] 爆发速率 = \dfrac{H_m}{T_m - T_s} \\[10pt] 保持能力 = \dfrac{H_m}{T_e - T_m} \end{cases}$$

表 8-1　议题传播效果评估指标体系

测量对象	一级指标	二级指标
数量	曝光	信息总量
		传播者总量
		原创性
		传播效率
被动反馈	触达	触达总量
		触达比例
		阅读量
		认可度
		留存度

续表

测量对象	一级指标	二级指标
主动反馈	互动	参与度
		分享度
		活跃率
		互动频率
		互动峰值
传播网络	社群	规模
		密度
		群内扩散广度
		群内扩散深度
		集结能力
		群际传播能力
生命周期	演化	爆发时间
		爆发速率
		峰值信息量
		保持能力
		生命周期

第三节　中国话语对外传播效果综合评估的核心流程设计

议题为单元的评估分析同以往方法存在较大差异，尤其是对话语内容的议题挖掘与数据特征工程等环节，存在诸多难点。该节内容将对评估分析流程进行系统性解析，介绍各环节现行优选的方法思路。上文已充分论述了中国话语对外传播的效果综合评估的理论基础，并以议题作为评估单元设置了曝光、触达、互动、社群、演化五个维度评估指标。然而，针对话语内容的评估方法流程与针对传播主体的评估流程差异在于，需要研究者从多元异构数据中提取有效的数据字段计算指标。此外，完整的综合评估系统还包含了在指标体系前后的数据挖掘处理、指标筛选赋权等流程，这是使指标体系得以落地的关键步骤。其中存在两个主要难点：其一是指标体系建成后的指标遴选与指标赋权方法存在主观性与客观性的分歧；其二是理论指导构建的指标体系并不能在实证分析中即拿即用，缺少从理论到实证的流程设计与操作定义环节，导致评估实践中出现数据质量堪忧、平台间数据互通性差以及指标精炼度低等问题。该部分将基于上述问题对评估系统中的核心流程进行设计与完善。

一、话语内容的界定与挖掘

如何挖掘舆论场中既存话语内容的核心议题并将其转化为可用于分析的评估数据是后续评估实践的前提基础。在议程设置理论视域下，议题最初指代大众传播过程中公众讨论的社会政治事务相关的话题或主题。而随着这一概念被广泛使用，议题所涉领域便不再局限于大众传播过程或与政治相关，而是可以指代更广泛的内容集合。识别一个议题的关键在于：一方面议题存在生长消亡的周期，其必然存在于特定的时间段内，这取决于其多大程度吸引公众注意力；另一方面议题内容具有聚集性，其微观上呈现为一系列关于某个事件、对象相关的信息集合体。因此，在实证分析中可以将议题量化地定义为一组集中在特定时段且内容特征具有高相似度的文本数据集合。上述操作化定义便是当前舆论研究中挖掘议题的核心思路。

那么如何从海量内容数据中寻找与挖掘议题？目前学界存在几种主流的方法思路：第一类方法是主观设置议题分类。研究者根据自身对网络舆论的观察与个人研究志趣形成主观判断，并预先设定好议题的内容特征，通过关键词检索的方式来获取相关数据。这类方法的优势在于得到的数据分布符合研究者的预设，议题内容特征也大概率符合研究者所希望呈现出的结果；而其劣势在于需要研究者对舆论场中的议题特征具有敏锐的先验性认知，否则很可能会出现遗漏、偏误。第二类方法是借助算法的议题聚类。这类方法借助文本挖掘与主题建模算法对海量文本数据中的内容特征进行学习并自动划分类别，例如经典的 LDA（Latent Dirichlet Allocation）主题模型以及基于相关性、时序或针对短文本的主题模型等。这类方法的优势在于无需研究者预先对数据进行解读或作出判断，而是借助算法快速高效地获取数据中客观存在的内容分布特征规律，以供研究者参考；但其劣势也相当明显，由于算法对于文本内容的理解远不及人工观察来的完整与准确，且聚类结果存在随机性和不可控因素，最终算法得到的议题分类结果很可能与研究者希望区分的内容特征相距甚远。第三类方法是本书推荐使用的融合方法。在计算方法的应用基础上有研究者提出了计算扎根理论，认为在数据挖掘的过程中研究者可以对无监督机器学习得出的结论进行阅读、解释并基于此对计算结果进行调整与重构，依此循环直至结果符合研究目的[①]。该过程不等于篡改数据结果，而是通过人为介入将计算机分析结果中的偏差与无关事项剔除。换言之，这是介于无监督算法和有监督算法之间的半监督方法。融合方法综合了算法的高效、便捷性与研究者价值判断，其有效避免了算法聚类结果难以解释与偏离目标的困境，但融合方法也同样考验研究者经验判断准确性以及对算法过程和结果的理解能力。

总体而言，上述三类方法各具优劣特征，实施评估的研究者需要根据自身对舆论现状的了解程度、实施评估的成本以及评估可获取数据材料等方面进行方法选择。如果评估研究者对于公众探讨的议题已有明确认知判断，又或是评估本身需要针对特定内容展开，那么应该选择效率最高主观分类方法；如果研究者并未系统性地观察舆论内容，也无明确的研究预设，那么可以选择无监督的算法聚类；如果研究者对于研究结果的效度有更高要求，那么可以在第二类方法的基础上选择融合方法，加入主观监督与判断。

---

① Nelson, Laura K., "Computational Grounded Theory: A Methodological Framework," *Sociological Methods & Research*, Vol. 49, No. 1, Feb. 2020.

表 8-2　议题挖掘与分类方法

方法类别	研究预设	效率	目的性	确定性	数据量
主观分类	有	较高	强	强	较少
算法聚类	无	高	弱	弱	多
融合方法	有	较低	适中	较强	多

二、数据筛选与特征工程

经过话语内容挖掘得到的议题词典中记录了议题与关键词的多组对应关系，而每一组关键词集合表示了特定议题所具备的内容特征。如何在得知内容特征基础上筛选关联的数据材料并计算指标数值？这需要一系列数据关联、匹配、统计、汇总等处理流程。本书将内容特征到指标结果之间所需的处理流程统称为数据筛选与特征工程。

特征工程（Feature Engineering）是机器学习与深度学习实践领域的重要概念，其指代了原始数据转化为模型训练可用的数据之间的一系列数据处理、数据计算流程，是综合评估系统与现实数据对接的必要环节。虽然本书数据处理最终目的不是训练模型，但其核心的无量纲化与特征构造环节对评估体系与现实数据对接具有同等重要的意义。原始数据是指评估者根据其评估目的获取到的基础数据材料，例如通过网页爬虫程序或第三方数据库下载得到的社交媒体数据集等。社交媒体平台开发者为了自身数据管理与调用需求，设计出了形式各异的数据字段来传输用户、内容、位置、时间等信息，故原始数据的体量庞大且内部层级结构繁杂。由于原始数据的复杂性既不利于研究者数据分析，也不符合综合评估指标体系对于指标精炼度的追求，所以原始数据无法直接用于评估分析，需要经过特征工程的特征提取、指标计算、归一化、降维等流程处理后，方可输入评估指标体系。

特征工程首要任务是在议题内容特征基础上匹配关联内容文本并标记议题编号，即相似文本检索与标注。当前自然语言处理领域的存在三类可供使用的数据筛选方案：（1）基于关键词检索匹配，即使用常见的文本检索工具，构造关键词的检索表达式进行文本检索。这类方法最为简便、快速、高效，但是由于检索机制简单，最终匹配结果容易出现偏差，需要人为对结果进行筛选；（2）基于主题模型的概率匹配，即在主题模型的基础上通过统计文本中的关键词分布预测内容文本归属某个议题的具体概率。这类方法也相对简便，但是需要以主题模型为基础进行概率计算，而主题模型的不可控性又是一大弊端；（3）基于语义模型的相似度匹配，即将原始数据中含有的所有文本内容导入词嵌入模型（Word Embedding Model）进行训练，计算所有关键词的语义特征向量，并根据关键词计算议题与所有文本内容的特征向量，最后通过相似度计算来筛选语义特征接近的内容。这一类方法的难度、成本最高，需要预先对海量数据训练模型后再执行大规模的语义相似度计算。总的来说，根据上述三类方法各自的适用场景与优劣，评估者可以选择合适的方法对海量文本数据进行特征匹配、标记以及去重。值得注意的是，匹配数据的过程同时也伴随数据筛选的过程，评估者所设置的匹配标准（如关键词数量、相似度阈值、概率阈值）同时也是筛选数据条件。目前对于数据筛选的标准并没有统一规范，若标准过于宽松则不利于数据质量优化、提纯，若标准过于严苛则可能导致评估对象无法匹配足够数据材料、指标无法计算等问题。因此，如何设置筛选条件阈值，需要评估方在不损害数据代表性、可用性以及尽可能排除无关杂项的原则基础上自行权衡。

表 8-3　数据关联与筛选方法

筛选思路	计算资源	模型需求	筛选依据	文本量
关键词匹配	少	否	人工筛选	短文本
概率匹配	较少	需要	概率值	长短皆可
相似度匹配	多	需要	相似值	长短皆可

特征工程的另一项任务是对各类指标、数据进行无量纲化处理。在评估实践中不同指标、不同平台之间的数据来源与规格相差甚远，例如微博中的千万次转发量、评论量与微信的十万+（次）阅读量之间就存在百倍的数量级差异。综合评估指标的计算方法多种多样，但在数据进入指标体系前都需要统一规格。无量纲化处理便是将指标综合评估中不同量级、规格的数据转化为相同量级的比值数据，通过某种数学方法将各类原始数据映射到共同的适合比较的区间中 [1]

---

[1]　胡永宏:《对统计综合评价中几个问题的认识与探讨》,《统计研究》2012 年第 1 期。

（胡永宏，2012）。无量纲化的过程也体现出综合评估方法中"综合"一词的内涵，即通过将某些绝对化的差异转化为相对化差异使得事物各方面的表现得已归入相同尺度下进行比较。主流的无量纲化方法可以根据特征变换后数据分布是否受到影响而分为线性变换与非线性变换两类。线性变换会尽可能保留数据分布规律，而非线性变换则会改变数据分布规律。在评估实践中由于非线性变换的使用范围有限、计算过程复杂，且绝大部分情况下非线性变换所得出的评估结果与使用线性变换方法的结果相似，因此线性变换方法是更为常用的无量纲化思路（Mohamad & Usman，2013；Suarez-Alvarez et al.，2012）。而在线性变换方法中，根据特征变换后数据所保留的变异信息量又可以进一步做出划分：归一化方法（如Max-Min归一化）将数据特征变换后映射在0—1之间，由于该方法在数据变换的计算过程中仅对原始数据的某几个点进行取值，因此归一化方法保留的原始数据的差异信息较少；标准化方法（例如Z-score标准分）则是将数据特征变换后映射在一个有正有负的区间内，但标准化方法在数据变换的计算过程中会对任何一个点进行取值，因此该方法保留的原始数据差异信息较多。总的来说，在考虑计算成本、结果差异以及适用场景等因素后，线性变换是首选的无量纲化方法，而基于原始数据的分布特征以及对原始数据变异稀疏需求，我们可以进一步在标准化方法与归一化方法之间进行选择。

综上所述，特征工程环节的主要任务就是对数据进行筛选与预先计算，目的是对原始数据进行提纯并转化为指标体系可以计算的数据结构。该部分内容主要阐述了特征工程中的议题匹配与无量纲化的核心步骤，而后续的指标计算以及统计环节只需要根据指标公式与聚合测量（例如加总、平均）进行计算即可，此处不多做赘述。

表 8-4　无量纲化方法

变换类型	保留变异系数	改变数据分布	例子
线性变换	多	不改变	Z-score
线性变换	少	不改变	Max-Min
非线性变换	少	改变	对数、指数变换

三、跨平台的数据整合

当效果评估系统不再局限于单一平台、渠道时，评估实践便会面临跨平台、跨渠道的数据合并问题。由于不同平台、渠道之间的界面、功能设计存在差异，不论是通过官方数据接口、爬虫程序或第三方数据服务获所获取的原始数据结构都截然不同。那么如何将不同渠道、平台之间的传播效果数据需要整合到相同的数据结构与相同量级当中成了效果评估长期难以解决的问题。当前绝大部分研究选择在单一平台基础上构建评估指标系统，或是直接忽视平台具体数据构造抽象指标体系，从而绕开跨平台数据合并与泛化问题，这是一种治标不治本的解决方式。本书认为，平台之间的数据结构虽有差异，但指标体系是由理论、概念抽象组合而成，因此可以根据理论、概念的定义对现实中的数据进行整合。

当前市面上存在的社交媒体网站、平台、应用繁多，不可能面面俱到地进行分析，因此本书对国内主流社交媒体平台进行分类，并在此基础上回应数据合并问题。目前学界对于社交媒体的分类思路并未统一，有研究认为社交媒体可以从功能的角度划分为平台型、通信型、工具型、泛在型四类①（谭天、张子俊，2017）；中国互联网络信息中心出台的社交应用报告中则将社交媒体分为通信类、综合类与垂直类，而垂直分类下又根据社交媒体的使用场景分为图片视频、婚恋社交、社区社交、职场社交等类别；《2020年中国社交媒体用户使用行为研究报告》则将微信与QQ视为头部社交媒体，并将微博、头条、短视频、B站、知乎和贴吧视为主流社交媒体。由此可见，根据社交媒体平台所承载的媒介功能作为分类依据是主流思路，而用户数量的多寡则决定了社交媒体平台是否主流。基于该思路，本书将当前的社交媒体划分为通信类（如微信、QQ）、综合类（如微博博客类）、知识类（知乎）、自媒体（今日头条）、内容创作类（抖音快手b站）、论坛类（贴吧、虎扑、BBS）六大类平台，并在各类社交媒体中选择用户基数较大的平台作为示例，呈现其传播效果数据与指标体系之间的对应关系与计算可行性，结果如表8-5所示。

_____

① 谭天、张子俊：《我国社交媒体的现状、发展与趋势》，《编辑之友》2017年第1期。

表 8-5

平台类型		通信类	综合类	知识类	自媒体	内容创作	论坛类
示例		微信	微博	知乎	今日头条	b 站	贴吧
一级指标	二级指标	说明：表格中呈现了评估指标体系在特定平台中对应的具体数据以及计算可行性					
曝光	信息总量	公众文章数量	微博数量	问题与回答数量	文章数量＋问题数量	视频数量	帖子数量
	传播者总量	公众号数量	用户数量	用户数量	账号数量	账号数量	发帖、回帖用户数量
	原创性	可计算	可计算	可计算	可计算	可计算	可计算
	传播效率	可计算	可计算	可计算	可计算	可计算	可计算
触达	触达总量	可计算	可计算	可计算	可计算	可计算	可计算
	触达比例	可计算	可计算	可计算	可计算	可计算	可计算
	阅读量	阅读量	不可计算	不可计算	阅读量	播放量	不可计算
	认可度	点赞量	点赞量	点赞量	点赞量	点赞量	点赞量
	留存度	不可计算	不可计算	问题关注量	不可计算	收藏量	不可计算

第八章 中国话语对外传播的效果研究

续表

平台类型		通信类	综合类	知识类	自媒体	内容创作	论坛类
示例		微信	微博	知乎	今日头条	b站	贴吧
一级指标	二级指标	说明：表格中呈现了评估指标体系在特定平台中对应的具体数据以及计算可行性					
互动	参与度	评论量	评论量	答案评论数量	评论量	评论量	回帖数量与评论量
	分享度	转发量	转发量	不可计算	转发量	转发量	不可计算
	活跃率	可计算	可计算	可计算	可计算	可计算	可计算
	互动频率	可计算	可计算	可计算	可计算	可计算	可计算
	互动峰值	可计算	可计算	可计算	可计算	可计算	可计算
社群	规模	不可计算	转发关系数量	问答关系数量	不可计算	可不计算	发帖回帖关系数量
	密度	不可计算	可计算	可计算	不可计算	可不计算	可计算
	群内扩散广度	不可计算	可计算	可计算	不可计算	可不计算	可计算
	群内扩散深度	不可计算	可计算	可计算	不可计算	可不计算	可计算
	集结能力	不可计算	可计算	可计算	不可计算	可不计算	可计算
	群际传播能力	不可计算	可计算	可计算	不可计算	可不计算	可计算

平台类型		通信类	综合类	知识类	自媒体	内容创作	论坛类
示例		微信	微博	知乎	今日头条	b站	贴吧
一级指标	二级指标	说明：表格中呈现了评估指标体系在特定平台中对应的具体数据以及计算可行性					
演化	爆发时间	可计算	可计算	可计算	可计算	可计算	可计算
	爆发速率	可计算	可计算	可计算	可计算	可计算	可计算
	峰值信息量	可计算	可计算	可计算	可计算	可计算	可计算
	保持能力	可计算	可计算	可计算	可计算	可计算	可计算
	生命周期	可计算	可计算	可计算	可计算	可计算	可计算

所谓跨平台数据整合，就是根据表中抽象指标与具体数据的对应关系对多个平台的同类指标进行加权汇总计算。通过表中的计算可行性分析可以发现，并非所有平台都能适配文本提出的指标体系，若评估某类社交媒体平台时无法计算某个指标，便会出现指标空缺的问题。本书认为，少数指标空缺属于正常现象，因为任何社交媒体平台都在功能上有所偏重，不可能涵盖指标体系中的所有特征。例如在视频与内容生产类的平台中难以监测用户之间的网络关系，

或者用户间网络关系的可见性对于这类平台而言并不是那么重要。因此，当跨平台数据整合过程中出现了指标空缺时，本书建议使用均值填充的方法将其他符合指标体系可行性的计算结果对空缺指标进行填充，避免因指标空缺影响了最终结果。

值得一提的是，综合评估虽然追求全面性，但是在一次评估中穷尽所有的平台是不切实际的。本书构造该系统的初衷是令其既能适用在单一平台下，也具有针对不同平台数据的适配、泛化、整合能力。最终选择哪一类或哪几个平台展开评估，则需要研究者根据评估目的进行权衡。

四、指标遴选与权重分配

经过特征工程与跨平台数据整合，评估系统得到了一份可用于计算评估结果的指标数据。但在计算结果之前，还需要进行指标遴选与权重分配来精炼与优化指标体系，以确保评估的目的性、针对性与科学性。前文指出了综合评估方法存在主观与客观路径的分歧，而这种路径分歧主要表现在指标遴选与权重分配两个环节上。本书倾向于在指标遴选阶段使用客观方法，而在权重分配阶段使用主观方法，具体原因分析如下。

首先，指标遴选的目的在于对指标体系进行精炼，调整体系中对现实数据适配性较差的部分，该过程需要客观的数据筛选方法。综合评估系统的指标体系大多依据理论构造，因此其主观成分较多。当主观判断在面对真实数据时，难免会出现不相适应的问题。例如，参与和分享这两个属于不同概念范畴的抽象指标在某些平台中被归属到了相同的数据字段下，又或者这两个指标在实际传播过程中因平台算法机制会被同时激活，结果会导致两者数据呈现极高的相关性；又例如，某些指标对应的现实数据分布偏态严重，导致指标内部数值区分度差，最终使测量效度出现偏差。这说明，主观构建指标体系并没有办法提前考虑与真实数据对接之后可能发生的指标重复性与区分度等问题。因此需要在真实数据导入指标体系前衡量各项指标在真实数据中的"表现／适配性"，并适当地精炼指标体系。解决上述指标体系与现实数据适配差的问题，需要客观筛选方法进行计算——相关性分析与变异系数分析。其中相关性分析主要解决指标之间的重复性、关联性问题，若在计算真实数据后指标之间呈现出的相关性过高，说明指标之间所呈现的信息存在重叠，因此有必要对这些高相关指标进行合并或剔除；而变异系数分析则判断指标内部数值是否具备区分度的问题，若在计算真实数据后指标内部的变异系数过低，说明评估对象在该指标上并没有呈现出可区分的差异，因此这类指标的重要性就相对较低[1]（陈明亮、邱婷婷、谢莹，2014）。值得一提的是，上述客观筛选指标的方法都需要在不影响指标体系目的性与全面性这一原则下展开。

其次，权重分配的目的在于量化评估者对评估过程中各要素的重要性认知差异，这种认知差异将映射在指标体系的权重数值上，

---

[1] 陈明亮、邱婷婷、谢莹：《微博主影响力评价指标体系的科学构建》，《浙江大学学报（人文社会科学版）》2014年第2期。

该过程需要主观价值的介入。指标权重反映了指标体系中不同指标的重要程度，而这种重要程度则需要综合评估者价值预设、被评估对象内在机理以及指标本身的区分度等因素共同决定。上文指出了在权重分配问题上同样存在主客观分歧，诸如因子分析、主成分分析、聚类的客观计算方法被用于指标体系的赋权环节。然而，上述客观方法弊端是会影响指标体系的全面性和目的性，例如降维方法很可能将某个核心指标剔除。因此，本书认为权重分配需要"目的先行"，即选择主观指标权重分配方法更为合适。例如，层次分析法（Analytic Hierarchy Process，简称AHP）是比较典型的主观赋权方法，其由美国匹兹堡大学数学系教授、著名运筹学家萨迪（Thomas L. Saaty）提出，是一种定性、定量相结合的、系统化、层次化的分析方法。该方法模拟了人脑对于客观事物分析与归纳的过程，把主观判断与客观判断相结合，将决策者的经验给予量化，具有系统性、科学性、简洁性、适用性等特点，常用于目标结构复杂的情况[1]。又例如，德尔菲法（Delphi，又称专家评估法）通过对知识的描述与集成，将问题量化地呈现给专家，借助专家的专业知识、经验产生的主观判断确定不同方案（指标）的权重。值得一提的是，权重分配任务包括了针对指标体系中第一层、第二层指标的权重分配以及平台渠道之间的指标分配，多层权重之间使用乘法进行计算。

综上所述，本书构建的指标遴选权重分配流程中分别在指标遴

---

① 郭金玉、张忠彬、孙庆云：《层次分析法的研究与应用》，《中国安全科学学报》2008年第5期。

选阶段使用客观指标筛选方法，如相关性分析与变异稀疏分析，对指标体系进行简化。然后，在权重分配阶段使用主观的赋权方法，如层次分析法、德尔菲法，强化指标体系的目的性与针对性。

五、话语内容效果评估反哺中国国际话语权

中国在近年的对外传播实践中已经形成了一套成熟的话语体系，并将其融入到各种场合的外交发言与各类新媒体内容宣传当中，形成了一定的国际影响力。若想实现优化形象、输出文化、传递价值、构筑认同的最终目标，对外传播工作仍然任重道远。国际影响力的本质在于国际话语权，其强弱不仅与国家经济硬实力和文化软实力有关，还会受到话语内容传播效果以及国际公众反馈的影响。换言之，中国话语对外传播的权威性和影响力是由多方共同决定的，不能只看到我们希望表达什么或已经表达了什么，还要关注这些话语表达的实际作用效果和国际公众对此的关注度与偏好反应。这为本书构建效果评估系统带来两方面的启示：其一，评估重点应在受众一侧，要更多从国际受众的角度进行思考，否则中国话语就会成为一种壁垒，而非沟通交流、传递价值的工具；其二，中国话语的对外传播没有一劳永逸、放之四海而皆准的方法和策略，需要根据特定时期、语境下的传播环节，循环往复、脚踏实地地落实工作。因此，"话语权提升—内容传播—受众反馈"是一个循序渐进的过程，效果评估的意义在于通过传播结果思考传播策略优化路径，进而提升国际话语权。

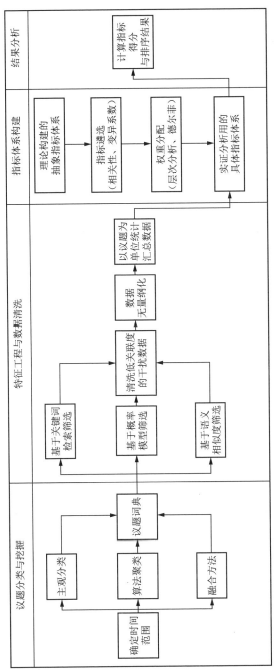

图 8-1　中国话语对外传播效果综合评估系统流程

　　在上述宏观逻辑指导下，本书考虑到当前国际舆论重心移步社交媒体的时代特征以及过往效果评估研究的不足之处，构建了一套针对于社交媒体议题的中国话语对外传播效果评估系统。评估系统流程如上图所示，主要包含了议题挖掘、数据处理、指标建构、评估分析等核心环节，有效地解决了评估主客观分歧、评估指标泛化、跨平台数据整合等问题。该系统的特点在于，一方面将更多的注意力放在了传播的末端，即受众社群、反馈、互动层面，另一方面是评估系统本身具备纵向的循环迭代能力和横向的跨域泛化能力，确保该系统可在不同情景、平台中被循环利用。通过上述系统性的效果评估，可以知悉中国话语所涉及的主要舆论议题包括什么、议题传播情况如何、哪些议题效果更佳以及为什么效果更佳、哪些议题传播环节存在优化空间，并基于这些结论优化我国的对外传播工作。

　　本研究团队曾以首届"一带一路"高峰论坛在 X 平台上的传播数据为基础，既分析首届"一带一路"高峰论坛在 X 平台上形成的相关议题，又分析各传播节点的传播关系，进而深入探索了中国"一带一路"话语的国际传播效果评估问题。经研究发现，首届"一带一路"高峰论坛的确在 X 平台上引发了"全球关注"。其中，印度、美国、巴基斯坦、加拿大、印度尼西亚、英国、荷兰、肯尼亚及西非地区、马来西亚、澳大利亚、土耳其是相关议题活跃节点最多的几个国家和地区。其中不仅有政府、跨国企业、国际媒体等"精英"用户，绝大部分是各个国家的"普通民众"，这意味着峰会的议程设置效果十分明显，对于提升"一带一路"相关议题话语权、实现"民心相通"具有重要价值。

后　记

　　党的二十届三中全会审议通过了《中共中央关于进一步全面深化改革、推进中国式现代化的决定》，就如何加强对外传播、构建更有效力的国际传播体系提出具体要求：推进国际传播格局重构，深化主流媒体国际传播机制改革创新，加快构建多渠道、立体式对外传播格局。加快构建中国话语和中国叙事体系，全面提升国际传播效能。建设全球文明倡议践行机制。推动走出去、请进来管理便利化，扩大国际人文交流合作。《决定》再一次强调了全面加强国际传播能力建设的重要性。

　　党的十八大以来，习近平总书记站在战略和全局高度，就加强国际传播能力建设发表一系列重要论述，要求通过加强国际传播能力建设，在国际舆论场更好地发出中国声音，形成同我国综合国力和国际地位相匹配的国际话语权。中国在对外传播实践上也加快布局，旨在全面提升国际传播效能。例如中央广播电视总台致力于从传统广播电视媒体向国际一流原创视音频制作发布的全媒体机构转变，从传统节目制播模式向深化内容生产供给侧结构性改革转变，从传统技术布局向"5G+4K/8K+AI"战略格局转变，为主流媒体构建多渠道、立体式的对外传播格局探索出了可行路径。全国各地纷纷成立国际传播中心，成为我国国际传播新的生力军，为展示全面立体真实的中国汇聚广泛力量。Tiktok、Temu、Shein 等数字平台在全球的成功彰显了中国数字文化产业的全球影响力。中国网络小说的海外读者已近 2 亿人，中国网络游戏在近年来也屡现爆款，在海外掀起中国文化的热潮。

本书上篇研究中国话语，尤其是中国特色社会主义进入新时代以来，中国话语的特色、价值和构建，下篇研究话语的对外传播，探讨中国的国际形象、当前的国际传播体系特点、中国的对外传播在国际传播的位置、如何在当今的国际传播体系中更好地发出中国声音，形成同我国综合国力和国际地位相匹配的国际话语权。

本书是团队努力的结果。导论由主编裴新撰写，每一章的作者包括：第一章，邓建国、黄依婷、刘博、段雪霓；第二章，信强；第三章，田浩；第四章，胡冯彬；第五章，高晓林、骆良虎；第六章，沈国麟、张晓磊、张锦涛、蔡静、吴钧昊；第七章，陶建杰、施毅敏、陈灏奕；第八章，汤景泰、徐铭亮。

当今国际传播格局的演变处于正在进行时，中国是其中重要的一环。正如习近平总书记指出的：党的十八大以来，我们大力推动国际传播守正创新，理顺内宣外宣体制，打造具有国际影响力的媒体集群，积极推动中华文化走出去，有效开展国际舆论引导和舆论斗争，初步构建起多主体、立体式的大外宣格局。本书既是理论研究，也是实践探索，凝聚了复旦大学国际传播研究团队对中国话语对外传播的最新思考和探索。相信这样的探索会一直伴随着中国国际话语权的提升持续下去，为构建具有鲜明中国特色的战略传播体系作出贡献。

图书在版编目(CIP)数据

中国特色对外话语的体系构建与传播研究 / 裘新,
沈国麟主编. -- 上海 : 上海人民出版社, 2025.
ISBN 978-7-208-19382-6

Ⅰ. G219.26

中国国家版本馆 CIP 数据核字第 2025YV5064 号

责任编辑 王　吟
封面设计 汪　昊

中国特色对外话语的体系构建与传播研究

裘　新　沈国麟 主编

出　　版　上海人民出版社
　　　　　　(201101　上海市闵行区号景路 159 弄 C 座)
发　　行　上海人民出版社发行中心
印　　刷　上海商务联西印刷有限公司
开　　本　720×1000　1/16
印　　张　28.5
插　　页　2
字　　数　282,000
版　　次　2025 年 4 月第 1 版
印　　次　2025 年 4 月第 1 次印刷
ISBN 978 - 7 - 208 - 19382 - 6/D·4466

定　　价　128.00 元